Mejorar las
capacidades
cognitivas

Mejorar las
capacidades
cognitivas

MEMORIA · APRENDIZAJE · LENGUAJE · PSICOMOTRICIDAD

BORJA QUICIOS ABERGEL

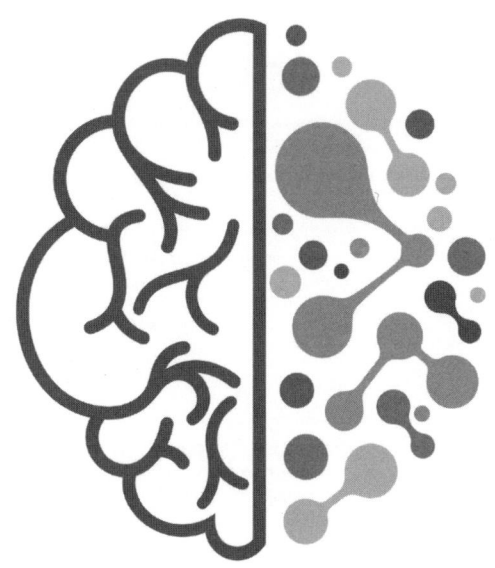

LIBSA

Este libro está dedicado a mi familia.
A todos, GRACIAS.

© 2025, Editorial LIBSA
C/ Puerto de Navacerrada, 88
28935 Móstoles (Madrid)
Tel.: (34) 91 657 25 80
e-mail: libsa@libsa.es
www.libsa.es

Ilustración: Archivo LIBSA, Shutterstock images
Textos: Borja Quicios Abergel
Maquetación: Javier García Pastor

ISBN: 978-84-662-4429-9

DL: M-16186-2024

CONTENIDO

INTRODUCCIÓN

El todo es más que la suma de sus partes
ARISTÓTELES

En su tratado *Metafísica,* Aristóteles planteó la noción de que el «todo» es más que la suma de sus partes individuales, lo cual sugiere que las propiedades y características del conjunto no se pueden deducir simplemente de examinar cada una de sus partes de forma aislada. Este concepto tiene importantes implicaciones para entender cómo funcionan aspectos fundamentales de nuestra experiencia humana, como la memoria, el lenguaje, el aprendizaje y la psicomotricidad.

Cuando aplicamos esta idea al funcionamiento de la mente humana, podemos ver cómo **la memoria,** el lenguaje, el aprendizaje y la psicomotricidad interactúan y se complementan entre sí dentro de un sistema más amplio. La memoria es un componente esencial de nuestro sistema cognitivo que nos permite recordar experiencias pasadas, aprender de ellas y aplicar ese conocimiento en situaciones presentes. Al clasificar esas experiencias según su contenido, su duración, el grado de consciencia y su dirección en el tiempo, entendemos la complejidad de los procesos mnemotécnicos. Desde la adquisición hasta la eliminación de la información, cada paso del proceso de memorización es crucial para nuestro funcionamiento cognitivo. Además, hay diversos factores, como pueden ser las emociones, la atención, el estrés y el sueño, que impactan directamente en nuestra capacidad para recordar, lo que nos lleva a adoptar estrategias para mejorar nuestro rendimiento cognitivo.

¿Qué sería de nosotros sin memoria? Sin ella, nuestra existencia carecería de sentido, al igual que ocurre con la inteligencia, que sin capacidad de expresión carecería de propósito. Nuestra memoria es lo que nos da coherencia, razón, acción y sentimiento. En realidad es la base misma de nuestra propia identidad. Sin ella, nos convertimos en seres vacíos. Pero a pesar de su importancia vital, la memoria es algo tremendamente frágil y susceptible.

El **aprendizaje** es otro aspecto fundamental en el desarrollo humano, y va más allá de la simple adquisición de conocimientos. Entendemos que el cerebro tiene una gran capacidad de adaptación, algo fundamental, porque es lo que nos permite aprender y cambiar a lo largo de toda la vida. Además, las emociones juegan un papel clave en el aprendizaje, ya que influyen en nuestra motivación y en la misma consolidación de la información. Como veremos, el sueño, la atención plena y la metacognición son también importantes para el proceso de aprendizaje. Además, es esencial reconocer los estilos de aprendizaje únicos de cada individuo y adaptar las estrategias educativas en consecuencia.

No hay aprendizaje sin memoria ni memoria sin aprendizaje, y ambos participan en otros procesos cerebrales como el lenguaje, que es en sí mismo un poderoso vehículo de aprendizaje que nos permite comunicarnos, expresarnos y adquirir nuevos conocimientos. Desde una perspectiva psicológica, la adquisición del **lenguaje** es un proceso complejo que involucra múltiples etapas. La lectura y la escritura son herramientas esenciales para mejorar nuestra capacidad lingüística y cognitiva, mientras que el bilingüismo puede influir en nuestra manera de procesar y comprender la información lingüística. Es importante reconocer también los trastornos del lenguaje y abordarlos de manera adecuada para garantizar un desarrollo lingüístico satisfactorio.

El lenguaje es indispensable para el conocimiento, ya que permite a nuestro cerebro transformar la realidad en términos lingüísticos e integrarla en nuestra cognición. Sin el mecanismo del lenguaje, sería difícil entender cómo percibimos y procesamos el mundo que nos rodea.

Finalmente, la **psicomotricidad** nos invita a explorar la relación entre el movimiento y la cognición; es decir, cómo el cuerpo y la mente interactúan e influyen en nuestro desarrollo y bienestar. La psicomotricidad nos ofrece varias maneras de estimular nuestra mente y cuerpo: desde actividades planificadas y estructuradas hasta la exploración libre del movimiento. Además,

tiene una estrecha relación con las emociones y puede usarse como herramienta terapéutica para abordar
trastornos relacionados con la memoria, el aprendizaje
y el lenguaje.

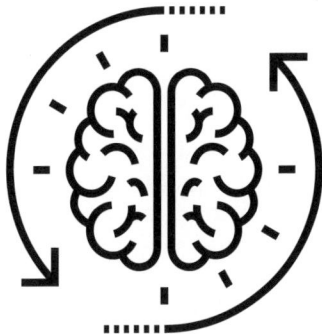

Todos estos elementos interactúan de forma dinámica, se entrelazan y se potencian mutuamente dentro de un sistema mayor que nos permite comprender,
comunicar, aprender y actuar en el mundo de manera
efectiva y significativa. Pero ¿cómo funciona en nuestro
día a día?

Piensa en una mañana de primavera en la que te levantas de la cama con energía,
listo para empezar tu día. El sol se filtra suavemente por las cortinas de tu cocina y tienes
ganas de preparar un delicioso desayuno para ti y tu familia. Tu mente se concentra
en la tarea que tienes por delante: ¡hacer unas tortitas de avena nutritivas y deliciosas!

Recuerdas la receta que descubriste hace poco en un blog de cocina saludable.
Como hace poco tiempo, los ingredientes te vienen a la mente con claridad: harina de
avena, huevos, leche, plátanos maduros y un toque de canela. También recuerdas los
pasos exactos: mezclar los ingredientes en un tazón, verter la mezcla en la sartén caliente y esperar a que se doren por ambos lados. Tu memoria está en ese momento a pleno
rendimiento. Ella es la que mantiene todos los detalles frescos en tu mente mientras te
mueves por la cocina.

Con la receta clara en tu mente, empiezas a reunir los ingredientes. Es una oportunidad perfecta para ejercitar también tu psicomotricidad. Te pones manos a la obra:
pelas los plátanos con destreza y rompes los huevos con cuidado. Después, cortas los
plátanos en rodajas finas y los agregas a la mezcla con precisión. Cada movimiento
está cuidadosamente planeado para evitar derrames y desperdicios, lo cual demuestra
la habilidad de tu cuerpo para ejecutar tareas tan delicadas y precisas. Como vemos,
esta coordinación entre la mente y el cuerpo es esencial para realizar tareas cotidianas
con eficacia.

Mientras cocinas, también ejercitas el lenguaje, ya que lees en voz alta los pasos a
medida que los completas. Además, te explicas cada acción y así refuerzas tu comprensión de los términos culinarios y las técnicas de cocina. Al mismo tiempo, recuerdas
conversaciones pasadas sobre nutrición y salud, y aplicas ese conocimiento a la preparación del desayuno.

A medida que las tortitas se doran en la sartén, reflexionas sobre el proceso de aprendizaje continuo que experimentas en la cocina. Descubriste esta receta de tortitas de
avena hace solo unas semanas, y desde entonces has estado experimentando con
diferentes variaciones y has hecho ajustes para perfeccionarla. Cada intento te enseña
algo que te permite mejorar y perfeccionar tus habilidades culinarias: cómo ajustar la

consistencia de la masa, cuánto tiempo cocinar cada lado de la tortita para obtener la textura perfecta, qué ingredientes complementan mejor su sabor, qué aderezos poner antes de servirlas, etc.

Esto demuestra que, en definitiva, preparar tortitas para desayunar no solo implica seguir una receta, sino que también ejercita y fortalece nuestras capacidades cognitivas y físicas en su conjunto, y lo mismo podríamos decir de muchos procesos del día a día. Por eso, en este viaje que comenzamos exploraremos una amplia gama de temas relacionados con la memoria, el aprendizaje, el lenguaje y la psicomotricidad, destacaremos su importancia en nuestra vida cotidiana y aprenderemos cómo colaboran para enriquecer nuestras experiencias y capacidades.

PARTE 1

MEMORIA

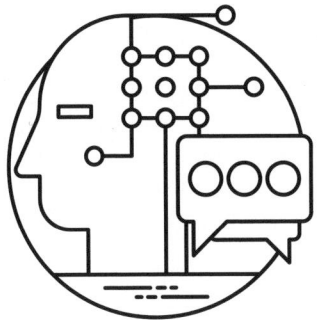

LA EXPLORACIÓN
DE LA MEMORIA

Explorar nuestra memoria es aventurarnos al interior de nuestra mente en un viaje fascinante hacia lo desconocido de nuestras experiencias y conocimientos. Así como los exploradores se adentran en territorios inexplorados, nosotros podemos sumergirnos en los recuerdos que componen nuestra memoria.

La memoria, al igual que un territorio oculto y misterioso, se enfrenta a diversos **desafíos:** desde el olvido de detalles importantes hasta la interferencia de recuerdos incorrectos. Lo primero ocurre, por ejemplo, cuando intentamos recordar el nombre de un amigo cercano que no hemos visto en años, pero en ese momento parece haberse desvanecido de nuestra memoria. Por otro lado, la interferencia de recuerdos incorrectos se manifiesta cuando, al rememorar un evento pasado, los testimonios de otras personas sobre él distorsionan nuestros propios recuerdos y genera dudas sobre la realidad de ciertos detalles. Por ejemplo, puede ser que recuerdes un día en la playa como soleado, pero después de escuchar lo que dicen otras personas que estaban contigo, comienzas a dudar si ese día estaba lloviendo.

Además, los eventos traumáticos pueden crear «territorios» emocionales difíciles de explorar que, de adentrarnos en ellos, podrían llevarnos a revivir emociones y experiencias que preferiríamos evitar. Por ejemplo, recordar un accidente de coche puede ser angustioso debido a la ansiedad asociada con el trauma, y revisitar ciertos momentos de una relación pasada dolorosa podría provocarnos tristeza y nostalgia.

Por tanto, la memoria presenta desafíos tanto **mentales** como **emocionales,** y superarlos requiere una comprensión profunda de nuestra propia cognición. Así pues, antes de adentrarnos en los recuerdos, es esencial que **nos prepararemos mentalmente,** ya que este proceso no solo implica recordar, sino también comprender las emociones asociadas a cada recuerdo y reconocer las lagunas que inevitablemente existen en nuestra memoria.

El primer paso crucial en esta preparación implica **conocer nuestra propia historia.** Este viaje introspectivo nos lleva a revisar momentos significativos de nuestra vida, desde la infancia hasta el presente, y no consiste únicamente en revivir eventos pasados, sino también en entender cómo esos momentos han moldeado nuestra forma de ser e influido en nuestras percepciones actuales.

La **comprensión de las emociones** asociadas a ciertos recuerdos es otro elemento fundamental. Al recordar, reproducimos tanto los hechos como las emociones que experimentamos entonces. Identificar y comprender esas emociones nos permite procesar de manera más efectiva las experiencias pasadas y abordar cualquier carga emocional que pueda persistir.

También es esencial **abordar la naturaleza fragmentaria de la memoria humana.** Todos experimentamos lagunas en nuestra capacidad para recordar detalles específicos o eventos completos, y aceptar estas lagunas nos libera de la presión de la perfección mnemotécnica y nos permite ser conscientes de las limitaciones de nuestra propia narrativa personal.

Este proceso de preparación no siempre es fácil. En algunos casos, puede requerir el apoyo de profesionales. Psicólogos o terapeutas especializados pueden proporcionar una gran guía durante este viaje y ayudarnos a navegar recuerdos dolorosos, comprender patrones de pensamiento y cultivar una mayor conciencia emocional.

La **sensibilidad** es clave en este camino. Debemos explorar nuestra historia con compasión hacia nosotros mismos. No todos los recuerdos serán agradables, y enfrentar ciertos eventos puede ser desafiante. La autorreflexión, hecha con un enfoque cuidadoso, nos permite abrazar nuestra complejidad emocional y construir un entendimiento más profundo de quiénes somos.

En última instancia, la preparación mental antes de sumergirnos en nuestros recuerdos no solo enriquece nuestra comprensión personal, sino que también nos capacita para abordar el pasado con una perspectiva más equilibrada y saludable. Aplicando este enfoque consciente, estaremos mejor preparados para aprender de nuestras experiencias, cultivar nuestro crecimiento personal y construir un futuro más consciente y significativo.

Estructuras clave para la memoria

La memoria es una función cognitiva fundamental que nos permite **adquirir, almacenar** y **recuperar** información de manera fiable, aunque los recuerdos pueden distorsionarse. Estos procesos son esenciales para la vida cotidiana, ya que influyen en nuestra capacidad de aprender, tomar decisiones y adaptarnos a nuestro entorno.

Además, esta es una función crucial del cerebro en la que contribuyen las conexiones sinápticas entre neuronas, y hay investigaciones del siglo xix que ya revelan que la memoria implica a varias partes del cerebro; entre ellas, la **corteza cerebral**, el **hipocampo**, la **amígdala** y el **giro denticulado**.

CORTEZA CEREBRAL

La corteza cerebral, la capa externa de tejido neuronal plegado que cubre los hemisferios cerebrales, es la «sede central» de nuestro cerebro, y dentro de ella hay áreas específicas que se encargan de ayudarnos a recordar cosas.

- **Corteza prefrontal**

  La corteza prefrontal es el «jefe» que toma las decisiones, está ubicada en la parte frontal del cerebro. Desarrolla funciones ejecutivas y otras tareas importantes, como tomar decisiones y recordar información por un periodo corto de tiempo. Esto último es útil para la memoria de trabajo, como un pósit mental para cosas temporales; por ejemplo, para recordar un número de teléfono solo el tiempo suficiente para marcarlo.

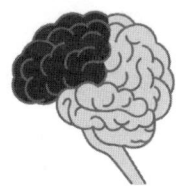

- **Corteza temporal medial**

  Ahora, piensa en la corteza temporal medial, especialmente el hipocampo, como el «archivista» de tu cerebro. Está en la parte lateral y es esencial para crear y guardar nuevos recuerdos. También hay otras zonas aquí que son como carpetas de las que puedes recuperar los recuerdos cuando los necesitas.

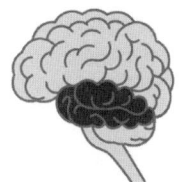

- **Corteza parietal**

  Por último, la corteza parietal, en la parte de arriba, hacia detrás, es como el «GPS interno». Particularmente, la región posterior de la corteza parietal está asociada con la memoria espacial. Ayuda a recordar la ubicación de las cosas y cómo moverte por el espacio. Todo ello es clave para encontrar tu camino y relacionarte con tu entorno.

En conclusión, estas partes del cerebro trabajan en equipo para aprender, recordar y ejecutar nuevas habilidades. Imagina por un instante que estás aprendiendo a cocinar una receta nueva. La **corteza prefrontal** es el «jefe» del cerebro. Esta zona permanece activa para asegurarse de que no olvides nada importante y ayudarte a planificar cada paso antes de comenzar. Piensas en los ingredientes y la cantidad de cada uno, y decides seguir la receta de tu abuela porque te trae buenos recuerdos.

Una vez que estás en la cocina, la **corteza temporal medial** entra en acción. Es como un «fotógrafo interno» que captura cada detalle. Guarda recuerdos sensoriales como el aroma del extracto de vainilla, la textura suave de la harina y el sonido del huevo al romperse, y los asocia con la experiencia de hacer un pastel.

La **corteza parietal** actúa como el «navegador» de tu cerebro. Te ayuda a recordar dónde están guardados los utensilios y los ingredientes en tu cocina, y cómo moverte por ella sin chocarte con nada. De este modo, te desplazas de forma eficaz sin perder tiempo.

HIPOCAMPO

El hipocampo se ubica en el lóbulo temporal medial del cerebro. Más específicamente, se encuentra en ambos hemisferios cerebrales, bajo la corteza cerebral. Tiene una forma característica, parecida a un caballito de mar. Cada hemisferio cerebral tiene su propio hipocampo, y ambos colaboran para desempeñar funciones cruciales en el procesamiento de la memoria.

Desde una perspectiva neurobiológica, el hipocampo se comunica activamente con otras regiones cerebrales, especialmente aquellas relacionadas con las emociones y la motivación.

Además, el hipocampo es vital para **consolidar la información** de la memoria a corto plazo, ya que permite que se transfiera a la memoria a largo plazo, lo cual es esencial para que los recuerdos queden retenidos. Para entender cómo actúa esta función en la vida cotidiana, imagina que conoces a alguien en una fiesta. Durante la conversación, intercambiáis nombres, intereses y algunos detalles personales. En ese momento, tu memoria a corto plazo está registrando esta nueva información. Después, el hipocampo actúa como una especie de «director de tráfico», pues decide qué aspectos de esa interacción son suficientemente relevantes o importantes para almacenarlos a largo plazo. Por ejemplo, puede destacar detalles como el nombre de la persona, algún interés compartido o una anécdota interesante. Días después, cuando te encuentras con esa persona de nuevo, el hipocampo te ayuda a recuperar la información almacenada, como su nombre y otros detalles importantes.

Por otra parte, el hipocampo desempeña también un papel crucial en la **memoria espacial**. Nos ayuda a recordar la ubicación de los objetos y la disposición espacial de nuestro entorno. ¿Sabes cómo funciona? Imagina que entras al supermercado que aca-

ban de abrir en tu barrio. Mientras recorres los pasillos, el hipocampo registra la disposición de los productos, y la ubicación de los estantes e incluso de secciones como la de los lácteos, la carne o los productos de limpieza, y cuando encuentras una sección con productos que necesitas, el hipocampo contribuye a mapear mentalmente esa ubicación dentro del supermercado. Días después, cuando decides volver a comprar allí, el hipocampo te ayuda a recordar la disposición espacial general del supermercado y dónde se encuentran la sección de los productos frescos, la de panadería o cualquier otra área que te interese, aunque no recuerdes cada producto específico. Por tanto, la memoria espacial es esencial para la orientación durante la compra y para recordar las ubicaciones específicas de los productos en un supermercado nuevo.

Por último, el hipocampo contribuye significativamente al **proceso de aprendizaje y adaptación**, ya que facilita la asimilación de nueva información y experiencias, y nos permite ajustar nuestro comportamiento en función de las vivencias pasadas. En este caso, imagina que decides aprender a tocar la guitarra. Al principio, todo es nuevo y te parece un desafío. Las notas, los acordes y la coordinación de las manos son conceptos que debes asimilar. Durante este proceso, tu hipocampo registra toda esa información como un observador silencioso, y a medida que practicas, contribuye a consolidar lo que aprendes. Después, a medida que te enfrentas a nuevas canciones y desafíos, tu hipocampo te ayuda a adaptar tu técnica.

GIRO DENTICULADO

El giro denticulado está conectado al hipocampo y actúa como **asistente para las transferencias de recuerdos** dentro del cerebro. Su trabajo principal es facilitar la consolidación de la memoria: se encarga de llevar la información de la memoria a corto plazo a la memoria a largo plazo. Si piensas en el hipocampo como la parte del cerebro que registra eventos importantes, el giro denticulado sería como el mensajero que ayuda a llevar esos eventos a un archivo más permanente. Juntos, forman un gran equipo manejando recuerdos.

El giro denticulado es un **enlace entre los recuerdos temporales y los que duran más tiempo**. Ayuda a consolidar la información y se asegura de que los recuerdos importantes no se pierdan en el camino. Por ejemplo, cuando te aprendes un número de teléfono y lo repites varias veces, el giro denticulado hace que ese número se transfiera de la lista de «cosas para recordar por ahora» a la lista de «cosas para recordar siempre».

Su tarea principal es **asegurar** que lo que consideramos «momentos importantes» se almacene de manera duradera en nuestra memoria. Es decir, si has vivido un día especial, el giro denticulado hace que esos recuerdos se graben de manera más profunda para que puedas reflexionar sobre ellos incluso años después.

El giro denticulado suele trabajar en segundo plano, sin llamar mucho la atención, pero sin él, nuestras experiencias diarias podrían desvanecerse más fácilmente. Es como el «bibliotecario invisible» que organiza los libros para que encuentres lo que necesitas cuando quieras.

AMÍGDALA

La amígdala, ubicada en el lóbulo temporal, se asocia con la memoria emocional. Es como un **enlace emocional** que agrega un toque de color a tus recuerdos. Por ejemplo, si alguna vez has sentido miedo al ver una película de terror, es porque la amígdala relacionó la emoción (miedo) con el evento (ver la película) y creó una experiencia emocionalmente cargada.

Cuando experimentas algo emocional, la amígdala también tiene el papel de activar **respuestas emocionales** en tu cuerpo; por ejemplo, acelerar tu corazón si estás asustado o hacerte sonreír cuando ves a un amigo después de mucho tiempo.

Pero la amígdala no solo se ocupa de lo emocional, sino que también **influye en la memoria**, ya que al añadirles una dosis de emoción, puede hacer que algunos recuerdos sean más intensos y duraderos. En este caso, piensa en cuando te dan una sorpresa de cumpleaños. La amígdala hace que ese momento esté lleno de emoción y provoca que el recuerdo sea más vívido y duradero.

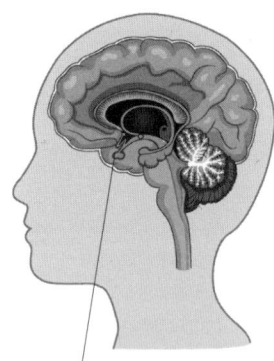

Además, esta zona del cerebro también participa en el **aprendizaje emocional**, puesto que al asociar experiencias con emociones, puede influir en tu comportamiento futuro. Por ejemplo, si una vez se te quemó un pastel en el horno y te sentiste decepcionado, la amígdala puede ayudarte a recordar esa experiencia y hacer que prestes más atención la próxima vez que cocines.

Amígdala

Tipos de memoria

La memoria es una facultad que abarca absolutamente todos los aspectos de nuestra vida, desde los nombres de nuestros amigos hasta las tablas de multiplicar que estudiábamos en el colegio: es omnipresente. Su alcance es tan vasto que engloba todo proceso que requiera almacenar y recuperar información, independientemente de su forma o complejidad. Es tan inmensa que resulta crucial categorizar los tipos de memoria según diversos criterios.

No existe un consenso universal sobre qué criterio es el más apropiado, por lo que en este apartado exploraremos varios. Nos sumergiremos en la clasificación de la memoria según el **contenido** de la información, la **duración**, el **nivel de consciencia** y la **orientación temporal**. Así desentrañaremos los distintos rostros de la memoria y capturaremos la riqueza y la diversidad de este fascinante proceso cognitivo.

SEGÚN EL CONTENIDO DE LA INFORMACIÓN

Esta clasificación nos revela la naturaleza misma de la información; es decir, cómo es el contenido que se va a memorizar. Este enfoque no solo nos proporciona una clasificación inicial, sino que también arroja luz sobre por qué ciertas cosas resultan más fáciles de recordar que otras. Desentrañando la esencia de la información, empezamos a comprender las peculiaridades que influyen en nuestra capacidad para retenerla.

- **La memoria semántica**

  La memoria semántica se refiere al conocimiento general que poseemos sobre palabras, conceptos y hechos que no están vinculados directamente a experiencias personales. Este tipo de memoria nos permite por ejemplo comprender el significado de las palabras, entender conceptos que sean abstractos y tener conocimiento sobre el mundo que nos rodea.

  Si, por ejemplo, alguien te pide que expliques qué es un elefante, tu capacidad para describir un elefante como un animal grande con trompa, orejas grandes y colmillos se basa en tu memoria semántica. No estás recordando una experiencia específica con un elefante, sino utilizando tu conocimiento general sobre esos animales para proporcionar una descripción precisa.

  Este tipo de memoria es fundamental en nuestra vida académica. Tradicionalmente, la concebimos como el acto de memorizar; es decir, «guardar» toda la información de nuestros libros y apuntes para después plasmarla en el examen y, esperamos, recordarla toda la vida.

- **La memoria episódica**

  La memoria episódica es como el diario personal de nuestra mente. Se refiere a la capacidad de recordar eventos específicos y experiencias personales en un contexto temporal y espacial. En otras palabras, es la habilidad de revivir y recordar situaciones pasadas como si estuviéramos viendo una película de nuestra vida.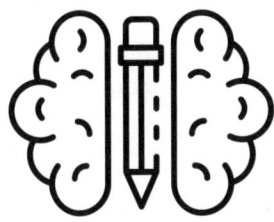

  Por ejemplo, intenta recordar tu última visita a la playa. Este tipo de memoria te permite recordar no solo la playa en sí, sino detalles específicos como la sensación del sol en tu piel, el sonido de las olas, la risa de tus amigos y el sabor de la comida que tomasteis. Es como si pudieras retroceder en el tiempo y revivir esa experiencia única en tu mente. De este modo, la memoria episódica nos permite no solo recordar eventos, sino también experimentarlos de nuevo en nuestra mente.

- **La memoria procedimental**

  La memoria procedimental es una subcategoría específica de la memoria implícita que se dedica al aprendizaje, la retención y la recuperación de habilidades y procedimientos específicos. Digamos que se trata de la memoria de «*cómo hacer cosas»*. Por ejemplo, actividades motoras simples como montar en bicicleta, que al principio requiere que hagamos cada movimiento de manera consciente y nos esforcemos por mantener el equilibrio. Sin embargo, con el tiempo y la práctica, esa habilidad se almacena en la memoria procedimental, hasta que llega el momento en el que puedes subirte a una bicicleta y avanzar sin pensar conscientemente en cada paso, de manera automática y sin esfuerzo consciente, ya que has internalizado el proceso.

La memoria procedimental también nos ayuda a realizar tareas más complejas como aprender a tocar un instrumento musical. En el caso de la guitarra, por ejemplo, cuando empiezas, cada acorde y cada movimiento de los dedos requiere tu atención y esfuerzo consciente. Sin embargo, a medida que practicas regularmente, la memoria procedimental entra en juego, hasta que con el tiempo, los movimientos necesarios para cambiar de acorde o tocar una melodía se vuelven instintivos. Gracias a este tipo de memoria, almacenas la secuencia de movimientos necesaria para tocar la guitarra sin pensar en cada paso.

En conclusión, la memoria procedimental es crucial para aprender y perfeccionar la habilidad de ejecutar tareas complejas de manera fluida y sin esfuerzo consciente, y se basa en la repetición a lo largo del tiempo.

• **La memoria espacial**
La memoria espacial es nuestra capacidad para recordar la disposición y ubicación de objetos en el espacio. Es crucial para orientarnos en entornos familiares, recordar rutas y encontrar objetos en nuestro entorno.

Este tipo de memoria entra en acción cuando visitas una ciudad nueva y exploras, por ejemplo, un mercado con numerosos puestos y callejones. Mientras caminas, observas la ubicación de los diferentes puestos, la dirección de las calles y los puntos de referencia. A medida que avanzas, tu memoria espacial registra mentalmente el diseño de ese mercado.

Cuando decides regresar a un puesto específico o salir del mercado, te guías por la memoria espacial. Como recuerdas la disposición de los puestos y calles, eres capaz de caminar por el lugar «de manera eficiente». Esta capacidad es esencial para situarnos y movernos en el espacio.

• **La memoria visual y fotográfica**
La memoria fotográfica y la memoria visual son conceptos que a menudo se confunden.

La **memoria visual** es la capacidad de recordar información principalmente a través de imágenes mentales. Las personas que tienen más desarrollado este tipo de memoria retienen y recuperan información de manera más efectiva cuando se presenta de forma visual. Es decir, recuerdan mejor lo que ven.

Supongamos que visitas el Museo del Prado y observas una pintura que te parece impresionante. Tu memoria visual retendrá detalles como los colores vibrantes, la composición de la obra y los elementos específicos que llaman tu atención. Más tarde, cuando intentas recordar esa pintura, tu mente reconstruye la imagen visual y te permite revivir mentalmente la experiencia y recordar la obra con más detalle que si solo hubieras leído acerca de ella. La memoria visual es fundamental para recordar caras y lugares.

Por otro lado, la **memoria fotográfica** es la habilidad para recordar imágenes de forma clara y detallada después de haberlas visto por un corto período de tiempo. A diferencia de la memoria visual típica, la memoria fotográfica nos permite retener detalles visuales con una precisión sorprendente.

Imagina que estás hojeando un libro o caminando por la calle. Puedes ver una página del libro o una escena en la calle durante unos segundos y luego, al cerrar los ojos, ser capaz de recrear mentalmente cada detalle, desde los colores hasta el texto exacto que hay escrito. Es como si tomases una «fotografía mental» y luego pudieses acceder a ella con una claridad asombrosa cuando lo desees.

Es importante destacar que la memoria fotográfica es un fenómeno poco común y no todos la poseemos. En la mayoría de las personas, la memoria visual tiende a ser más selectiva y menos detallada.

La memoria visual y la fotográfica presentan diferencias no tan sutiles como podemos ver en el recuadro explicativo:

		Memoria visual	Memoria fotográfica
ASPECTO	Detalles y precisión	Retiene la esencia o impresión general de una imagen	Recuerda detalles específicos con precisión asombrosa
	Duración del recuerdo	Puede ser más efímera y propensa a cambios	Permite un recuerdo a largo plazo de detalles
	Amplitud de aplicación	Incluye la capacidad de recordar imágenes más generales	Se centra en retener detalles visuales específicos
	Incidencia	Capacidad más común y generalizada	Fenómeno relativamente raro

SEGÚN SU DURACIÓN

No todos los recuerdos tienen la misma duración. Algunos eventos se olvidan de inmediato, mientras que otros perduran mucho más o incluso permanecen en nuestra memoria de forma casi permanente. Podemos clasificar la memoria en función del tiempo durante el que se retiene la información.

- **La memoria sensorial**

  La memoria sensorial es el primer sistema de retención de la información que entra en juego cuando percibimos lo que nos rodea. Esta memoria funciona como un espacio donde se almacenan las impresiones sensoriales, como lo que vemos u oímos, durante unos pocos segundos. Este tipo de memoria nos permite retener temporalmente la información antes de decidir si la procesamos a fondo o la descartamos.

  Considera la siguiente situación: estás en una playa al atardecer. Estás descalzo y sientes la suavidad y frescura de la arena bajo tus pies. En ese momento, tu memoria sensorial captura brevemente la sensación táctil de la arena. Si decides prestar más atención y concentrarte en la textura de la arena, cómo se desliza entre tus dedos y cómo se adapta a la presión de tus pasos, esa información se transferirá a otras formas de memoria para un procesamiento más profundo. Sin embargo, si luego decides meterte al agua y cambias tu foco sensorial hacia el agua del mar contra tu piel, la memoria sensorial rápidamente dejará de lado la sensación táctil de la arena que experimentaste inicialmente.

- **La memoria a corto plazo**

  La memoria a corto plazo es como la «zona de trabajo» de nuestra mente, donde almacenamos temporalmente la información necesaria para realizar tareas inmediatas. Es limitada en capacidad y duración, lo que significa que puede retener un número limitado de elementos durante un breve período.

  Para entenderlo, imagina que lees un número de teléfono que necesitas recordar solo el tiempo suficiente para marcarlo. Aquí, tu memoria a corto plazo está activa para mantener temporalmente la información esencial hasta que completas la tarea, pero una vez que hayas marcado el número o te involucres en otra tarea, es probable que lo olvides rápidamente, ya que la memoria a corto plazo tiende a descartar información no esencial en poco tiempo.

  Es importante destacar que, aunque la memoria a corto plazo requiere poco esfuerzo, si deseamos que la información se almacene de manera prolongada, debemos realizar un esfuerzo consciente para retenerla. Este proceso nos brinda un margen de tiempo estrecho pero esencial para asociar, analizar y transferir la información al nivel de la memoria de largo plazo.

- **La memoria a largo plazo**

  La memoria a largo plazo es el almacén de información duradera de nuestro cerebro. A diferencia de la memoria a corto plazo, esta tiene una capacidad prácticamente ilimitada y puede retener información durante un tiempo prolongado, desde días hasta décadas.

Además, es relevante destacar que la información almacenada da el «paso» para consolidarse en la memoria a largo plazo durante el sueño. De ahí que sea tan importante dormir correctamente.

Es como un archivo extenso y bien organizado en el que guardamos recuerdos significativos para nosotros. Si, por ejemplo, aprendiste a montar en bicicleta cuando eras niño, esa experiencia se queda almacenada en tu memoria a largo plazo. A medida que pasa el tiempo, los recuerdos en esta categoría tienden a ser más estables y menos propensos a olvidarse rápidamente.

La **transferencia de información** de la memoria a cor-
to plazo a la memoria a largo plazo implica procesos más profundos, como la repetición, la práctica y la conexión de los nuevos conocimientos con información previamente almacenada. Este proceso de consolidación es fundamental para la retención a largo plazo y, a menudo, conlleva una implicación emocional en la información que estamos tratando de recordar.

SEGÚN EL GRADO DE CONSCIENCIA

En nuestra mente existen recuerdos que podemos recuperar de manera consciente, intencionada y con esfuerzo. Por otro lado, también hay recuerdos que emergen de manera espontánea, sin un esfuerzo deliberado de nuestra parte. Ese es el fundamento de la siguiente clasificación.

- **La memoria implícita**

  La memoria implícita se centra en retener información y habilidades que podemos recuperar de manera automática; es decir, sin hacer un esfuerzo consciente o intencional.

  Este tipo de memoria actúa, por ejemplo, cuando estamos conduciendo un coche. Después de practicar lo suficiente, muchos conductores pueden hacerlo de manera automática: cambian de marcha, ajustan la velocidad y reaccionan a las condiciones de la carretera sin pensar conscientemente en cada paso que dan, ya que la habilidad de conducir se ha vuelto parte de la memoria implícita a través de la práctica y la repetición, lo cual permite a los conductores realizar esta tarea de manera automática.

  Seguro que esta afirmación te suena: es el mismo proceso que opera la memoria procedimental. La explicación es que este tipo de memoria es en realidad una subcategoría de la memoria implícita que se centra específicamente en el aprendizaje y la retención de habilidades y procedimientos. Es decir, la memoria procedimental es una manifestación de la memoria implícita que se centra en habilidades y procesos concretos.

- **La memoria explícita**

La memoria explícita, también conocida con el nombre de memoria declarativa, es la capacidad consciente e intencional de adquirir, retener y recuperar información específica. Este tipo de memoria implica la retención de hechos, eventos o conceptos que luego podemos expresar verbalmente. Se divide en dos subtipos que ya hemos descrito:

- **Memoria semántica.** Involucra el conocimiento general y abstracto, como conceptos, datos y hechos no vinculados a un momento o lugar específico. Por ejemplo, que París es la capital de Francia.

- **Memoria episódica.** Implica recordar eventos y experiencias personales que ocurrieron en momentos y lugares específicos. Por ejemplo, tu graduación o un cumpleaños especial.

Funciona de la siguiente manera: imagina que visitas un museo de historia natural. La información sobre las características y los hábitos de los dinosaurios que encuentras en la exposición se almacena en tu memoria semántica, ya que se trata de conocimiento general. En cambio, los detalles específicos de tu visita al museo, como quién te acompañaba o cómo te sentías, se almacenan en tu memoria episódica. Sin embargo, al mismo tiempo, ambos son ejemplos de memoria explícita, ya que puedes expresar conscientemente esa información.

SEGÚN SU DIRECCIÓN EN EL TIEMPO

Finalmente, podemos clasificar la memoria según su orientación en el tiempo, y en este caso la dividimos en memoria retrospectiva y prospectiva.

- **La memoria retrospectiva**

La memoria retrospectiva se ocupa de recordar eventos, información o experiencias pasadas. Es el tipo de memoria que nos permite recordar cosas que han ocurrido antes del momento actual; como por ejemplo, los alimentos que desayunaste esta mañana.

Te sientas a reflexionar sobre tu día y recuerdas que por la mañana preparaste un delicioso tazón de avena con trozos de frutas. Visualizas la cocina, los ingredientes y el proceso de preparación. Puedes recordar el aroma reconfortante que llenaba el ambiente mientras cocinabas. Luego, revives mentalmente el momento en que disfrutaste cada cucharada, saboreando la combinación de texturas y sabores.

- **La memoria prospectiva**

  Este es el tipo de memoria que nos permite recordar eventos o tareas que debemos realizar más adelante, a modo de agenda cerebral. Además, nos permite anticipar y organizar nuestras acciones, lo cual contribuye a la planificación y ejecución de actividades futuras; por poner algunos ejemplos, enviar un correo, hacer la compra después del trabajo, recoger a los niños del colegio, hacer una gestión, etc.

  Pero veamos un ejemplo más específico. Imagina que has planeado una quedada con unos cuantos amigos para la próxima semana. Utilizas tu memoria prospectiva para recordar los detalles del encuentro, como la hora, el lugar y lo que vais a hacer. A medida que se acerca la fecha, tu memoria prospectiva te va a ayudar a prepararte y se asegura de que no olvides ningún aspecto importante de la reunión. Por eso, cuando llega el día, puedes actuar de acuerdo con lo planificado gracias a tu capacidad de recordar y ejecutar tareas futuras mediante la memoria prospectiva.

EL AROMA Y LA MEMORIA

Es conocido que los olores tienen una capacidad única para evocar recuerdos y emociones en los seres humanos de una manera inmediata y vívida, a menudo mucho más intensamente que otros estímulos sensoriales como pueden ser los sonidos o la vista. Esto se debe a que el sistema olfativo está conectado directamente con el sistema límbico y el hipocampo en el cerebro, que son dos áreas asociadas con la memoria y las emociones.

Por ejemplo, imagina la siguiente situación: un día paseando por un parque, te acercas a un jardín donde hueles flores de jazmín y el olor te transporta instantáneamente a tu infancia. Entonces recuerdas los veranos jugando entre las flores del jardín de tus tíos. El simple olor del jazmín desencadena una cascada de recuerdos y emociones que te hacen revivir esos momentos como si estuvieran sucediendo de nuevo en ese mismo momento.

Por supuesto, los aromas también pueden influir en nuestras emociones y estados de ánimo. Por ejemplo, el olor a canela puede evocar sentimientos de calidez y comodidad, mientras que el olor a limón puede despertar sensaciones de frescura y vitalidad. Por esta razón, algunas empresas utilizan fragancias específicas en sus productos o entornos: para crear asociaciones cerebrales positivas a través del olfato y mejorar la experiencia de sus clientes.

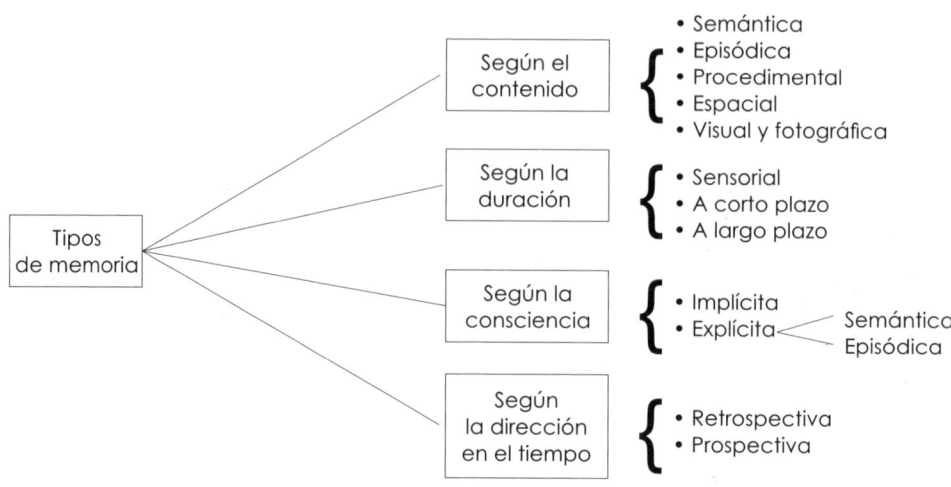

Procesos de la memoria

Continuamente estamos expuestos a miles de estímulos y señales que nuestros sentidos captan, ya vengan del mundo que nos rodea o de nuestro interior. Estos estímulos son la esencia de lo que denominamos «fuente de información». Todo aquello que nuestros **sentidos** perciben, desde lo que vemos y oímos hasta lo que tocamos, probamos u olemos, constituye esta valiosa fuente de datos. Esta información puede originarse tanto en el entorno (como la luz del sol en un parque, el sonido de los pájaros, la sensación de la brisa en la piel o el olor a flores) como en nuestro interior, ya que las sensaciones corporales y las experiencias personales también son fuentes de información.

Además, la memoria es como un viaje en el que cada paso es esencial para recordar la información de manera efectiva. Por ejemplo, el modelo de tres etapas es una teoría que describe cómo procesamos y almacenamos información. Este propone que la memoria pasa por tres fases distintas: **codificación**, **consolidación** y **recuperación**.

LA FUENTE DE INFORMACIÓN

En este primer paso del proceso, es fundamental que exista una **fuente de información**. Para recordar algo, primero debe haber algo que recordar, y necesitas una fuente de información para que la información que transmite se pueda almacenar en la memoria.

Vamos a ilustrar este concepto con un ejemplo sencillo: imagina que estás de viaje en una ciudad que nunca has visitado antes. En este entorno nuevo, te rodean diversas fuentes de información. Mientras exploras, la arquitectura de los edificios, los sonidos de la gente hablando en un idioma diferente al tuyo y los aromas de la cocina local se convierten en estímulos que tus sentidos captan.

Para poder almacenar en tu memoria la imagen de esa ciudad, primero debe haber fuentes que te proporcionen la información sensorial. Pueden ser las imágenes de los lugares, el sonido de la música callejera, la sensación del mapa en tus manos mientras te orientas o el sabor de la comida local que has probado.

En este caso, la ciudad desconocida se convierte en la fuente de información que enriquece tu experiencia y que, a su vez, contribuye a la formación de recuerdos duraderos.

LA CODIFICACIÓN

Cuando la información entra en la mente a través de los sentidos, experimenta un cambio fundamental conocido como **codificación**. Este proceso es esencial para la formación de recuerdos y se lleva a cabo gracias a dos procesos cognitivos básicos: la **sensopercepción** y la **atención**.

La sensopercepción implica la captación de información sensorial del entorno, como ver un paisaje, escuchar una melodía o sentir una textura. La atención actúa como un filtro que nos permite dirigir nuestro enfoque hacia aspectos específicos de esa información sensorial. En esencia, la atención traduce la información sensorial en representaciones mnémicas significativas para nosotros; es decir, en recuerdos.

Es crucial destacar que no todo lo que percibimos se almacena en la memoria. El proceso de codificación puede seguir dos caminos distintos: el **procesamiento automático** y el **procesamiento esforzado**.

En el procesamiento automático, la información se procesa con poco esfuerzo y requiere un nivel bajo de atención consciente. Un ejemplo sería conducir, donde las acciones que inicialmente requerían atención consciente se vuelven automáticas con la práctica.

Por otro lado, el procesamiento esforzado implica una atención consciente y un esfuerzo mental significativo. Estudiar para un examen es un ejemplo de procesamiento esforzado, ya que precisa de repetición consciente y enfoque activo para mejorar la retención.

EL ALMACENAMIENTO DE LA INFORMACIÓN

El proceso de **almacenamiento** de la información en nuestra memoria es una tarea interna, particularmente ligada a la atención y vital para la consolidación de recuerdos. Este procedimiento sigue unos criterios que determinan qué información se consolida y cuál se descarta. En este proceso, decidimos qué información queremos conservar y qué cosas podemos olvidar en función de distintos baremos.

- **Por su relevancia (A).** Guardamos la información importante para nosotros. Imagina que estás aprendiendo a tocar la guitarra y te encuentras con una canción que te encanta. Es probable que recuerdes los acordes y la letra porque esta información es relevante y emocionalmente significativa para ti.

- **Por la funcionalidad (B).** Almacenamos lo que tiene un propósito, cosas que son útiles o importantes para nuestras vidas. Supongamos que estás estudiando para un examen de matemáticas y encuentras una fórmula que te ayuda a resolver problemas de manera eficiente. Almacenas esta información porque es funcional y útil para tu desempeño en el examen.

- **Por su utilidad en el presente (C).** Conservamos información que es útil saber ahora. Si estás en una ciudad nueva y alguien te da indicaciones para llegar a un lugar importante, es probable que retengas esa información en tu memoria a corto plazo porque es útil en ese momento específico.

- **Por sus características singulares (D).** Almacenamos cosas que son especiales o destacan de alguna manera. Piensa en una celebración especial, como tu cumpleaños. Los detalles de ese día, como las personas que estuvieron presentes, los regalos y los momentos especiales, se almacenan porque tienen características destacadas y son especiales en tu vida.

Este proceso de almacenamiento establece conexiones con la memoria a corto y largo plazo, lo cual define la duración y la accesibilidad de la información.

Visualiza tu memoria como una biblioteca en constante renovación. Algunos libros, que en este caso serían los recuerdos, contienen información efímera y se encuentran en estantes de acceso rápido, listos para ser recordados y luego olvidados rápidamente.

- **Memoria a corto plazo.** Esta sección representa la zona de acceso rápido de la biblioteca, donde almacenamos información temporal y de corta duración; por ejemplo, el nombre de alguien que acabas de conocer.

- **Memoria a largo plazo.** Es la sección más extensa y organizada, destinada a almacenar una cantidad ilimitada de hechos y datos. Aquí, los libros se organizan en categorías como la memoria semántica para conceptos y la episódica para experiencias personales.

En resumen, nuestra memoria actúa como si fuera un sistema de clasificación inteligente en el que la información se almacena en función de tres factores: su relevancia, funcionalidad y utilidad.

LA RECUPERACIÓN DE LA INFORMACIÓN

Esto sería el equivalente a buscar y sacar libros de nuestra biblioteca mental. Es un proceso activo y consciente que se inicia cuando decidimos recordar algo específico. Sin embargo, no es tan fácil como abrir una puerta y encontrar lo que necesitas, ¡aunque sería genial que funcionase así!

Piensa en ello de esta manera: si recordar fuera tan sencillo, nunca olvidaríamos dónde dejamos las llaves o el teléfono que teníamos en la mano hace un momento. Por lo tanto, es importante comprender que el acceso a la información almacenada depende del orden y las estrategias que utilizamos para guardar esa información en nuestra memoria. Por ejemplo, imagina que aprendiste a montar en bicicleta siguiendo una serie de pasos. Recuperar ese recuerdo sería como recordar cada uno de esos pasos conscientemente antes de volver a montar. Si aprendiste los pasos en un orden específico y los practicaste de esa manera, será más fácil recordar cómo montar la bicicleta cuando lo desees.

Así, la recuperación de la información implica buscar y encontrar recuerdos en nuestra mente de manera activa, y la facilidad para conseguirlo depende de cómo organizamos y aprendimos esa información en primer lugar.

LA ELIMINACIÓN DE LA INFORMACIÓN

En esencia, la eliminación de la información equivale a hacer espacio en nuestra mente quitando lo que ya no consideramos vital o relevante. Sin embargo, a veces ocurre que algo que creíamos esencial se desvanece, ya sea porque no encontró un rincón duradero en nuestra memoria o porque el paso del tiempo «desgastó» el recuerdo sutilmente. Y, ¿qué pasa cuando, a pesar de nuestros esfuerzos, no podemos recordar algo? Esto puede deberse a dos razones:

- **No se transfirió a la memoria a largo plazo**
  A veces, la información no pasa de la memoria a corto plazo a la memoria a largo plazo. Supón que estás buscando por internet y ves unas zapatillas que quieres comprar, pero decides esperar antes de tomar una decisión. Tomas nota de la página donde lo viste mentalmente y decides volver después para comprarlo. Sin embargo, cuando lo buscas, te das cuenta de que no puedes recordar exactamente dónde viste el artículo. Te esfuerzas por recordar la dirección, los colores de la página o su estructura, pero la información parece haberse desvanecido. Esto sucede porque, aunque la recordaste brevemente en el momento (memoria a corto plazo), no llegó a transferirse a la memoria a largo plazo, por lo que se ha perdido en algún rincón efímero de tu memoria.

- **Ha habido un deterioro de la huella mnémica**

  La huella de un recuerdo se puede deteriorar con el tiempo si no se reactiva. Imagina que cuando eras niño tenías una colección de juguetes favoritos. Jugabas con ellos todos los días y cada uno tenía su lugar especial en tu habitación. Con el tiempo, creciste y tus intereses cambiaron. Dejaste de jugar con esos juguetes y empezaron a ocupar espacio en el fondo del armario.

  Años después, decides limpiar y encuentras la caja donde metiste esos juguetes. Al abrirla, te das cuenta de que algunos ni siquiera te resultan familiares. Puedes recordar la diversión que solían brindarte, pero los detalles específicos sobre cómo jugabas con cada uno de ellos se han desvanecido.

  Aunque esos juguetes eran fundamentales en tu infancia, con el tiempo y el cambio de intereses, la huella mnémica asociada a esos momentos se desvaneció. Aunque olvidar esos detalles puede parecer un poco triste, es una parte natural del proceso de crecimiento y cambio en la vida.

Factores que afectan a la memoria

Sales del trabajo anhelando un momento de tranquilidad en casa. Visualizas el sillón cómodo, tu cena y tu serie favorita. Sin embargo, al llegar a casa y buscar la llave, te das cuenta de que ¡la llave no está en el bolsillo donde debería estar!

Este episodio cotidiano, aunque frustrante, es algo que todos hemos experimentado alguna vez. No recordar dónde dejaste las llaves no suele ser un problema grave, pero ¿qué hay detrás de estos pequeños deslices de memoria?

La memoria es una capacidad asombrosa que nos permite recordar y almacenar información, y está influenciada por diversos factores como las **emociones**, la **atención**, el **estrés** y la **ansiedad**, el **ejercicio** y el **sueño**.

LAS EMOCIONES

Las emociones desempeñan un papel destacado en la formación y recuperación de recuerdos, ya que pintan nuestras experiencias con colores intensos que a menudo permanecen grabados en nuestra mente. Es como si tus recuerdos fuesen lienzos y las emociones, los pinceles que les dan vida.

¿Cómo funciona?

Cuando experimentamos emociones intensas, ya sean de felicidad, tristeza, miedo, ira o sorpresa, entre otros, nuestro cerebro se activa de manera única. Las emociones actúan como un subrayador mental: le indican a nuestro cerebro que esa información es significativa y digna de ser recordada. Recuerda una ocasión especial, como tu graduación o un cumpleaños sorpresa. La alegría y la emoción que sentiste en ese momento no solo hacen que el recuerdo sea memorable, sino que también lo graban más profundamente en tu memoria.

Cuando experimentamos algo emocionante, el cerebro toma nota y **marca esa información** para su almacenamiento a largo plazo. Es como si cada emoción intensa fuera un neón brillante que indica que ese momento merece ser recordado.

Las emociones le dicen al cerebro que la información asociada **es significativa y relevante** para nosotros. Parece que nos esté diciendo: «¡Recuerda esto!». Por eso nuestro cerebro prioriza estas experiencias emocionales, porque las reconoce como momentos clave de nuestra vida.

Las responsables de que esto pase son **hormonas** como la adrenalina y el cortisol, que entran en escena durante este tipo de «eventos emocionales». Estas sustancias químicas refuerzan la señalización del cerebro y consolidan aún más la memoria. Es como si el cuerpo y la mente trabajaran juntos para inmortalizar esos instantes.

En conclusión, esta conexión única entre emoción y memoria crea la riqueza y la profundidad de nuestro archivo de experiencias, y da forma a quiénes somos y cómo recordamos nuestro viaje a lo largo de la vida.

La memoria emocional
Es un proceso en el que los recuerdos vinculados a nuestras emociones destacan por su intensidad hasta el punto de volverse **inolvidables**, como si estuvieran marcados con un sello emocional que los hace excepcionales.

¿Recuerdas el día de tu graduación? Mientras ibas a recibir tu diploma, seguro que experimentaste una mezcla de emociones intensas: logro, alegría y quizás un toque de nostalgia. Este momento se graba en tu memoria con una intensidad inolvidable, ya que está marcado por el «sello emocional» de tu éxito académico.

Los recuerdos asociados con emociones suelen ser más **vívidos y duraderos**. La resistencia al olvido es una característica distintiva de la memoria emocional, ya que esa carga actúa como un anclaje que evita que esos recuerdos se desvanezcan con la misma rapidez que otros eventos más neutrales. ¿Te acuerdas de la primera vez que te enamoraste? El encuentro, las miradas, la sensación de mariposas en el estómago; todas estas experiencias crean un recuerdo vívido y duradero. La carga emocional de ese momento, ya sea de felicidad, nerviosismo o excitación, opera en tu memoria. Por eso, años después puedes recordar claramente esos detalles, y también sentir la intensidad emocional de ese capítulo en tu vida cada vez que evocas el recuerdo. La memoria emocional trabaja como una cápsula de tiempo que preserva los momentos que tocan nuestro corazón de manera profunda.

Las emociones también ejercen un influjo significativo en **cómo percibimos** y recordamos eventos específicos. La memoria emocional nos proporciona «lentes emocionales» que alteran nuestra perspectiva otorgando una tonalidad única a momentos que, de otra manera, podrían haber pasado desapercibidos. Por ejemplo, piensa en un momento de miedo repentino, como un susto inesperado. En ese instante, la intensidad del miedo pudo haber alterado tu percepción del entorno. Los detalles del lugar, los sonidos ambientales y hasta el aroma en el aire quedaron vinculados a esa emoción intensa. Años después, cuando te encuentras en un entorno similar o escuchas un sonido parecido, la memoria emocional puede activarse y traer de vuelta la sensación de miedo asociada con ese momento específico. De este modo, las emociones influyen en cómo recordamos y experimentamos el mundo que nos rodea.

Por otro lado, las situaciones emocionalmente cargadas, ya sean positivas o negativas, pueden afectar a la forma de la que recordamos ciertos eventos en el futuro, puesto que esas son las que dejan una **huella profunda**. Imagina, si eres padre o madre, el día en que sostuviste a tu hijo recién nacido en brazos por primera vez. La abrumadora emoción de alegría y amor de ese instante se convierte en un componente inseparable del recuerdo. Este evento positivo, cargado emocionalmente, destaca por su intensidad en la memoria emocional.

Ahora, considera el contraste de un evento negativo, como recibir la noticia de una pérdida significativa. La tristeza profunda, la conmoción y el dolor asociados con esta noticia también dejan una huella profunda en la memoria emocional.

Ambos eventos, aunque opuestos en su carga, ejemplifican la capacidad de la memoria emocional para destacar y retener recuerdos significativos. Estos momentos excepcionales, ya sean positivos o negativos, se vuelven inolvidables y marcan nuestra historia personal de manera única.

LA ATENCIÓN

La atención es una capacidad que todos compartimos, pero en diferente medida. Algunas personas mantienen una concentración firme, mientras que otras se distraen fácilmente. Es un proceso cognitivo fundamental, estrechamente vinculado con la memoria y la motivación, por lo que juega un papel crucial en nuestra capacidad para comprender, retener y recordar información. Sin la atención, sería difícil, si no imposible, memorizar cualquier cosa.

La atención es como el haz de luz de una linterna en una habitación oscura. Aquello en lo que enfocamos esa luz se vuelve claro y nítido, mientras que lo que queda en la penumbra se vuelve borroso y difícil de percibir. Cuando dedicamos nuestra atención a algo, estamos enviando esa luz de la linterna a un detalle específico. Este acto de **focalización** mejora la codificación de la información en nuestra memoria. Por ejemplo, si estás aprendiendo a tocar la guitarra y prestas atención a las notas y los acordes, es más probable que retengas esa información.

Además, la atención **selecciona la información** relevante y la destaca para que se procese de manera más profunda. Imagina que estás en una fiesta con mucha gente, música fuerte y risas por todas partes. En ese bullicio, tienes una conversación importante con un amigo sobre un tema personal. A pesar del ruido y la distracción, tu atención se enfoca en las palabras de tu amigo. Ignoras el resto de los sonidos y te sumerges completamente en la relevancia de la conversación. Aquí, la atención **actúa como un filtro** que destaca lo significativo y te permite recordar y procesar la información crucial en medio del caos sonoro de la fiesta, y descartar lo que no es significativo. Lo mismo pasa cuando estás estudiando para un examen importante que cubre varios temas. Tienes un tiempo limitado y necesitas centrarte en los conceptos más relevantes. Al sumergirte en tus apuntes, aplicas la atención de manera selectiva. Te concentras en los conceptos clave e ignoras detalles menos importantes. Es como elegir conscientemente qué información merece un espacio en tu memoria para asegurarte de recordar lo esencial para el examen. En este caso, la atención es un recurso valioso para procesar y retener lo más importante dentro de la vasta cantidad de información disponible.

En definitiva, la atención será como el director de una película, que decide qué escenas enfocar para contar la historia de manera efectiva.

LAS FASES DE LA ATENCIÓN

La atención es un proceso psicológico que consta de tres fases: el inicio, el mantenimiento y el cese. Cada proceso es dependiente del anterior. Por lo tanto, es importante entenderlos como una cadena que debe completarse para que el proceso se presente de manera correcta.

El inicio

En este paso no es necesario sostener la atención, puesto que consiste solamente en empezar a prestar atención a un estímulo. Ocurre cuando iniciamos una nueva actividad, como estudiar para un examen. Puedes usarlo para preparar tu espacio de estudio, abrir tus materiales y mentalizarte para concentrarte en el material que tienes que revisar. Este paso de inicio señala el comienzo de tu atención dirigida hacia el estudio.

Otro ejemplo es cuando utilizamos un reloj para poner la alarma. Imagina que necesitas recordar que tienes que hacer una tarea importante en 30 minutos. Al configurar la alarma del reloj estás iniciando el proceso de atención hacia el paso del tiempo. Este acto es una acción deliberada para dirigir tu atención hacia un estímulo específico (el reloj) y establecer una alerta para recordarte la tarea.

También podemos ver cómo funciona ante cambios significativos en el ambiente, como por ejemplo escuchar un ruido fuerte mientras estudias. Tu reacción instantánea, cambiar el foco de tu atención hacia el sonido, es la fase de inicio, que en este caso se produce como respuesta a un cambio notorio en el entorno. Aquí, la atención se inicia automáticamente para evaluar la naturaleza del sonido y determinar si representa una distracción o una situación que requiere tu atención.

El mantenimiento

El mantenimiento de la atención es el proceso que nos permite sostener la atención en un estímulo por un tiempo prolongado. Si el mantenimiento ocurre de manera óptima, hablamos de una atención sostenida.

El mantenimiento de la atención es una cuestión que se ha investigado a fondo. Por ejemplo, se ha descubierto que, si se intenta sostener la atención durante mucho tiempo, los sujetos comienzan a perder interés en las tareas y a experimentar sensaciones de fatiga, cansancio y aburrimiento.

Sin embargo, también se ha descubierto que cuando la atención se mantiene sin saturar los recursos cerebrales, los demás procesos cognitivos funcionan mejor. Por ejemplo, si logras focalizar la atención en cierta información durante un periodo de tiempo determinado, podrás fijarlo en tu memoria mejor que si no estuvieses realizando el mantenimiento de la atención de manera correcta. Por lo tanto, si lo que buscas es sacar el máximo provecho a tus recursos cognitivos, no intentes mantener tu atención durante más de una hora sobre un mismo estímulo. Lo más efectivo es que hagas pequeños descansos intermedios.

El cese

Es importante que, después de mantener la atención durante un cierto tiempo en un estímulo, dejes de hacerlo. Este es un proceso que puede ocurrir de manera tanto **voluntaria** como **involuntaria**.

En el primer caso, y continuando con el ejemplo del estudio para un examen, supongamos que has estado leyendo y concentrado en tus apuntes durante un período prolongado. Llega el momento en el que decides tomar un breve descanso para estirar las piernas y relajar la mente. En este punto, estás aplicando la fase de cese de la atención de manera voluntaria, eres tú quien decide parar para aprovechar mejor el tiempo después.

Ahora, considera una situación involuntaria. Mientras estás concentrado en la lectura, escuchas un sonido fuerte e inesperado a través de tu ventana. En este caso, la atención que estabas dedicando a tus apuntes se interrumpe automáticamente y tu enfoque se desplaza hacia el sonido repentino. Esta reacción natural es lo que se conoce como **respuesta de orientación**.

LAS CARACTERÍSTICAS PRINCIPALES DE LA ATENCIÓN

Como ya sabes, la atención es la facultad cognitiva que nos permite seleccionar, procesar y focalizar nuestra mente en determinados estímulos, por lo que resulta una pieza clave en nuestro día a día. Sin embargo, no es un proceso homogéneo, sino que consta de distintas características que moldean nuestra forma de interactuar con el mundo que nos rodea. Exploraremos cuatro características fundamentales: **amplitud**, **intensidad**, **oscilación** y **control**. Cada una de ellas aporta una dimensión única a la atención que nos permite entender mejor cómo funcionamos cuando abordamos el flujo constante de información que nos rodea.

Amplitud

La amplitud de la atención afecta a la capacidad para atender a más de un evento de forma simultánea. Cuando conducimos un vehículo, esta característica es esencial, ya que necesitamos prestar atención a diversos elementos simultáneamente, como el tráfico que se aproxima desde diferentes direcciones, las señales de tráfico, los peatones en la acera y la información de los controles del salpicadero. La amplitud de la atención es lo que nos permite manejar múltiples fuentes de información de manera coordinada y tomar determinadas decisiones, como cambiar de carril o ajustar nuestra velocidad según las condiciones del tráfico.

Intensidad

La intensidad se refiere a la cantidad de atención que podemos dedicar a una determinada tarea o estímulo, y esa intensidad está relacionada con nuestro nivel de vigilia y alerta en cada momento.

Esta característica se manifiesta en situaciones cotidianas como la lectura de un libro. Supongamos que estás inmerso en la trama de una novela y llegas a un momento crucial. En ese instante, la intensidad de tu atención aumenta notablemente. Estás más concentrado y absorbes cada palabra y detalle para comprender plenamente la situación de la historia. Este aumento en la intensidad de la atención demuestra cómo la importancia del contenido puede modular nuestra capacidad de concentración y procesamiento de la información en un instante específico.

Oscilación

La oscilación es una característica de la atención que refleja cómo nuestra mente es capaz de cambiar constantemente entre diferentes tareas o procesar múltiples fuentes de información. Imagina que estás trabajando en algo importante con tu ordenador y, de repente, recibes una notificación en tu teléfono. Tu atención, que inicialmente estaba centrada en la escritura, oscila hacia el teléfono al sentir la vibración y ver la notificación. Decides revisar rápidamente el mensaje antes de volver a sumergirte en tu trabajo. En este caso, la oscilación de la atención te permite manejar múltiples estímulos y cambiar de uno a otro según las demandas del momento.

Control

El control de la atención implica la capacidad de dirigir conscientemente tu foco hacia una tarea específica y resistir distracciones. Supón que estás trabajando en un informe importante del trabajo y decides apagar las notificaciones del correo electrónico y poner tu teléfono en modo «No molestar» para evitar interrupciones. Este acto consciente de eliminar distracciones representa el control de tu atención para maximizar la concentración en la tarea prioritaria.

ESTRÉS Y ANSIEDAD

La relación entre el estrés, la ansiedad y la memoria es una interacción compleja que influye significativamente en nuestra capacidad para recordar información. Veámoslo con más detalle.

Cuando experimentamos estrés, el cuerpo libera hormonas como el cortisol, diseñadas para ayudarnos a lidiar con situaciones que pueden ser desafiantes. Sin embargo, un exceso prolongado de cortisol también puede tener repercusiones negativas en el hipocampo, una región cerebral que es vital para la formación de nuevos recuerdos. Al mismo tiempo, la ansiedad puede distraer nuestra atención y saturar la capacidad cognitiva. Además, complica la concentración en las tareas presentes, ya que hace que nos centremos más en preocupaciones futuras.

Las **consecuencias** directas del estrés y la ansiedad en nuestros procesos de memoria son las siguientes.

Dificultad para concentrarse

Cuando estamos estresados o ansiosos, concentrarnos se vuelve más difícil. La mente ve obstaculizada su capacidad para procesar y guardar nueva información en la memoria. Es como tratar de estudiar con un ruido constante de fondo que no te deja centrarte en lo que realmente importa.

Supón que estás preparando una cena especial para tus amigos, pero te sientes estresado porque temes no cumplir con sus expectativas. Mientras sigues la receta, el estrés dificulta tu concentración, lo cual hace **más difícil** que recuerdes los pasos y las cantidades exactas de los ingredientes. La preocupación constante por la calidad de la comida afecta a tu capacidad para procesar la información de manera efectiva y, en última instancia, influye en la formación de recuerdos precisos sobre la receta.

Los recuerdos distorsionados

El estrés crónico puede influir en cómo se almacenan los recuerdos, y hacer que la información se recupere de manera distorsionada o incompleta.

Supongamos que estás experimentando un período de estrés continuo en tu vida laboral. Durante una reunión, tu jefe te proporcioda instrucciones detalladas sobre un nuevo proyecto importante. Sin embargo, el estrés constante está afectando a tu capacidad para consolidar esa información de manera precisa. Más tarde, cuando intentas recordar los detalles específicos del proyecto, algunas partes de la información están distorsionadas o incompletas. Por eso, cuando compartes esas instrucciones con un compañero, transmites la información omitiendo detalles clave, lo cual no solo afecta a tu rendimiento en el trabajo, sino también a la calidad de la comunicación y colaboración en el equipo. Esta es una prueba de cómo el estrés puede tener un **impacto significativo** en la precisión y **la fiabilidad de la información** que compartimos con los demás.

Los problemas de recuperación

Las preocupaciones constantes y la inquietud mental que conlleva la ansiedad pueden dificultar la recuperación de recuerdos específicos, ya que la mente ansiosa está ocupada con pensamientos dispersos y distracciones que interfieren con la búsqueda efectiva de la información almacenada.

Por ejemplo, imagina que tienes una presentación importante en el trabajo y sientes una ansiedad cada vez mayor por el evento. Durante la presentación, tu mente experimenta distracciones constantes: te preocupas por si estás transmitiendo el mensaje de manera efectiva, por si estás cumpliendo con las expectativas y por si estás utilizando el tiempo adecuadamente. Más tarde, cuando intentas recordar los detalles clave de la presentación, como cifras específicas o puntos esenciales, la ansiedad que experimentaste durante el evento obstaculiza tu capacidad para recuperar la información de manera fluida. Por tanto, la preocupación constante durante la presentación ha afectado a la claridad y la precisión de tu capacidad para recordar detalles importantes.

EL EJERCICIO FÍSICO Y SU IMPACTO EN LA MEMORIA

El ejercicio no solo beneficia la salud física, sino que también tiene un impacto positivo en la función cognitiva, incluida la memoria. Este fenómeno se atribuye a varios mecanismos interrelacionados que se desencadenan durante y después del ejercicio.

En primer lugar, hacer deporte **aumenta el flujo sanguíneo**, lo que significa que llegan al cerebro más oxígeno y nutrientes. Este aumento en el suministro sanguíneo potencia la función cerebral y favorece la formación y recuperación de recuerdos. Por ejemplo, seguramente habrás notado que después de una sesión de entrenamiento, tienes más claridad mental o puedes recordar detalles con mayor facilidad.

También estimula **la liberación del factor neurotrófico derivado del cerebro** (BDNF, por sus siglas en inglés), que desempeña un papel clave en el crecimiento, la supervivencia y el mantenimiento de las células cerebrales. Esto puede tener un impacto positivo en la plasticidad cerebral y, por ende, en la memoria. Imagina que decides comenzar a correr todas las mañanas como parte de tu rutina de ejercicio. Con el tiempo, esta actividad física contribuirá a aumentar los niveles de BDNF, lo cual mejorará tu plasticidad cerebral y, en consecuencia, tu capacidad para formar y retener recuerdos.

Además, hacer ejercicio regularmente está asociado con **la reducción del estrés y la ansiedad**, factores que, como hemos discutido anteriormente, pueden afectar negativamente a la memoria. En concreto, la actividad física puede actuar como un amortiguador contra los efectos perjudiciales del estrés sobre la función cognitiva general. Por tanto, si decides salir a correr todas las mañanas, con el tiempo, es posible que te sientas menos estresado y ansioso.

Por otro lado, contribuye a que podamos tener un **mejor patrón de sueño**, lo que favorece la retención y recuperación de información, como se puede leer en el siguiente punto. Supongamos que empiezas a practicar yoga como parte de tu rutina de ejercicio. El yoga, con su enfoque en la relajación y la conexión mente-cuerpo, ayuda a regular tu patrón de sueño. Este sueño mejorado favorece, a su vez, la retención y recuperación de información en tu memoria.

Por último, el deporte puede **aumentar la liberación de neurotransmisores como la dopamina y la serotonina**, que están involucrados en la regulación del estado de ánimo y también pueden tener efectos positivos en la memoria y la función cognitiva. En este caso, piensa que juegas en un equipo de balonmano aficionado y participas todas las semanas en partidos y entrenamientos. Con el tiempo, seguro que notas cambios en tu estado de ánimo gracias a la liberación de dopamina y serotonina. También experimentarás un aumento de tu energía y te sentirás más positivo y motivado.

EL SUEÑO Y SU IMPACTO EN LA MEMORIA

Todos los días, mientras estamos despiertos, nuestro cerebro afronta una avalancha de información proveniente de nuestros sentidos: experiencias, imágenes, conversaciones, sonidos, olores y emociones que forman una lista interminable de datos. Sin embargo, convertir toda esta información en recuerdos duraderos es un gran desafío para nuestro cerebro. Piensa en él como un ordenador. Si quieres almacenar en él cada pequeño detalle de tu vida, pronto te quedarás sin espacio para almacenar nueva información relevante, ya que al igual que una CPU, tu cerebro tiene un «disco duro» limitado.

Dicho de una manera más científica, este proceso de almacenamiento de recuerdos implica la creación de nuevas proteínas en las neuronas a través de unas conexiones llamadas **sinapsis**. Si estas sinapsis se vuelven demasiado fuertes, pueden llegar a obstaculizar la creación de nuevas conexiones, lo cual limitaría a su vez nuestra capacidad para codificar nueva información.

Dicho esto, la relación entre el sueño y la memoria es una cuestión esencial para nuestro día a día, y entender cómo funciona este vínculo nos puede proporcionar herramientas para mejorar nuestra capacidad de retención y el proceso de recuperación de información. Durante las distintas etapas del sueño, especialmente en el sueño profundo y en la llamada **fase REM** (movimientos oculares rápidos), ocurren ciertos procesos cruciales para la memoria. En estas fases, las conexiones neuronales se refuerzan, y el cerebro consolida y organiza la información que ha recibido, y la traslada de la memoria a corto plazo a la memoria a largo plazo.

Por ejemplo, si has estado estudiando para un examen durante el día, mientras duermes, tu cerebro procesará y almacenará esa información que ha adquirido estudiando, y tu capacidad para recordarla en el futuro mejorará. El sueño beneficia tanto a la memoria explícita (hechos y eventos) como a la procedimental (habilidades y procedimientos).

Si una noche tu sueño es insuficiente, es probable que te resulte más difícil recordar detalles específicos o mantenerte concentrado en tus tareas durante el día. Para que el desempeño de la memoria se beneficie de las ventajas de un sueño reparador, es esencial mantener hábitos saludables relacionados con él; por ejemplo, establecer una **rutina** regular de sueño, crear un ambiente propicio para descansar y limitar el consumo de estimulantes antes de acostarse.

Si creas un ambiente tranquilo y oscuro para dormir todas las noches a la misma hora, estarás favoreciendo un sueño más reparador y, por ende, mejorando tu capacidad de retención y recuperación de información. En resumen, cuidar la calidad de nuestro sueño es una estrategia fundamental para potenciar nuestra memoria y, en última instancia, optimizar nuestro rendimiento cognitivo en la vida diaria.

¿DORMIMOS PARA OLVIDAR O PARA RECORDAR?

Investigaciones recientes sugieren que ambas opciones son correctas. Durante el sueño, algunas experiencias se descartan para evitar el colapso de nuestra memoria y otras se refuerzan. Este proceso es complejo y tiene varias facetas que benefician a nuestra memoria de distintas maneras.

Olvidar

Durante el sueño, específicamente en sus etapas más profundas, se activa una hormona crucial: la hormona del crecimiento humano (HGH), también conocida como somatotropina. Esta hormona no solo está relacionada con el crecimiento físico, sino que también desempeña un papel fundamental en la consolidación de la memoria. Durante estas fases del sueño, el cerebro lleva a cabo un meticuloso proceso de selección y organización de las experiencias vividas durante el día. Es como si se activase un «administrador de archivos» interno que decide qué recuerdos merecen ser almacenados a largo plazo y cuáles deben ser descartados para liberar espacio.

El proceso de eliminación es crucial para evitar un colapso de memoria, parecido al que sufriría un disco duro lleno y que podría acabar obstaculizando la capacidad del ordenador para almacenar nueva información significativa. Las sinapsis más grandes, como aquellas relacionadas con información duradera y relevante, se mantienen, mientras que las experiencias más recientes, menos significativas o no vinculadas a algo relevante durante varios días, se eliminan.

Recordar

Investigaciones como el estudio del profesor Nicolas Dumay, publicado en la revista científica *Cognition*, especializada en el estudio del cerebro, indican que la memoria explícita, responsable de almacenar información y conceptos con sus significados, se refuerza durante el sueño. Después de dormir, somos capaces de recordar conceptos que no nos venían a la mente mientras estábamos despiertos o justo después de aprenderlos. Esto sugiere que el sueño no solo es un proceso de filtrado, sino también de consolidación y fortalecimiento de la memoria.

En resumen, el sueño desempeña un papel integral en el equilibrio entre olvidar y recordar. También contribuye a optimizar nuestra capacidad de retención descartando información poco relevante y fortaleciendo recuerdos importantes. El resultado es una memoria eficiente y funcional.

Trastornos de la memoria

La memoria puede verse afectada por diversos trastornos que generan preocupaciones y grandes desafíos en la vida cotidiana. Estos pueden manifestarse de distintas maneras y crean inquietudes que van más allá de simples olvidos en personas de todas las edades. Vamos a explorar algunos de los trastornos de la memoria más comunes, y describamos sus características de manera accesible para proporcionar una comprensión más clara y concisa de estos retos cotidianos.

Algunos de los trastornos de la memoria más comunes son la pérdida de memoria asociada a la edad, el **Alzheimer**, la **amnesia**, el **trastorno de déficit de atención e hiperactividad** (TDAH) y el **trastorno de estrés postraumático** (TEPT).

LA PÉRDIDA DE MEMORIA ASOCIADA A LA EDAD

A medida que envejecemos, es común experimentar ciertos cambios en nuestra capacidad para recordar información. Este proceso en el que parecemos distraernos y olvidarnos de todo, aunque es natural, puede generar preocupación y curiosidad en las personas.

Se caracteriza por el olvido de detalles como nombres, ubicaciones o fechas, y puede generar grandes dificultades en situaciones cotidianas. Un ejemplo frecuente es la dificultad para recordar nombres de personas o lugares, incluso si son conocidos.

Estos olvidos también afectan a datos prácticos, como dónde dejamos las llaves del coche o las gafas, aunque anteriormente lo recordábamos con facilidad. La pérdida de memoria asociada a la edad no debe ser motivo de alarma, ya que es una parte natural del proceso de envejecimiento. Con el tiempo, las células cerebrales y las conexiones entre ellas experimentan cambios que afectan a la velocidad de procesamiento de la información y la formación de nuevos recuerdos. Sin embargo, es esencial reconocerla y adoptar estrategias para manejarla de manera efectiva.

Mantener una **mente activa** es una de las estrategias clave para abordar la pérdida de memoria asociada a la edad. Participar en actividades mentales estimulantes como leer, resolver rompecabezas o aprender nuevas habilidades puede ayudar a mantener la mente ágil. Además, el ejercicio regular no solo beneficia al cuerpo, sino también al cerebro, puesto que mejora la circulación sanguínea y la salud mental.

Es fundamental diferenciar entre la pérdida de memoria asociada a la edad y problemas más serios, como el deterioro cognitivo. Si la pérdida de memoria afecta significativamente a la calidad de vida o si hay preocupaciones adicionales, es aconsejable buscar la opinión de un profesional de la salud.

En resumen, la pérdida de memoria asociada a la edad es una parte natural de nuestro ciclo de vida y existen estrategias prácticas para mantener la mente ágil y mejorar nuestra calidad de vida a medida que va transcurriendo.

LA AMNESIA

La amnesia es un fenómeno fascinante y a veces desconcertante que nos sumerge en la complejidad de la mente humana. Esta condición se caracteriza por la pérdida parcial o total de la capacidad para recordar información previamente aprendida o de retener nueva información. En otras palabras, las personas con amnesia experimentan dificultades para almacenar y recuperar recuerdos.

A lo largo de la historia, la amnesia ha sido objeto de investigación y narrativas que revelan la fragilidad y la resiliencia de nuestras experiencias pasadas. Exploraremos las diferentes formas de amnesia y sus causas.

TIPOS DE AMNESIA

Existen diferentes **tipos comunes de amnesia**, cada uno con sus características distintivas.

La amnesia retrógrada

Este tipo de amnesia se caracteriza por la pérdida de la capacidad para recordar información adquirida antes de un evento específico, como un traumatismo cerebral o una enfermedad. Por ejemplo, alguien que experimenta amnesia retrógrada después de sufrir un accidente patinando puede tener dificultades para recordar los momentos que sucedieron previamente a golpearse la cabeza.

Si has visto la película *Memento*, dirigida por Christopher Nolan, esto te sonará. Es la historia de Leonard Shelby (Guy Pearce), quien sufre amnesia retrógrada después de un evento traumático en el que su esposa fue asesinada. Como consecuencia, Leonard no puede formar nuevos recuerdos a largo plazo y tiene dificultades para recordar su pasado. La narrativa es no lineal; se divide en dos secuencias entrelazadas: una de escenas en blanco y negro que se exponen en orden cronológico inverso y otra de escenas en color que se muestran en el orden cronológico normal. Este curioso formato refleja la experiencia del protagonista con la amnesia retrógrada: cada nueva escena en blanco y negro revela un fragmento de su pasado y que las escenas en color muestran sus esfuerzos en el presente para desentrañar el asesinato de su esposa.

Además, la película explora temas sobre la identidad, la percepción y la realidad, ya que Leonard confía en unas fotografías Polaroid y en los tatuajes de su cuerpo para recordar detalles importantes de su vida y su búsqueda de venganza. Sin embargo, su condición lo hace vulnerable a la manipulación y la confusión, lo que plantea preguntas sobre la fiabilidad de la memoria y la naturaleza misma de la verdad.

La amnesia anterógrada
La amnesia anterógrada afecta a la capacidad de formar nuevos recuerdos después de un evento determinado. Las personas con este tipo de amnesia pueden recordar eventos pasados, pero luchan para retener nueva información. Por ejemplo, alguien con amnesia anterógrada puede olvidar conversaciones recientes o detalles de eventos ocurridos después de un traumatismo cerebral.

En la película *50 primeras citas*, la amnesia anterógrada es central en la trama y afecta considerablemente la vida de Lucy (Drew Barrymore), que desarrolla esta condición después de un accidente de coche. Privada de la capacidad de formar nuevos recuerdos a largo plazo, Lucy despierta cada mañana con la memoria reiniciada, sin poder recordar nada de lo que ha sucedido después del accidente. Esta situación crea ciertos desafíos tanto para Lucy como para aquellos que la rodean.

Por un lado, Lucy experimenta una sensación constante de confusión y desorientación, ya que se da cuenta repetidamente de que ha perdido recuerdos recientes. Por otro lado, sus amigos y familiares tienen que adaptarse a esta nueva realidad y afrontar la difícil tarea de explicarle su situación una y otra vez.

La relación entre Lucy y Henry (Adam Sandler) es especialmente complicada debido a este tipo de amnesia que padece la protagonista, puesto que debe conquistarla día tras día sabiendo que ella no tiene recuerdos de él ni de su relación.

La amnesia global transitoria (AGT)

La amnesia global transitoria (AGT) es un episodio de confusión repentino que se experimenta, generalmente, en estado de alerta. Durante este episodio, la persona es incapaz de generar nuevos recuerdos, lo que hace que desaparezcan los más recientes. Por ejemplo, puede olvidar dónde está o cómo llegó allí, e incluso tener dificultades para recordar lo que está sucediendo en ese momento. Quizá repita varias veces las mismas preguntas porque olvida las respuestas que acaba de recibir o tenga problemas para recordar eventos pasados, como situaciones ocurridas días, meses o incluso años atrás.

La AGT afecta principalmente a personas de mediana edad o mayores. A pesar de la pérdida de memoria, la persona aún puede recordar quién es e identificar a personas conocidas, y los episodios suelen mejorar de manera gradual en unas pocas horas. Durante la recuperación, la persona empieza a recordar eventos y situaciones.

Aunque la AGT no se considera una afección grave, puede ser una experiencia aterradora.

La amnesia disociativa

Este tipo de amnesia está vinculada a eventos emocionales extremos o traumáticos. En situaciones de alto estrés, la amnesia disociativa puede causar la pérdida temporal de la memoria. En este caso, la persona olvida detalles específicos o la totalidad del evento traumático, pero suele recuperarlos con el tiempo.

La película *No confíes en nadie*, protagonizada por Nicole Kidman, Colin Firth y Mark Strong, nos puede servir de ejemplo para entender este fenómeno. En esta película de suspense y misterio, Kidman interpreta a Christine Lucas, una mujer que sufre amnesia disociativa después de un accidente traumático cuando tenía 25 años. Cada vez que despierta, Christine no recuerda quién es ni reconoce a su marido, Ben (Colin Firth).

A lo largo de la película, Christine intenta desentrañar la verdad sobre su pasado y su identidad con la ayuda de un médico, el Dr. Nasch (Mark Strong), quien le recomienda que mantenga un diario para registrar sus recuerdos y así intentar recuperarlos. Sin embargo, cada vez que Christine se duerme, pierde todos los recuerdos recién adquiridos, lo que la lleva a cuestionarse en quién puede confiar y cuál es la verdad detrás de su amnesia.

QUÉ PUEDE CAUSAR LA AMNESIA

La amnesia, ese fenómeno que nos lleva a olvidar partes de nuestro pasado, tiene raíces diversas y comprensibles. Sus causas pueden ser tan variadas como las experiencias humanas. Algunas veces la desencadenan **eventos traumáticos** como accidentes o situaciones estresantes que impactan en nuestra mente. Otras veces surgen a raíz de condiciones médicas como **lesiones cerebrales** o **enfermedades neurológicas** que pueden perturbar la maquinaria de la memoria.

En esta exploración, nos sumergiremos en las diferentes fuentes que pueden oscurecer nuestros recuerdos, desde el **estrés** hasta los **trastornos cerebrales**, con el fin de entender cómo y por qué nuestras mentes a veces se resisten a recordar ciertos episodios de nuestra vida.

Los eventos traumáticos

Supón que sufres un accidente de coche traumático. Después del impacto, experimentas amnesia retrógrada y te das cuenta de que no puedes recordar los detalles del accidente ni los momentos anteriores a él. Aunque mantienes recuerdos generales de tu vida, la memoria específica del evento está borrosa o ausente.

A medida que pasan los días y recibes apoyo emocional, empiezas a recuperar gradualmente algunos de los recuerdos perdidos relacionados con el accidente.

Los traumatismos cerebrales

Imagina que sufres un accidente de bicicleta y te golpeas la cabeza contra el suelo. A raíz de este traumatismo cerebral podrías experimentar amnesia, especialmente retrógrada, que te haría olvidar los eventos ocurridos poco antes del accidente. Por ejemplo, podrías tener dificultades para recordar por qué estabas montando en bicicleta o incluso la ruta que tomaste antes del impacto.

Las enfermedades

Supongamos que desarrollas una encefalitis, una inflamación del cerebro generalmente causada por infecciones virales. Esta enfermedad podría provocar amnesia y, por tanto, afectar a la memoria retrógrada y a la anterógrada. Podrías olvidar eventos significativos de tu pasado y, al mismo tiempo, experimentar dificultades para retener nueva información, como nombres y acontecimientos recientes.

Los trastornos neurológicos

Ahora, considera que desarrollas la enfermedad de Alzheimer. Con el tiempo, la amnesia anterógrada se manifiesta y olvidas las conversaciones y los eventos cotidianos. Por ejemplo, podrías tener dificultades para recordar las interacciones recientes con tus seres queridos o incluso la razón por la que has entrado en una habitación.

El estrés y la ansiedad

Piensa que eres un estudiante universitario y tienes mucha presión por los exámenes finales y los diferentes trabajos que debes entregar en fecha. La ansiedad y el estrés desencadenan en ti un episodio de amnesia anterógrada que afecta a tu capacidad para recordar eventos recientes, como conversaciones y detalles importantes. Con el tiempo y una gestión efectiva del estrés, buscas mejorar tu memoria a corto plazo. Además, la ansiedad puede afectar temporalmente a la retención de información inmediata.

LA ENFERMEDAD DE ALZHEIMER

La enfermedad de Alzheimer es un trastorno neurodegenerativo que afecta progresivamente al cerebro, especialmente a las áreas vinculadas con la memoria y las funciones cognitivas. Esta condición, la forma más común de demencia, tiene como resultado la pérdida gradual de la memoria, la capacidad de razonar y la autonomía funcional.

Entre las características más evidentes se encuentra la pérdida de memoria a corto plazo: las personas con alzhéimer olvidan eventos recientes, nombres de personas cercanas y detalles cotidianos. A medida que la enfermedad avanza, también se presentan dificultades en el pensamiento y el razonamiento, lo cual afecta a la capacidad para resolver problemas cotidianos.

Además, la enfermedad de Alzheimer no solo afecta a las funciones cognitivas, sino que también influye en el comportamiento y la personalidad de quienes la padecen. La persona puede experimentar cambios en su forma de ser: se vuelve más irritable, ansiosa y depresiva. En etapas avanzadas, también son comunes los problemas con el lenguaje o la dificultad para encontrar palabras o entender expresiones.

Existen infinidad de ejemplos ilustrativos de cómo se manifiesta la enfermedad. Estos son algunos:

- **Olvido de tareas cotidianas.** Imagina a una persona que siempre ha sido organizada en su rutina diaria y recordaba fácilmente cada paso de sus hábitos matutinos: desde preparar el desayuno hasta asegurarse de cerrar la puerta al salir, y lo tenía todo en su lugar. Sin embargo, con la enfermedad de Alzheimer avanzando, empieza a olvidar tareas cotidianas pequeñas pero esenciales. Un día cualquiera, puede olvidar apagar la vitrocerámica después de cocinar o incluso salir a la calle sin ponerse los zapatos.

- **Desorientación espacial y temporal.** Piensa en una persona que solía orientarse perfectamente, pero a medida que la enfermedad progresa, se siente desorientada. En ocasiones, se pierde en su propio barrio, no recuerda cómo ha llegado a un lugar específico o confunde las horas del día: cree que es de noche cuando en realidad es mediodía.

- **Dificultades en la comunicación.** Con el tiempo, va encontrando dificultades para expresar sus pensamientos de manera coherente. Tiene problemas para encontrar las palabras adecuadas, olvida detalles importantes o repite las mismas preguntas cuando habla con alguien. Esto no solo afecta a su capacidad para comunicarse, sino también a sus relaciones.

- **Cambios en el comportamiento.** A medida que progresa la enfermedad, experimenta cambios en su comportamiento. Puede volverse repentinamente ansioso, irritable o agresiva sin una razón aparente. Estos cambios pueden desconectar a la persona de sus seres queridos y afectar a la dinámica de sus relaciones.

- **Incapacidad para realizar tareas básicas de autocuidado**. Ocurre cuando el Alzheimer avanza y le provoca dificultades para realizar las tareas básicas de autocuidado. Quizá olvide, por ejemplo, cómo vestirse adecuadamente según el clima o tenga problemas para cepillarse los dientes o incluso olvide que necesita cuidar su higiene personal.

LAS FASES DEL ALZHEIMER

A medida que progresa, la enfermedad pasa por diferentes etapas, cada una con sus propias características y desafíos únicos. Cada una de ellas trae una pérdida gradual de la independencia y una agudización de los síntomas y las dificultades cognitivas a medida que pasa el tiempo.

Comprender estas fases nos permite anticipar y abordar mejor las necesidades de la persona afectada. A continuación, exploraremos las tres etapas del Alzheimer: leve, moderada y grave.

Leve

En la etapa leve, la persona aún conserva su independencia, pero empieza a experimentar síntomas como pérdidas leves de memoria, dificultades para orientarse en lugares conocidos y problemas para encontrar las palabras adecuadas al hablar. Aunque es consciente de estos cambios, pueden surgir alteraciones emocionales como cambios de humor e irritabilidad. Además, puede tener dificultades para resolver problemas complejos o planificar actividades más elaboradas.

Moderada

En la etapa moderada, los problemas de memoria y la desorientación se intensifican, lo que dificulta la vida diaria y puede hacer necesario recibir ayuda. La pérdida de memoria se vuelve más significativa: se llegan a olvidar las cosas que se han hecho durante el día o aspectos importantes del pasado. También pueden presentarse dificultades para reconocer a amigos y familiares, y pueden surgir problemas conductuales como agresividad o nerviosismo. En esta etapa, la persona puede necesitar ayuda para vestirse, asearse y realizar otras tareas cotidianas.

Grave

En la etapa grave, la persona se vuelve completamente dependiente para todas las actividades diarias. Puede experimentar una pérdida total del lenguaje, dificultades para tragar e incluso dejar de reconocerse a sí misma. Además, el deterioro físico se vuelve más pronunciado, lo que puede llevar a que la persona permanezca encamada en la etapa final de la enfermedad.

LA HIPERTIMESIA

La hipertimesia, también conocida como «memoria autobiográfica superior», es un fenómeno poco común que da a la persona que la tiene la habilidad de recordar eventos de su vida pasada con un nivel de detalle que va más allá de lo común, incluidos las fechas, los lugares, las conversaciones y otras experiencias personales.

Imagínate tener la capacidad de recordar con claridad no solo los eventos importantes de tu vida, como cumpleaños o graduaciones, sino también los detalles más triviales de cada día, como lo que comiste, las conversaciones que tuviste o incluso el tiempo que hizo. Por ejemplo, una persona con este trastorno podría recordar exactamente qué estaba haciendo y dónde el 4 de marzo de hace cinco años.

Entonces, ¿La hipertimesia es buena o mala para nuestra vida cotidiana? La respuesta depende de la persona y de cómo maneje esta habilidad. Por un lado, tener una memoria tan detallada **puede ser útil** en muchas situaciones; por ejemplo, para recordar información importante, para aprender de experiencias pasadas y para mantener vivos los recuerdos de seres queridos. Si fueras estudiante y padecieras este trastorno, gracias a él, podrías recordar fácilmente información clave de tus clases, como fechas, conceptos importantes y detalles de las conferencias a las que asistes. Así, no necesitarías tomar tantas notas durante tus clases ni repasar el material constantemente.

Después, cuando llegase el momento de hacer exámenes o trabajos, confiarías en tu memoria para recordar la información necesaria. En lugar de perder tiempo memorizando datos, podrías dedicarte a comprender y profundizar en los conceptos, lo que te ayudaría a obtener mejores calificaciones y destacar académicamente. Además, tu hipertimesia te permitiría repasar rápidamente el temario y crear conexiones entre diferentes temas y conceptos.

Por otro lado, recordar tantos detalles **puede ser angustioso** y dificultar la capacidad de concentrarse en el presente. Por ejemplo, si tuvieras hipertimesia y recordases vívidamente un evento doloroso de tu pasado, como la pérdida de un ser querido en un accidente de coche, cada vez que pensases en ese momento experimentarías una intensa angustia emocional, ya que revivirías la sensación de pérdida y dolor como si estuviera sucediendo de nuevo en el presente. Incluso años después del accidente, ese recuerdo tan detallado te haría sentir atrapado en un bucle emocional, incapaz de escapar del dolor del pasado y concentrarte en el presente.

La alimentación para la salud cerebral y la memoria

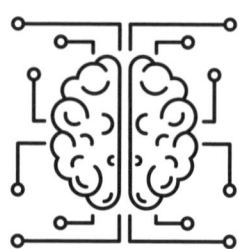

La alimentación es crucial para que las funciones cognitivas, incluida la memoria, funcionen de manera óptima. Los nutrientes que consumimos desempeñan un papel esencial en el desarrollo y mantenimiento de las estructuras cerebrales, y también promueven las señales neuronales. A continuación, exploraremos cómo ciertos alimentos y nutrientes benefician la salud cerebral y contribuyen a mejorar la memoria.

LOS ÁCIDOS GRASOS OMEGA-3: ALIMENTANDO LAS SINAPSIS

Los ácidos grasos omega-3, como los que se encuentran en pescados grasos, nueces y semillas de lino, desempeñan un papel fundamental en el cuidado de nuestra salud cerebral y el mantenimiento de una memoria aguda. Pero ¿por qué estos nutrientes son esenciales para el funcionamiento óptimo de nuestro cerebro?

Piensa en las células cerebrales como si fueran pequeñas fábricas de pensamientos y recuerdos. Estas fábricas están rodeadas por paredes protectoras llamadas «membranas celulares». Los ácidos grasos omega-3 son como los ladrillos que forman esas paredes y proporcionan la estructura necesaria para que las células cerebrales funcionen correctamente. Cuando consumimos alimentos ricos en omega-3, nos aseguramos de que estas paredes sean fuertes y saludables.

Pero la función de los omega-3 va aún más allá, ya que estos ácidos grasos también actúan como mensajeros químicos que facilitan la comunicación entre las células cerebrales. Imagina que las células cerebrales están dialogando constantemente para compartir información, formar recuerdos y realizar tareas cognitivas. Los omega-3 actúan como facilitadores de este diálogo, ya que mejoran la transmisión de mensajes entre las células cerebrales y fortalecen las conexiones sinápticas, que son como los puentes que permiten que la información fluya suavemente.

En resumen, consumir alimentos ricos en ácidos grasos omega-3 es como proporcionar a tu cerebro los materiales de construcción adecuados y las herramientas de comunicación necesarias para mantener su salud y funcionamiento óptimos. Este simple ajuste en tu alimentación puede marcar una gran diferencia en tu bienestar cognitivo a largo plazo.

ANTIOXIDANTES: PROTECCIÓN CONTRA EL ESTRÉS OXIDATIVO

Supongamos que tu dieta es como un ejército y las frutas y verduras coloridas, como los arándanos, las espinacas y el brócoli, son los soldados, listos para proteger y fortalecer tu cerebro. Estos alimentos cargados de antioxidantes son esenciales para defender tu mente del estrés oxidativo y mantenerla resiliente ante el paso del tiempo.

Los colores brillantes de las frutas y verduras no solo son estéticamente agradables, sino que también indican la presencia de antioxidantes. Los **antioxidantes** son como pequeños escudos que previenen el deterioro celular protegiendo las células cerebrales contra los radicales libres, unas moléculas inestables que provocan estrés oxidativo, un proceso natural en el cuerpo que, cuando se desequilibra, puede dañar las células del cerebro.

En conclusión, cuando incorporas variedad de colores a tu dieta gracias a las frutas y verduras, le estás brindando a tu cerebro un escudo antioxidante que lo protege del estrés oxidativo y lo ayuda a resistir el envejecimiento. Esta simple elección nutricional no solo es buena para el paladar, sino también una inversión en la salud a largo plazo del cerebro.

LAS VITAMINAS DEL COMPLEJO B: ENERGÍA PARA EL CEREBRO

Imagina que las vitaminas del complejo B son el equipo de mantenimiento de una central eléctrica, que trabaja incansablemente para suministrar energía a todas las operaciones del cerebro. Cada día, tu cerebro realiza una cantidad asombrosa de tareas, desde recordar nombres hasta resolver problemas. Para alimentar esta máquina cerebral, necesitas una fuente constante de energía, y aquí es donde entran en juego las vitaminas del complejo B.

Estas vitaminas, presentes en alimentos como los cereales integrales, las legumbres y la carne magra, actúan como el combustible que tu cerebro necesita para mantenerse alerta y activo. Son esenciales para garantizar que la central de energía cerebral esté siempre operativa. Pero su función no se detiene ahí.

Ahora piensa que tu cerebro es una ciudad llena de edificios (células cerebrales) que necesitan comunicarse entre ellos constantemente. Aquí es donde las vitaminas del complejo B desempeñan otro papel crucial, ya que son como mensajeros que transmiten información entre los edificios y permiten que las operaciones sigan su curso.

En definitiva, la próxima vez que planifiques tus comidas, recuerda que estás alimentando no solo tu cuerpo, sino también el centro de operaciones: tu cerebro.

LAS PROTEÍNAS MAGRAS: CONSTRUCCIÓN DE TEJIDO CEREBRAL

Las proteínas son como obreros que construyen y reparan los edificios de tu cuerpo, y el cerebro es uno de los lugares más importantes de esa construcción. Cuando hablamos de proteínas, nos referimos a alimentos como carnes magras, pescado, huevos y legumbres. Estos alimentos actúan como suministros esenciales que el cuerpo utiliza para construir y mantener sus estructuras, y el cerebro no es ninguna excepción.

El cerebro, aunque no sea un edificio físico, tiene una estructura compleja que necesita mantenimiento. Las proteínas contribuyen a mantener la integridad de este tejido cerebral. Son como los trabajadores especializados que realizan reparaciones y renovaciones en los tejidos dañados y se aseguran de que el cerebro funcione de manera eficiente.

Pero las proteínas no solo se ocupan de las reparaciones; también tienen un papel clave en la formación de nuevas conexiones neuronales. Las conexiones neuronales son los cables eléctricos que permiten la comunicación entre diferentes partes del cerebro. Al consumir las proteínas adecuadas, proporcionamos al cerebro el equipo necesario para construir y fortalecer estas conexiones, y así facilitamos la transmisión de información y el funcionamiento óptimo del cerebro.

En pocas palabras, al incluir alimentos ricos en proteínas en tu dieta, como carnes magras, pescado, huevos y legumbres, le estás brindando a tu cerebro las herramientas necesarias para mantener su integridad estructural y favorecer la formación de nuevas conexiones neuronales. Así que, la próxima vez que disfrutes de una comida rica en proteínas, recuerda que estás contribuyendo no solo a la fuerza física de tu cuerpo, sino también a la salud y vitalidad de tu cerebro.

LA HIDRATACIÓN: AGUA PARA EL CEREBRO

El agua es el «combustible» que mantiene encendido el motor de tu cerebro y le permite funcionar de manera eficiente. Así como un coche necesita gasolina para moverse, tu cerebro requiere agua para realizar sus numerosas funciones. El agua es fundamental para la regulación de la temperatura corporal y el transporte de nutrientes y oxígeno hacia el cerebro. Sin un suministro adecuado de agua, las funciones cerebrales pueden ralentizarse, lo cual afecta a la claridad mental y el rendimiento cognitivo.

Supón que tu cerebro es como una esponja: cuando está bien hidratado, puede absorber y retener información de manera eficiente. Sin embargo, cuando está deshidratado se vuelve menos efectivo. La deshidratación puede afectar negativamente a la concentración y la memoria, y hacer que sea más difícil mantener la atención en tareas específicas y recordar información importante. Por tanto, mantenerse bien hidratado contribuye directamente a un rendimiento cognitivo óptimo. Cuando te aseguras de beber suficiente agua a lo  largo del día, le estás proporcionando a tu cerebro el líquido vital que necesita para mantenerse alerta, enfocado y capaz de procesar información de manera efectiva.

Técnicas mnemotécnicas

Cultivar una **memoria efectiva** requiere práctica y experiencia. La memoria efectiva, entendida como la capacidad de retener y recuperar información de manera óptima, maximiza la retención y minimiza el olvido. Para ello, es útil emplear herramientas y estrategias que promuevan una memoria que se adapte y evolucione, y se mantenga activa con la edad.

Estas estrategias, como la **asociación**, la **visualización creativa**, las **narrativas**, las **palabras clave** y los **acrónimos**, así como el **método de los lugares**, ofrecen un enfoque integral para mejorar la retención y recuperación de información. Al adoptar estas técnicas y adaptarlas a nuestras preferencias individuales, fortalecemos y mantenemos activa nuestra memoria a lo largo del tiempo.

EL PODER DE LA ASOCIACIÓN: ANCLANDO LA INFORMACIÓN

Una de las estrategias más efectivas para la buena memoria es el poder de la asociación. La base de esta técnica radica en la idea de que recordamos mejor aquello que tiene algún tipo de conexión con algo que ya conocemos o que por alguna razón nos resulta particularmente significativo.

Vincular lo nuevo con lo conocido

La estrategia de asociación implica vincular la información que deseamos recordar con algo que ya tenemos arraigado en nuestra memoria. Ten en cuenta la lógica de que tu memoria es algo así como una red interconectada donde cada nuevo dato que entra se integra mejor si tiene un enlace con algo ya existente. La asociación, en este contexto, es como un puente que conecta la nueva información con un territorio familiar de tu mente.

Un ejemplo común es asociar un número de teléfono con una fecha de cumpleaños. Si tienes que recordar el número 678-543-210, podrías asociarlo visualmente con el 6 de julio (6/7), la fecha de nacimiento de tu hermano. Esta conexión proporciona un anclaje significativo que facilita la retención del número.

Otro ejemplo práctico es relacionar una lista de la compra con un recorrido familiar. Supongamos que necesitas recordar comprar pan, leche y huevos. Para ello, podrías asociar cada artículo con una ubicación específica de tu ruta. Visualizas el pan en la entrada de la tienda, la leche en la sección de lácteos y los huevos cerca de la caja registradora. Al hacer esta asociación espacial, anclas la lista de compras a un recorrido conocido y la recuerdas más fácilmente cuando estás en la tienda.

El principio de la asociación en acción

La clave aquí es convertir información abstracta en algo más tangible y personal. Al anclar la nueva información a algo que ya forma parte de tu esfera cognitiva, aprovechas la fuerza de las conexiones mentales preexistentes.

Este principio se ha utilizado a lo largo de la historia, desde los antiguos oradores que asociaban conceptos a lugares específicos para memorizar sus discursos hasta los estudiantes que vinculan fechas históricas con eventos relevantes. En esencia, la asociación es una forma de darle a la información un contexto significativo y permitir que se integre de manera más efectiva en el tapiz de la memoria.

LA VISUALIZACIÓN CREATIVA

La visualización creativa implica crear imágenes mentales vívidas y distintivas asociadas con la información que deseamos recordar. Esta técnica se apoya en la premisa de que recordamos mejor lo que podemos ver en nuestra mente que lo que simplemente leemos o escuchamos. Esta técnica opera de la siguiente manera:

- **Transforma palabras en imágenes.** En lugar de limitarse a leer o recordar palabras, la visualización creativa convierte información abstracta en escenas imaginativas. Cada elemento de la información se traduce en una imagen mental única y colorida. Por ejemplo, a la hora de hacer la maleta, en lugar de leer una lista que incluye ropa, artículos de aseo y documentos, imagina un armario que se desborda con camisetas que vuelan como cometas, cepillos de dientes que bailan o pasaportes que cantan. Así, cada elemento de la lista se traduce en una imagen mental única y alegre.

  Otro caso: Para recordar lo que debes hacer antes de salir, visualiza un calendario lleno de tareas, en el que cada actividad está representada por una escena vívida. Por ejemplo, pagar las facturas puede ser un montón de billetes que se transforman en aviones de papel y vuelan hacia una hucha gigante.

- **Intensidad de las imágenes.** Cuanto más extravagantes e inusuales sean los elementos visuales, más fácil será recordarlos. La intensidad y singularidad de las imágenes contribuyen a que se graben más profundamente en la memoria.

¿Por qué funciona esta técnica? Porque la mente retiene más fácilmente las imágenes que las palabras abstractas. La visualización creativa saca provecho de esta tendencia convirtiendo la información en algo tangible. Las imágenes vívidas actúan como anclas visuales que facilitan la recuperación eficiente de cada tarea.

LA HISTORIA COMO HILO CONDUCTOR

Contar historias no es solo una expresión cultural y artística, sino también una herramienta para fortalecer la memoria. Cuando utilizamos una historia como hilo conductor, estamos creando un camino que guía nuestra mente a través de la información y la hace más accesible y memorable. La historia proporciona una estructura que permite ordenar la información de manera lógica y progresiva de manera que cada elemento se convierte en un episodio con una narrativa más amplia.

Además, esa estructura nos permite conectar los elementos de manera natural. De esta manera, es más fácil asociar y retener la información, ya que nuestra mente encuentra sentido en la relación entre sus distintas partes.

Por ejemplo, si queremos memorizar eventos históricos como la Revolución Industrial, la Guerra Civil y la Primera Guerra Mundial, podemos tejer una historia que los entrelace. En el **prólogo** de nuestra historia estaría la Revolución Industrial: imágenes de fábricas en pleno auge y transformaciones económicas darían forma al escenario de un mundo en cambio. Este escenario daría paso al primer conflicto, la Guerra Civil, que se convertiría en el **primer capítulo**. Aquí visualizamos escenas de tensiones crecientes que representan los desafíos internos de una nación dividida. El siguiente gran giro en nuestra narrativa sería la Primera Guerra Mundial, presentada como la crisis mundial (**segundo capítulo**). Imágenes de batallas, tratados y el impacto global formarían el clímax de nuestra historia. Finalmente, llegaríamos al **epílogo**, donde mostraríamos las consecuencias de estos eventos en el mundo moderno. Visualizamos cambios sociales, tecnológicos y políticos que cierran nuestra narrativa histórica y dan significado al presente.

Esta historia entrelaza los eventos clave y proporciona un contexto que transforma datos históricos en una experiencia mucho más fácil de memorizar, ya que la narrativa crea conexiones lógicas entre sus capítulos y facilita la retención y comprensión de la secuencia de estos acontecimientos históricos.

PALABRAS CLAVE Y ACRÓNIMOS

En lugar de memorizar cada detalle, elegimos palabras clave que resumen conceptos cruciales o usamos las primeras letras de los elementos de una lista para crear un acrónimo. Esta estrategia resulta especialmente eficaz para recordar listas o conceptos fundamentales.

Palabras clave

Seleccionamos palabras significativas que resumen conceptos importantes. Estas palabras clave actúan como ganchos mentales que facilitan la recuperación de información más detallada asociada con ellas.

Por ejemplo, supongamos que quieres recordar las etapas del ciclo del agua. Puedes usar palabras clave para cada una:

- **Evaporación.** La palabra clave aquí podría ser «vapor». El agua líquida se transforma en vapor por la acción del calor solar.

- **Condensación.** La palabra clave podría ser «nube». El vapor de agua se enfría y forma nubes.

- **Precipitación.** La palabra clave podría ser «lluvia». El agua de las nubes cae en forma de lluvia, nieve, granizo o rocío.

- **Escorrentía.** La palabra clave podría ser «río». El agua que cae sobre la superficie fluye por ríos, lagos o mares.

- **Infiltración.** La palabra clave podría ser «suelo». El agua se infiltra en el suelo después de la precipitación.

En lugar de memorizar una lista abstracta, utilizamos palabras clave que resumen conceptos importantes y sirven como anclajes para recordar cada fase del proceso.

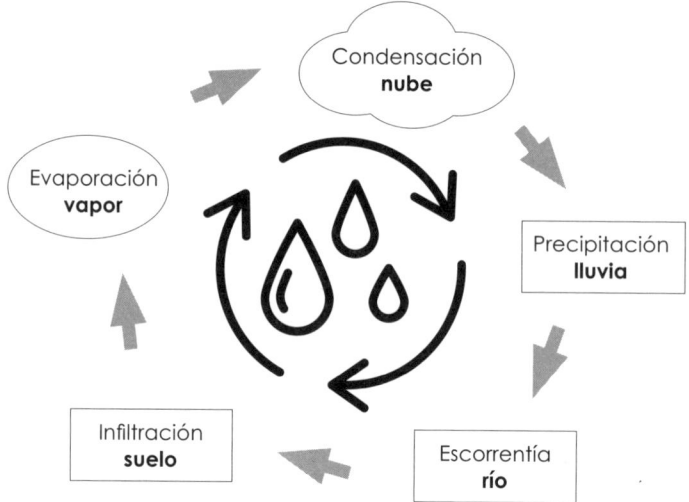

Acrónimos

Utilizamos las primeras letras de los elementos de una lista para formar una palabra, una secuencia mnemotécnica que representa una serie de elementos o conceptos. Es un recordatorio compacto que ayuda a reconstruir la información completa.

Imaginemos que queremos recordar las capas de la Tierra. Para ello, tomaríamos la primera letra de cada capa para formar un acrónimo:

- **Corteza.** Representada por la C en el acrónimo.
- **Manto.** Representado por la M en el acrónimo.
- **Núcleo Externo.** Representado por la N en el acrónimo.
- **Núcleo Interno.** Representado por la I en el acrónimo.

Así, crearíamos el acrónimo **CMNI**, que sería nuestra secuencia mnemotécnica para recordar las capas de la Tierra.

MÉTODO DE LOS LUGARES

El método de los lugares se basa en asociar elementos de información con lugares específicos de nuestro entorno o una imagen mental de un lugar familiar. Esta estrategia es particularmente eficaz para recordar listas ordenadas.

Por ejemplo, si necesitamos recordar una serie de elementos, como la lista de la compra, podemos asociar cada uno de ellos con una habitación de la casa.

- **Manzanas (vestíbulo).** Visualiza un montón de manzanas en el vestíbulo de la casa.
- **Leche (cocina).** Imagina cartones de leche en la cocina.
- **Pan (sala de estar).** Vemos pan en la sala de estar.
- **Jabón (baño).** Asociamos el jabón con el baño.

Cuando llega el momento de recordar la lista, simplemente realizamos un recorrido mental por la casa y recordamos cada elemento asociado a su lugar específico. Este método facilita la retención aprovechando la relación entre la memoria y la ubicación espacial.

Tecnología y memoria

Desde que aparecieron los motores de búsqueda como Google hasta la prevalencia de las redes sociales hoy en día, nuestra dependencia de la tecnología ha modificado la manera en que almacenamos, recuperamos y compartimos nuestros recuerdos. Este cambio de hábitos y la influencia de la tecnología en nuestra memoria es objeto de debate.

El acceso instantáneo a la información a través de dispositivos electrónicos ha transformado la manera en que recordamos datos específicos y hechos. Antes de la era digital, recordar detalles específicos requería el uso de nuestra memoria y el aprendizaje repetitivo. Por ejemplo, si necesitábamos recordar una fecha histórica o un dato científico, teníamos que estudiarlo repetidamente hasta que quedara grabado en nuestra memoria. Sin embargo, con la llegada de internet, los teléfonos inteligentes y las tabletas, este proceso ha cambiado drásticamente. Hoy en día, con solo unos pocos clics en un dispositivo móvil u ordenador, podemos acceder a una gran cantidad de información en línea sobre prácticamente cualquier tema. Por ejemplo, si quieres saber la fecha de un evento histórico importante, como la caída del Muro de Berlín, solo tienes que buscar en internet y obtener la respuesta al instante. Ya no dependemos de la memoria para almacenar detalles específicos, sino que confiamos en la tecnología para recuperar la información cuando la necesitamos.

Este cambio ha tenido tanto ventajas como desventajas. Por un lado, nos libera de la carga de recordar grandes cantidades de datos específicos, lo que nos permite enfocarnos en procesos de pensamiento más complejos y creativos. Pero, por otro lado, también puede hacernos menos dependientes de nuestra memoria y más propensos a olvidar detalles importantes si no tenemos acceso a la tecnología.

Dicho esto, seguro que alguna vez has tenido una conversación con amigos o conocidos en la que habéis intentado recordar el nombre de un actor en una película que visteis hace años. Si habéis vivido antes de la era digital, teníais que confiar en vuestra memoria para recordar el nombre de dicho actor. Podríais tratar de recordar detalles sobre la película, el nombre de otros actores que participaron o la trama para intentar reconstruir quién era. Sin embargo, hoy en día, con la tecnología al alcance de la mano, alguien puede simplemente sacar su teléfono, buscar en internet el nombre del actor y proporcionar la respuesta en cuestión de segundos, sin rescatar nada de su memoria.

Tener acceso a tanta información de manera tan fácil hace que **dependamos** excesivamente de la tecnología para recordar información, lo cual debilita nuestra capacidad para retenerla de forma natural en nuestra memoria a largo plazo. Además, el uso continuado de este tipo de dispositivos hace que estemos **constantemente distraídos,** y eso dificulta nuestra capacidad para concentrarnos y procesar información y, por tanto, la formación de nuevos recuerdos.

Pongamos otro ejemplo que nos ha ocurrido a todos alguna vez. Imagina que estás estudiando un tema complicado para un examen importante y has necesitado mucho tiempo para poder entenderlo todo. De repente, recibes una notificación en tu teléfono. Aunque intentas ignorarla, tu mente se distrae y decides echar un vistazo rápido. Mientras revisas la notificación, tu atención se desvía por completo del material que estás estudiando y dejas de procesar activamente la información que estabas intentando aprender. Cuando regresas a tus apuntes, tu mente ya se ha desconectado del tema y te resulta muy complicado retomar el hilo de tus pensamientos. La distracción anterior ha interrumpido el proceso de codificación de la información en tu memoria a corto plazo, lo que dificulta su transferencia a tu memoria a largo plazo. Además, la multitarea entre la revisión de la notificación y el estudio fragmenta tu atención, lo que puede hacer que olvides detalles importantes o que no logres entender completamente los conceptos del tema que estás estudiando.

LAS REDES SOCIALES CONDICIONAN NUESTRA MEMORIA

El uso de redes sociales condiciona nuestra manera de experimentar y recordar eventos significativos en nuestras vidas. Por ejemplo, si has ido alguna vez a eventos como conciertos, partidos o, incluso, el baile de fin de curso de tu hijo pequeño, te habrás fijado en lo común que es ver a personas más concentradas en grabar vídeos o tomar fotos para compartir en redes sociales que en disfrutar del espectáculo en sí. En lugar de vivir plenamente el momento presente, ahora tendemos a documentar cada aspecto de nuestras experiencias en plataformas digitales. Esa atención constante a las redes sociales nos distrae y nos impide sumergirnos completamente en nuestras experiencias, lo cual disminuye la intensidad emocional del momento y afecta a nuestra capacidad para formar recuerdos vívidos. Además, la exposición constante a las vidas aparentemente perfectas de los demás en las redes sociales puede distorsionar nuestra percepción de la realidad y afectar a nuestra forma de recordar nuestras propias experiencias. Por ejemplo, puede que recuerdes tus propias vacaciones como menos emocionantes de lo que realmente fueron porque has estado viendo las «maravillosas» vacaciones de otras personas en redes sociales y comparas tus experiencias con ellas. Al ver las fotos y los relatos increíbles de otros, es fácil subestimar el valor de nuestras propias vivencias, lo que puede distorsionar nuestros recuerdos de ellas.

PRÁCTICAS

TIPOS DE MEMORIA

Cada uno de nosotros presenta un desarrollo único en sus diferentes tipos de memoria. Esto se debe a una combinación de factores como los genes, el entorno y las experiencias vividas, que influyen en cómo se forma y funciona la memoria. La neurociencia, por ejemplo, ha demostrado que estas diferencias entre individuos son reales, tanto en lo que concierne a la estructura como al funcionamiento del cerebro y de su memoria.

Además, el cerebro tiene la capacidad de cambiar y adaptarse a lo largo de la vida (lo que se conoce como «plasticidad cerebral»). Esto significa que las experiencias, el entorno y las actividades que realizamos pueden influir en nuestra memoria al moldear la manera de funcionar nuestro cerebro.

Factores como el nivel educativo, la salud, el estilo de vida y la edad también pueden influir en nuestra memoria. Por ejemplo, se ha descubierto que el ejercicio y una dieta y un sueño saludables pueden mejorar la función cognitiva y la memoria.

¿Quieres descubrir el desarrollo de tu memoria y cómo trabajar para mejorarla?

MEMORIA SEMÁNTICA

ACTIVIDAD 1. TEST DE AUTOEVALUACIÓN DE LA MEMORIA SEMÁNTICA

Como ya sabes, la memoria semántica es una parte fundamental de nuestro sistema de memoria que nos permite almacenar y recuperar conocimientos generales sobre el mundo que nos rodea. Este tipo de memoria no se basa en experiencias personales específicas, sino en el conocimiento general que hemos adquirido a lo largo de nuestras vidas sobre palabras, conceptos y hechos.

A continuación, encontrarás un test diseñado para evaluar tu memoria semántica. Las preguntas abarcan desde definiciones de palabras hasta conocimientos sobre el mundo y relaciones entre conceptos. Responde cada pregunta de la manera más precisa posible utilizando tu conocimiento general sobre los temas presentados.

Antes de empezar, ten en cuenta que el objetivo es evaluar tu comprensión y retención de conocimientos generales. No hay respuestas correctas o incorrectas: solo necesitas plasmar tu conocimiento y opinión sobre los temas presentados. Cuando hayas completado el test, podrás revisar las respuestas para ver cómo te ha ido.

¡Buena suerte!

1. Definiciones de palabras:
- ¿Qué es la democracia?
- Define el proceso de fotosíntesis.
- Explica qué es la gravitación.

2. Conceptos abstractos:
- ¿Qué significa el concepto de «justicia»?
- Define el término «amor».
- Explica qué es la felicidad para ti.

3. Conocimientos sobre el mundo:
- ¿Cuál es la capital de Francia?
- ¿En qué año comenzó la Segunda Guerra Mundial?
- ¿Quién escribió el *Quijote*?

4. Relaciones entre conceptos:
- Relaciona el agua con la hidratación.
- Asocia las abejas con la polinización.

5. Aplicación de conocimientos:
- Basándote en tus principios éticos y morales personales, responde: ¿Qué harías si te encontrases con alguien que necesita ayuda desesperadamente?

Resultados:

Siendo el valor de cada pregunta bien respondida de 1 punto, en la siguiente escala podrás comprobar el desarrollo de tu memoria semántica:

1. **Excelente (10-11 puntos).** Has demostrado un conocimiento profundo y preciso en todas las áreas evaluadas. Tienes una comprensión clara de los conceptos y una capacidad sólida para recordar y explicar información general sobre una amplia variedad de temas.

2. **Muy bueno (8-9 puntos).** Has respondido correctamente a la mayoría de las preguntas y has demostrado un buen nivel de conocimiento general. Aunque hay algunas áreas en las que podrías mejorar, tu comprensión general y tu retención de la información son sólidas.

3. **Bueno (6-7 puntos).** Has demostrado un conocimiento bastante básico sobre los temas evaluados, pero también puedes ver que hay áreas en las que podrías mejorar. Es posible que algunas respuestas sean muy vagas o imprecisas, lo que sugiere que podría beneficiarte revisar algunos conceptos o ampliar tu comprensión sobre ciertos temas.

4. Regular (4-5 puntos). Tu conocimiento sobre los temas evaluados es limitado y puede haber varias respuestas incorrectas o poco claras. Es probable que necesites revisar y estudiar más a fondo los conceptos presentados en el test para mejorar tu comprensión y retención de la información.

5. Insuficiente (0-3 puntos). Tu conocimiento sobre los temas evaluados es muy limitado o inexistente. Es posible que necesites dedicar más tiempo y esfuerzo a estudiar y aprender sobre estos temas para mejorar tu comprensión y retención de la información.

ACTIVIDAD 2. EJERCICIOS PARA TRABAJAR LA MEMORIA SEMÁNTICA

Completa las siguientes frases:

1. La paella es un plato típico de...
2. El piano y la guitarra son instrumentos...
3. Después del otoño viene...
4. El último mes del año es...
5. Los animales que tienen rayas blancas y negras son...
6. El mes que tiene 28 o 29 días es...
7. El Sol es una...
8. El libro *Cien años de soledad* fue escrito por...
9. El planeta más grande del sistema solar es...
10. El hermano de mi padre es mi...
11. El número de patas de una araña es...
12. El océano más frío del mundo es...
13. El proceso de alimentación de las plantas se llama...
14. *La noche estrellada* es un cuadro de...
15. La cuarta letra del abecedario es...
16. La capital de España es...
17. El animal que tiene trompa se llama...
18. El fenómeno natural en el que el día se convierte en noche brevemente se llama...
19. El país más grande del mundo en términos de área terrestre es...
20. El río más largo del mundo es...
21. El primer número primo es...
22. El animal más rápido del mundo es...
23. Los plátanos son de color...
24. El metal más abundante en la corteza terrestre es...
25. Con un termómetro se mide...
26. El gas más abundante en la atmósfera terrestre es...
27. El día de la semana que viene después del viernes es...
28. El fémur se encuentra en...
29. El resultado de sumar 2 + 2 es...
30. El hueso más pequeño del cuerpo humano es...

MEMORIA EPISÓDICA

ACTIVIDAD 1. TEST DE AUTOEVALUACIÓN DE LA MEMORIA EPISÓDICA

Lee cada pregunta y responde según tu experiencia personal. Asigna un valor del 1 al 5 a cada respuesta, siendo:

1. Nunca
2. Raramente
3. A veces
4. Frecuentemente
5. Siempre

Este test es una herramienta de autoevaluación y no reemplaza la evaluación de un profesional de la salud. Si te preocupa tu memoria o función cognitiva, acude a un especialista.

¿Con qué facilidad recuerdas los nombres de las personas con las que te has encontrado recientemente?	1	2	3	4	5
¿Puedes recordar los detalles de las conversaciones que has tenido hace varios días?	1	2	3	4	5
¿Eres capaz de recordar eventos importantes de tu vida, como cumpleaños, aniversarios o fechas especiales?	1	2	3	4	5
¿Puedes recordar detalles específicos de lugares que has visitado recientemente, como nombres de calles o restaurantes?	1	2	3	4	5
¿Eres capaz de recordar información importante que has leído en libros, artículos o noticias recientemente?	1	2	3	4	5
¿Puedes recordar los nombres de los personajes, detalles de la trama o escenas específicas de películas o programas de televisión que has visto recientemente?	1	2	3	4	5
¿Eres capaz de recordar las fechas y horas de las citas, las reuniones o los compromisos que has planeado?	1	2	3	4	5
¿Puedes recordar detalles específicos de eventos pasados, como vacaciones, bodas o fiestas?	1	2	3	4	5
¿Eres capaz de recordar números de teléfono, direcciones o información de contacto sin tener que consultar tus dispositivos electrónicos?	1	2	3	4	5
¿Puedes recordar la secuencia de pasos necesarios para realizar tareas cotidianas, como cocinar una receta familiar o hacer un trabajo específico en casa?	1	2	3	4	5

Después de responder cada pregunta, suma las puntuaciones que aparecen a la derecha del recuadro y compara el total con la escala que te damos a continuación:

- **10-20.** Puede indicar ciertas dificultades con la memoria episódica.
- **21-30.** Un resultado promedio, pero puede haber áreas que mejorar.
- **31-40.** Indica una buena memoria episódica con una capacidad sólida para recordar eventos y detalles recientes.
- **41-50.** Excelente, muestra una gran capacidad para recordar eventos y detalles episódicos.

ACTIVIDAD 2. EJERCICIOS PARA TRABAJAR LA MEMORIA EPISÓDICA

Para fortalecer y mantener la salud de todas las formas de memoria que hemos visto anteriormente, es crucial participar en la mayor variedad posible de actividades diseñadas para estimularlas. Este enfoque ayuda a prevenir el deterioro cognitivo asociado con condiciones como el Alzheimer, y también es útil para cualquier persona aunque no padezca ninguna enfermedad. Si bien no existe una garantía absoluta contra los problemas de memoria en el futuro, está demostrado que mantener un estilo de vida activo y mentalmente estimulante puede ralentizar la progresión de cualquier demencia que se desarrolle con el tiempo y reducir la gravedad de sus síntomas. En este caso, te presento algunos ejercicios para estimular la memoria episódica.

EJERCICIO DE PREGUNTAS

Este ejercicio está diseñado para estimular tu memoria episódica ayudándote a recordar eventos y situaciones recientes. Responde a las siguientes preguntas basadas en tus recuerdos personales. Tómate tu tiempo para reflexionar sobre cada pregunta y trata de recordar los detalles específicos de cada situación. Hazlo despacio y con el mayor nivel de detalle posible:

1. ¿Qué hiciste el fin de semana pasado?
2. ¿Recuerdas qué cena preparaste anoche?
3. ¿Qué actividad realizaste el día de tu último cumpleaños?
4. ¿Con quién hablaste por teléfono ayer?
5. ¿Qué libro estabas leyendo la semana pasada?
6. ¿Cómo se llama el último restaurante en el que cenaste?
7. ¿Cuál fue la última película que viste en el cine?
8. ¿Qué llevabas contigo en tu última salida al aire libre?
9. ¿Recuerdas el último regalo que recibiste?
10. ¿Qué conversación tuviste con un amigo la semana pasada?

MEMORIA Y MÚSICA

En este ejercicio utilizaremos diferentes canciones para evocar recuerdos. Se puede hacer de dos maneras:

Asociación de canciones con eventos personales

Selecciona canciones que tengan un significado especial para ti, como la canción de tu boda o una que te recuerde a un viaje memorable. Reproduce cada canción y luego anímate a compartir los recuerdos y experiencias asociadas con esa canción. Este enfoque aprovecha el poder de la música para facilitar la evocación de recuerdos autobiográficos.

Identificación del autor y anécdotas asociadas

En este caso, selecciona canciones de un autor o banda especial para ti. Después de reproducir cada canción, escribe detalles de la biografía del artista como su lugar de origen, detalles sobre su vida personal, cómo falleció, si fuiste a algún concierto suyo, etc. Este ejercicio te permite no solo recordar la música, sino también profundizar en la vida del artista.

LECTURA Y COMPRESIÓN DEL TEXTO

A continuación, te presento una historia para que la leas atentamente y luego resuelvas algunas preguntas relacionadas con ella. Recuerda leer el texto detenidamente antes de responder las preguntas. Cuando hayas terminado, revisa tus respuestas y verifica tu comprensión de la historia.

Juan tenía una cita importante en la ciudad para una entrevista de trabajo. Se levantó temprano, se vistió con su mejor traje y salió de casa con tiempo de sobra para llegar puntual. Sin embargo, cuando llegó a la estación de tren, se dio cuenta de que había olvidado su cartera en casa. Rápidamente regresó a buscarla, pero cuando finalmente llegó a la estación, el tren ya se había ido. Juan se sintió frustrado y preocupado por perder la oportunidad de hacer esa entrevista.

Ahora contesta las siguientes preguntas:

1. ¿Por qué Juan salió temprano de casa?
2. ¿Qué olvidó Juan?
3. ¿Qué sintió Juan al volver a la estación?

EL ÁLBUM DE FOTOS

Para hacer este ejercicio, debes seleccionar un álbum de fotografías y detallar los recuerdos asociados con cada imagen. A continuación tienes una serie de preguntas para cada fotografía:

1. ¿Quiénes son las personas que aparecen en la foto?
2. ¿Recuerdas quién hizo la fotografía?
3. ¿Qué estabais haciendo antes y después de tomar la foto?
4. ¿Dónde estabais cuando se tomó la fotografía?
5. ¿Cómo decidisteis ir al lugar donde se tomó la foto?
6. ¿Recuerdas alguna conversación o anécdota que ocurriera en ese momento?

MEMORIA PROCEDIMENTAL

ACTIVIDAD 1. TEST DE AUTOEVALUACIÓN DE LA MEMORIA PROCEDIMENTAL

La memoria semántica es la que se relaciona con el conocimiento general sobre el mundo, incluidos hechos, conceptos y significados de palabras. Responde cada pregunta según tu experiencia personal. Asigna un valor del 1 al 5 a cada respuesta, siendo:

1. Nunca
2. Raramente
3. A veces
4. Frecuentemente
5. Siempre

¿Puedes seguir instrucciones para realizar tareas cotidianas, como preparar una comida o conducir un automóvil, sin dificultad?	1	2	3	4	5
¿Puedes realizar movimientos complejos con facilidad, como tocar un instrumento musical o practicar un deporte que has aprendido?	1	2	3	4	5
¿Eres capaz de aprender nuevas habilidades físicas o técnicas con relativa rapidez?	1	2	3	4	5
¿Puedes recordar los pasos necesarios para completar tareas específicas en tu trabajo o en tus actividades diarias sin tener que consultar las instrucciones?	1	2	3	4	5
¿Puedes aprender y ejecutar nuevos movimientos en actividades como baile, artes marciales o yoga?	1	2	3	4	5
¿Eres capaz de memorizar y aplicar secuencias de movimientos en videojuegos, deportes o actividades recreativas?	1	2	3	4	5
¿Puedes adaptarte fácilmente a cambios en los procedimientos de trabajo o en las reglas de un juego?	1	2	3	4	5
¿Eres capaz de enseñar a otros cómo realizar tareas o procedimientos que has aprendido previamente?	1	2	3	4	5
¿Puedes recordar y aplicar técnicas específicas en tus aficiones o pasatiempos, como tocar un instrumento musical o hacer manualidades?	1	2	3	4	5
¿Recuerdas cómo se hacen actividades que aprendiste hace tiempo, como montar en bicicleta o nadar?	1	2	3	4	5

Después de responder cada pregunta, suma tus puntuaciones y compara el total con la siguiente escala:

- **10-15.** Puede indicar ciertas dificultades con la memoria procedimental.
- **16-25.** Un resultado promedio, pero puede haber áreas que mejorar.
- **26-35.** Indica una buena memoria procedimental con una capacidad sólida para aprender y recordar habilidades motoras y técnicas.
- **36-50.** Excelente, muestra una gran capacidad para aprender y recordar procedimientos y habilidades prácticas.

ACTIVIDAD 2. EJERCICIOS PARA TRABAJAR LA MEMORIA PROCEDIMENTAL

Los ejercicios de memoria procedimental son actividades diseñadas para mejorar la capacidad de aprender y recordar movimientos específicos y habilidades prácticas. Estos ejercicios favorecen la coordinación motora, el aprendizaje de nuevas habilidades, la automatización de tareas, la recuperación de los recuerdos y la eficiencia en la vida diaria. Practicar regularmente actividades que impliquen este tipo de memoria, como puede ser tocar un instrumento musical, cocinar o practicar deportes, puede mejorar significativamente estas habilidades y contribuir a mantener la salud cognitiva a largo plazo.

APRENDE UNA NUEVA HABILIDAD MANUAL

Dedica tiempo a aprender algo nuevo que requiera movimientos específicos, como tejer, dibujar, tocar un instrumento musical o hacer manualidades. Practica regularmente para mejorar tus habilidades y recuerda los pasos necesarios para realizar la actividad.

Por ejemplo, aprende a tocar la guitarra. Estos son los pasos para hacerlo:

1. **Elige una guitarra y reúne los materiales necesarios**
   Consigue una guitarra acústica o eléctrica, un afinador, una correa y unas púas. También es útil tener acceso a recursos por internet, como tutoriales de YouTube o aplicaciones para aprender a tocar la guitarra.

2. **Aprende la postura correcta y cómo sostener la guitarra**
   Siéntate con la guitarra apoyada en tu pierna derecha (si eres diestro) o izquierda (si eres zurdo). Sujeta el mástil con la mano izquierda (si eres diestro) o derecha (si eres zurdo) y coloca la mano derecha (o izquierda) sobre las cuerdas cerca del puente.

3. **Aprende los nombres de las partes de la guitarra**
   Familiarízate con los diferentes componentes de la guitarra, como el cuerpo, el mástil, los trastes, las cuerdas, el clavijero y el puente.

4. Aprende los acordes básicos

Comienza aprendiendo algunos acordes básicos como los de do (C), sol (G), re (D), mi menor (Em), y la menor (Am). Practica cambiando suavemente entre estos acordes para desarrollar la coordinación entre las manos izquierda y derecha.

5. Practica patrones de rasgueo

Experimenta con diferentes patrones de rasgueo utilizando la mano derecha (o izquierda) sobre las cuerdas de la guitarra. Comienza con patrones simples como el rasgueo hacia abajo y hacia arriba, y avanza hacia otros más complejos a medida que te sientas más cómodo.

6. Aprende canciones simples

Busca canciones fáciles de tocar para principiantes y practica con ellas. Estas canciones suelen tener progresiones de acordes simples y rasgueos básicos. Puedes encontrar partituras por internet.

7. Practica regularmente

Establece un horario regular de práctica y comprométete a practicar todos los días, aunque sea solo durante 15-30 minutos. La práctica regular es clave para mejorar tus habilidades.

8. Recuerda los pasos y las técnicas

Presta atención a los pasos y las técnicas que utilizas mientras practicas. Observa cómo colocas tus dedos para formar acordes, cómo rasgueas las cuerdas y cómo produces diferentes sonidos con la guitarra. Trata de recordar estos pasos y técnicas para aplicarlos en futuras sesiones de práctica.

9. Evalúa tu progreso y ajusta tu enfoque

Evalúa tu progreso regularmente y ajusta tu enfoque según lo necesites. Identifica áreas en las que necesitas mejorar y concéntrate en ellas durante tus sesiones de práctica. Celebra tus logros y mantén la motivación para seguir aprendiendo y mejorando con la guitarra.

PRACTICA DEPORTES O ACTIVIDADES FÍSICAS

Participa en deportes o actividades físicas que te gusten, como nadar, bailar, jugar al tenis o practicar yoga. Todas ellas implican movimientos específicos que puedes aprender y recordar con el tiempo.

Por ejemplo, aprende a bailar salsa. Los pasos son los siguientes:

1. Encuentra recursos de aprendizaje

Busca clases de salsa en tu zona o en internet. Puedes encontrar tutoriales en vídeo, clases en línea en directo o clases presenciales en estudios de baile o clubes comunitarios.

2. Aprende los pasos básicos

Empieza por aprender los pasos básicos de la salsa, como el paso básico hacia delante, el paso básico hacia detrás y los pasos laterales. Practica estos pasos lentamente al principio para familiarizarte con ellos.

3. Practica con música

Pon música de salsa y practica los pasos básicos al ritmo de la música. Esto te ayudará a desarrollar un sentido del tiempo y a coordinar tus movimientos con la música.

4. Aprende movimientos más avanzados

Una vez que te sientas cómodo con los pasos básicos, comienza a aprender movimientos más avanzados como vueltas, giros y combinaciones de pasos.

5. Practica con un compañero

Encuentra un compañero de baile para practicar juntos. Bailar con otra persona te ayudará a mejorar tus habilidades y favorecerá tu capacidad para adaptarte a diferentes estilos de baile.

6. Toma clases de forma regular

La práctica regular es clave para desarrollar tu memoria procedimental en el baile.

7. Participa en eventos sociales de baile

Busca eventos sociales de salsa como noches de baile en clubes o eventos. Participar en estos eventos te dará la oportunidad de practicar tus habilidades en un entorno social y conocer a otros bailarines.

8. Recuerda los pasos y las técnicas

Presta atención a los pasos y las técnicas que estás utilizando mientras bailas. Observa cómo mueves el cuerpo, los pies y las manos, y trata de recordar esos movimientos para aplicarlos en futuras sesiones de baile.

SIGUE RECETAS DE COCINA

Escoge unas cuantas recetas nuevas para probar en la cocina y sigue los pasos que describen para preparar los platos. Presta atención a los ingredientes y a las cantidades necesarias, así como a los pasos de preparación. Repite las recetas varias veces para mejorar tu memoria procedimental en la cocina.

APRENDE A REPARAR COSAS EN CASA

Dedica tiempo a aprender cómo hacer reparaciones básicas en tu hogar, como arreglar un grifo que gotea, cambiar un fusible o reparar una puerta que chirría. Sigue tutoriales de internet o busca a alguien con experiencia que te ayude a aprender los pasos correctos.

ENSEÑA A OTRA PERSONA
Una excelente manera de consolidar lo que has aprendido es enseñar a otra persona. Explícale los pasos y las técnicas que has aprendido para realizar una actividad específica. Esto te ayudará a recordar mejor los procedimientos y a fortalecer tu memoria procedimental.

MEMORIA ESPACIAL

ACTIVIDAD 1. TEST DE AUTOEVALUACIÓN DE LA MEMORIA ESPACIAL
Con este breve cuestionario, podrás evaluar tu memoria espacial. Ten en cuenta que esta autoevaluación proporciona una indicación general y no reemplaza una evaluación profesional. Responde cada pregunta según tu experiencia personal. Asigna un valor del 1 al 5 a cada respuesta, siendo:

1. Muy difícil o nunca
2. Difícil
3. Algo difícil o a veces
4. Fácil
5. Muy fácil o siempre

¿Con qué frecuencia recuerdas la disposición de objetos de una habitación después de haberlos visto una vez?	1	2	3	4	5
¿Con qué facilidad puedes visualizar y recordar la disposición de los muebles en tu hogar?	1	2	3	4	5
¿Con qué facilidad puedes recordar la ubicación de una tienda o un lugar específico después de haberlo visitado una vez?	1	2	3	4	5
¿Con qué facilidad puedes seguir las instrucciones para llegar a un lugar nuevo sin usar un GPS?	1	2	3	4	5
¿Con qué facilidad recuerdas la disposición de las calles y edificios de tu vecindario?	1	2	3	4	5
¿Cuánta dificultad tienes para recordar la ubicación de los objetos en un espacio tridimensional, como un armario?	1	2	3	4	5
¿Cómo de fácil te resulta recordar la ubicación de los elementos en un mapa o plano después de verlo por un corto período de tiempo?	1	2	3	4	5
¿Puedes navegar en un entorno virtual, como un videojuego o una aplicación de realidad virtual?	1	2	3	4	5
¿Con qué facilidad recuerdas el orden de una serie de instrucciones visuales, como un diagrama paso a paso?	1	2	3	4	5
¿Con qué facilidad puedes dibujar un mapa mental de un área que conoces bien, como tu casa o tu lugar de trabajo?	1	2	3	4	5

La puntuación se interpreta según la escala la siguiente:

- **10-20.** Es posible que tengas problemas para recordar la disposición de los objetos en el espacio y para navegar en nuevos lugares sin ayuda.
- **21-30.** La memoria espacial puede ser un desafío para ti en determinadas situaciones. Aunque quizá tengas dificultades para recordar la ubicación exacta de objetos o lugares específicos, es posible que aún puedas manejarte adecuadamente en entornos que te resulten familiares.
- **31-40.** Tienes una memoria espacial moderadamente buena. Puedes recordar la disposición de objetos y lugares con relativa facilidad, aunque ocasionalmente tengas dificultades en entornos desconocidos.
- **41-50.** Tienes una excelente memoria espacial. Eres capaz de recordar la disposición de objetos y lugares con facilidad y eficacia, y de navegar en diferentes entornos sin problemas.

ACTIVIDAD 2. EJERCICIOS PARA TRABAJAR LA MEMORIA ESPACIAL

Existen diferentes tipos de actividades útiles, tanto para adultos como para los más pequeños, en distintos contextos.

JUEGOS CORPORALES

Este tipo de juegos siempre implican movimiento físico y son ideales para mejorar la coordinación óculomanual así como la percepción espacial. Entre estas actividades se incluyen deportes como:

1. **Balonmano.** En este deporte, los jugadores tienen que calcular la distancia y la dirección para lanzar el balón hacia una portería o pasárselo a un compañero de equipo. Esto a su vez implica el dominio de una coordinación precisa entre los ojos y las manos.

2. **Golf.** Requiere una precisión espacial excepcional, ya que los jugadores deben golpear una pelota con un palo y enviarla hacia un hoyo pasando por un campo con obstáculos. Esto implica calcular la fuerza y el ángulo de cada golpe para alcanzar el objetivo deseado.

3. **Voleibol.** En este deporte de equipo, los jugadores deben coordinar sus movimientos para golpear la pelota y enviarla al otro lado de la cancha pasando por encima de una red. Esto requiere calcular la distancia y la trayectoria de la pelota para evitar errores y marcar puntos.

4. **Atletismo (lanzamiento de disco, jabalina).** En disciplinas como el lanzamiento de disco y jabalina, los atletas deben calcular la fuerza y el ángulo de sus lanzamientos para lograr la máxima distancia. Esto implica una coordinación precisa entre la vista y los movimientos del cuerpo.

JUEGOS VISUALPERCEPTIVOS

Estos juegos involucran habilidades verbales y visuales, así como términos espaciales. Por ejemplo, se pueden realizar actividades como estas:

1. Encuentra las diferencias. Encuentra las **10** diferencias que hay entre las imágenes:

2. Encuentra al intruso. Identifica la diferencia entre elementos similares.

a) ¿Cuál es el intruso? ¿Por qué?

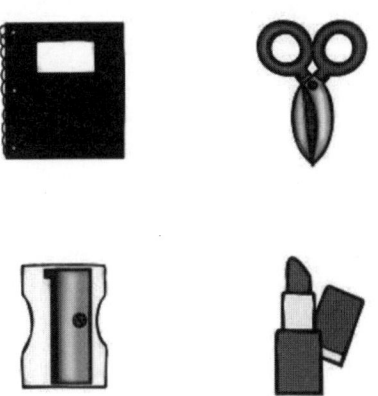

b) ¿Cuál es el intruso? ¿Por qué?

c) ¿Cuál es el intruso? ¿Por qué?

3. **Bingo de los opuestos.** Prepara tarjetas de bingo con imágenes o palabras que representen conceptos opuestos, como «arriba» y «abajo», o «caliente» y «frío». Los participantes deben buscar y marcar el opuesto de la palabra o imagen anunciada, lo que mejora la comprensión de las relaciones espaciales y conceptuales.

4. **Crucigramas visuales.** Estos son crucigramas donde las palabras se describen visualmente en lugar de verbalmente, lo que fomenta la asociación visual y la comprensión de conceptos. Completa el siguiente:

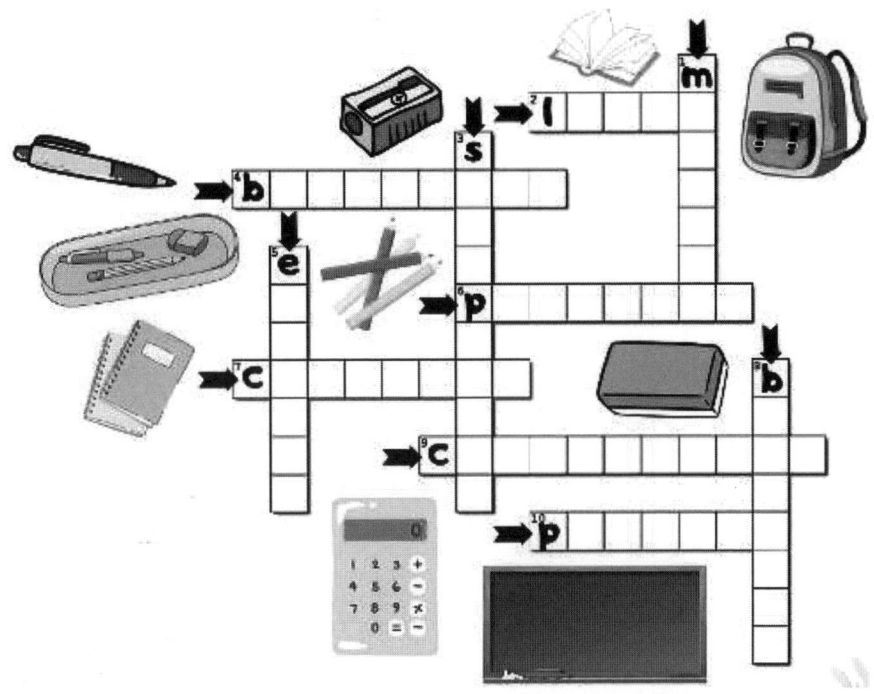

JUEGOS DE MESA

Estos juegos son excelentes para entrenar la memoria visoespacial y la capacidad de planificación.

1. **Puzles de encaje.** Estos rompecabezas constan de una serie de piezas que deben encajarse para formar una imagen completa. Requieren capacidad de planificación espacial y visualización para determinar cómo encajarán las piezas.

2. **Juegos de construcción.** Los juegos de piezas como Lego desafían a los jugadores a crear y organizar objetos en un espacio tridimensional. Esto mejora la memoria espacial y la capacidad de planificación, ya que requiere que los jugadores visualicen y construyan estructuras complejas.

3. **Juegos de estrategia (ajedrez).** Estos requieren que los jugadores planifiquen movimientos futuros y anticipen las consecuencias de sus acciones. Mejoran la memoria espacial porque requieren que los jugadores visualicen el tablero y planifiquen sus movimientos en consecuencia.

4. **Juegos de cartas.** Los que implican organizar y clasificar cartas en patrones específicos, como el solitario, pueden mejorar la memoria espacial y la capacidad de planificación porque requieren que los jugadores recuerden la ubicación de las cartas y planifiquen sus movimientos para alcanzar un objetivo específico.

JUEGOS GRAFOMOTORES

Estos están diseñados para mejorar la capacidad de resolver problemas espaciales y la integración visomotora. Incluye actividades como las siguientes:

1. **Dibujar laberintos**. Ayuda a desarrollar habilidades de planificación espacial y a visualizar la ruta a través del laberinto antes de dibujarlo. Busca la salida de estos laberintos:

2. **Unir puntos**. Une los puntos en el orden correcto para revelar una imagen. Esto fomenta la coordinación entre lo que ves y lo que haces, así como la comprensión de las relaciones espaciales entre los puntos.

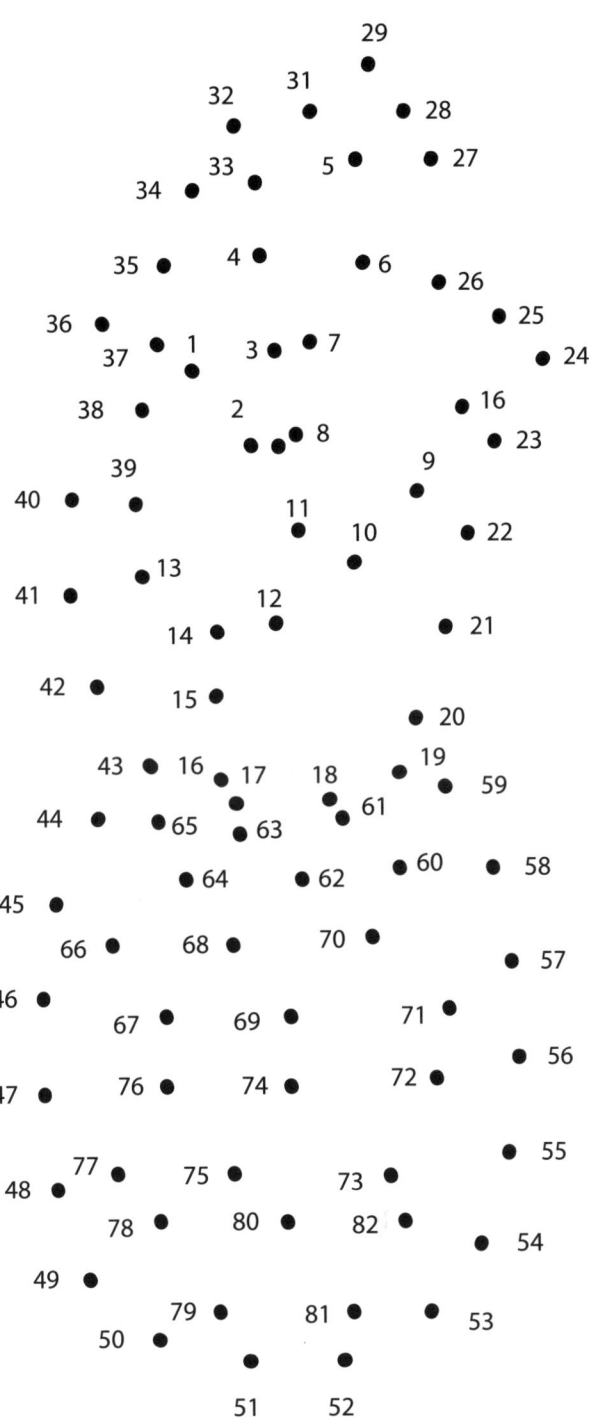

3. Copiar figuras de un modelo. Consiste en copiar imágenes con figuras geométricas o diseños lo más exactamente posible. Esto ayuda a desarrollar las habilidades de observación y a mejorar la precisión para reproducir formas y patrones. Sigue la serie:

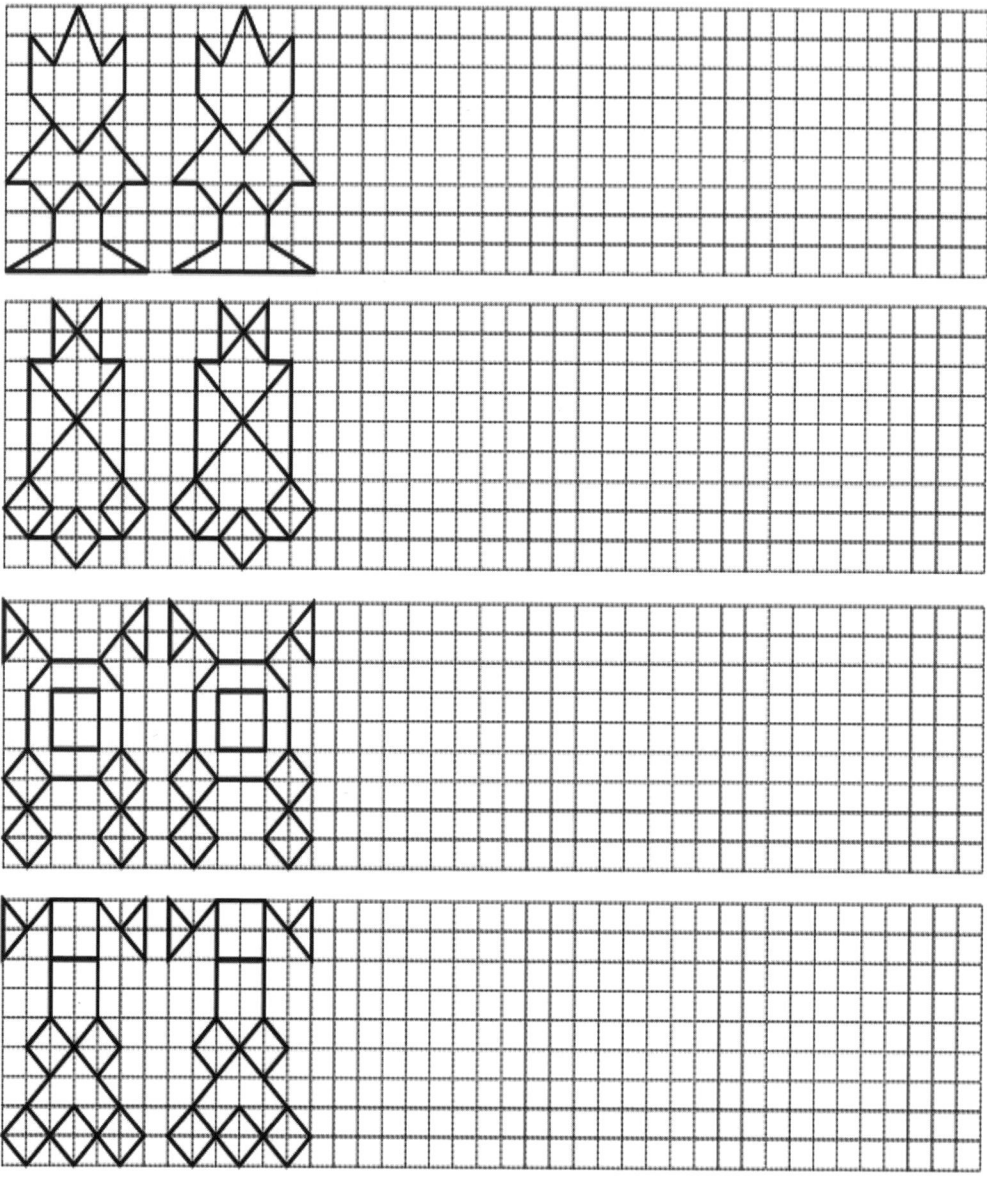

4. Completar figuras. Este ejercicio fomenta la creatividad y la capacidad de visualizar cómo debería ser la imagen completa, por lo que mejora la comprensión de las relaciones espaciales. Completa las figuras a tu gusto. Puedes utilizar todo el tiempo que quieras.

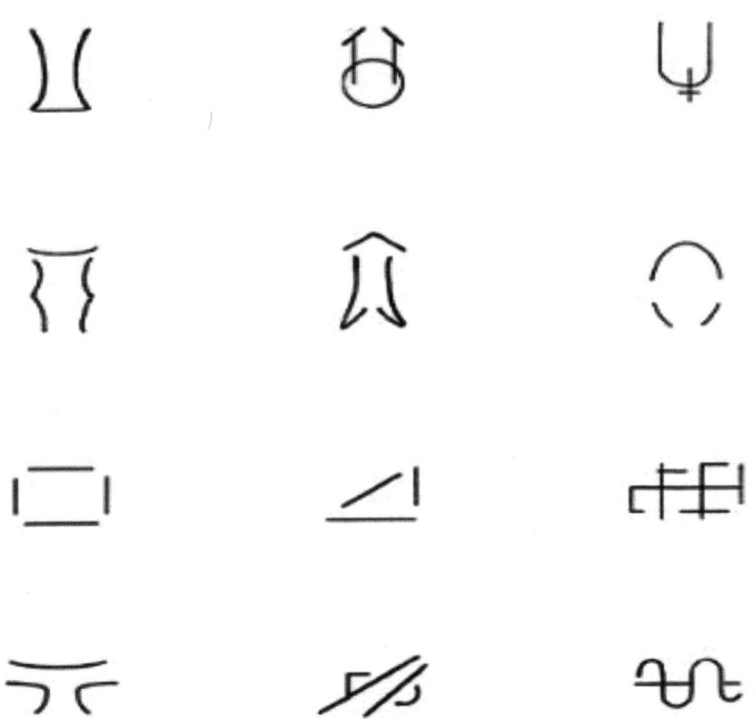

MEMORIA VISUAL

ACTIVIDAD 1. TEST DE AUTOEVALUACIÓN DE LA MEMORIA VISUAL
Comencemos con un breve test de autoevaluación de la memoria visual. Responde cada pregunta según tu experiencia y ten en cuenta esta estala del 1 al 5 para calificar tus respuestas:

1. Nunca
2. Raramente
3. A veces
4. Frecuentemente
5. Siempre

¿Recuerdas con facilidad caras de personas que has conocido recientemente?	1	2	3	4	5
¿Eres capaz de recordar detalles específicos de una imagen que has visto hace tiempo?	1	2	3	4	5
¿Puedes visualizar con claridad lugares que has visitado en el pasado?	1	2	3	4	5
¿Recuerdas con precisión la disposición de objetos en una habitación o espacio familiar?	1	2	3	4	5
¿Se te da bien recordar mapas o rutas que has seguido previamente?	1	2	3	4	5
¿Puedes recordar colores, formas o patrones con facilidad?	1	2	3	4	5
¿Eres capaz de recordar detalles visuales importantes, como números de teléfono o direcciones?	1	2	3	4	5
¿Encuentras fácilmente objetos perdidos visualizando dónde podrían estar?	1	2	3	4	5
¿Recuerdas con facilidad el contenido de imágenes o vídeos que has visto recientemente?	1	2	3	4	5
¿Consideras que se te da bien recordar detalles visuales en general?	1	2	3	4	5

Después de responder cada pregunta, suma y compara tu puntuación con la siguiente guía:

- **10-20.** Puede indicar ciertas dificultades con la memoria visual.
- **21-30.** Un resultado promedio, pero puede haber áreas que mejorar.
- **31-40.** Indica una buena memoria visual con una capacidad sólida para recordar detalles visuales.
- **41-50.** Excelente, muestra una gran capacidad para recordar y visualizar información visual con precisión.

ACTIVIDAD 2. EJERCICIOS PARA TRABAJAR LA MEMORIA VISUAL
Aquí tienes algunos ejercicios para trabajar y mejorar la memoria visual.

DIBUJA DE MEMORIA
Observa una imagen durante unos minutos e intenta dibujarla de memoria. Te ayudará a mejorar tu capacidad para recordar y visualizar formas, colores y detalles. Esta actividad es mucho más sencilla si escogemos imágenes esquemáticas y en cambio se complica si son fotografías.

OBSERVA IMÁGENES

Observa detenidamente una imagen durante unos minutos e intenta recordar todos los detalles posibles. Puedes practicar con fotografías, obras de arte o escenas de la vida cotidiana. Luego, compara tu recuerdo con la imagen real para ver qué detalles has captado correctamente.

JUEGOS DE OBSERVACIÓN

Juega a juegos que requieran observar y recordar detalles, como *¿Dónde está Wally?* o actividades de buscar objetos ocultos en imágenes. Estos juegos ayudan a desarrollar la capacidad de prestar atención a los detalles y mejorar la memoria visual.

VISUALIZACIÓN GUIADA

Practica la visualización guiada. Cierra los ojos e imagina un objeto, una escena o una experiencia en tu mente. Esto ayuda a fortalecer la capacidad de visualización y la memoria visual.

MEMORIA A CORTO PLAZO

ACTIVIDAD 1. TEST DE AUTOEVALUACIÓN DE LA MEMORIA A CORTO PLAZO

Con este breve cuestionario, podrás evaluar tu memoria a corto plazo. Asigna un valor del 1 al 5 a cada respuesta, siendo:

1. Nunca
2. Raramente
3. A veces
4. Frecuentemente
5. Siempre

¿Puedes recordar una lista de la compra que hayas hecho recientemente?	1	2	3	4	5
¿Recuerdas el número de teléfono de un amigo o familiar sin tener que consultarlo?	1	2	3	4	5
¿Eres capaz de recordar lo que acabas de leer en un párrafo corto?	1	2	3	4	5
¿Puedes recordar la ubicación de objetos que has colocado recientemente, como las llaves o el teléfono móvil?	1	2	3	4	5

¿Recuerdas los nombres de las personas que acabas de conocer hace unos minutos?	1	2	3	4	5
¿Eres capaz de recordar unas instrucciones que te dieron hace poco para completar una tarea?	1	2	3	4	5
¿Puedes recordar los detalles de una conversación que acabas de tener?	1	2	3	4	5
¿Recuerdas la fecha y la hora de una cita que tienes próximamente?	1	2	3	4	5
¿Eres capaz de recordar el contenido de una breve lista de tareas que tienes que realizar hoy?	1	2	3	4	5
¿Puedes recordar los puntos clave de una presentación que acabas de presenciar?	1	2	3	4	5

Después de responder cada pregunta, suma los puntos y compara el total con la siguiente escala:

- **10-20.** Puede indicar ciertas dificultades con la memoria a corto plazo.
- **21-30.** Un resultado promedio, pero puede haber áreas que mejorar.
- **31-40.** Indica una buena memoria a corto plazo con una capacidad sólida para recordar información reciente.
- **41-50.** Muestra una excelente capacidad para recordar la información que se adquiere a corto plazo.

ACTIVIDAD 2. EJERCICIOS PARA TRABAJAR LA MEMORIA A CORTO PLAZO

A continuación te presentamos algunos ejercicios y técnicas para trabajar y mejorar la memoria a corto plazo.

REPETICIONES ESPACIADAS

Practica la repetición mental o por escrito de informaciónque sea importante varias veces a lo largo del día. Por ejemplo, una lista de la compra que incluye leche, pan, manzanas y pasta o incluso más cosas.

1. Por la mañana, antes de salir de casa, repasa la lista de la compra mentalmente o escríbela en un papel. Visualiza cada uno de sus elementos y repítela en voz alta: «leche, pan, manzanas, pasta».

2. Después del desayuno, tómate unos minutos para volver a repasar la lista. Intenta recordar los elementos sin mirar la lista.

3. A media mañana, intenta recordar la lista y repasarla mentalmente.

4. Antes de salir a comer, debes repasar otra vez la lista y repetirla entera en voz alta o mentalmente.

5. Por la tarde, mientras estás en el trabajo o en casa, haz una pausa breve para volver a repasar la lista.

6. Antes de salir del trabajo o al finalizar tus actividades del día, repasa la lista de la compra una última vez.

Si practicas repitiendo la lista varias veces a lo largo del día en intervalos de tiempo espaciados, estarás reforzando la memoria a corto plazo y aumentando las posibilidades de recordar los elementos cuando llegue el momento de ir al supermercado. Este ejercicio es válido para cualquier sucesión de cosas que necesitamos recordad a corto plazo.

TÉCNICA DEL ENLACE

Asocia elementos de la información que necesitas recordar con imágenes o palabras clave que sirvan de ayuda para recordarlas más fácilmente. Por ejemplo, Supongamos que necesitas recordar esta lista de tareas: comprar leche, llamar al médico, sacar la basura al contenedor y hacer ejercicio en el gimnasio. Puedes utilizar la técnica del enlace para asociar cada tarea con una imagen mental o una palabra clave que te ayude a recordarlas más fácilmente:

1. Comprar leche. Imagina una vaca en el pasillo de lácteos de la tienda con una botella de leche en su boca.

2. Llamar al médico. Visualiza un teléfono con un estetoscopio enrollado para simbolizar una llamada al médico.

3. Sacar la basura. Imagina una bolsa de basura que camina sola hacia el contenedor de basura, como si tuviera piernas.

4. Hacer ejercicio. Visualízate a ti mismo en una clase dirigida o levantando pesas en el gimnasio.

Al asociar cada tarea con una imagen mental o una palabra clave, **estarás creando vínculos** que te ayudarán a recordar las tareas más fácilmente.

RESOLVER SUDOKUS

Resolver acertijos que requieran recordar y manipular información en tu mente, como los crucigramas o los sudokus es una manera muy práctica de fortalecer la memoria a corto plazo. En este caso, te propongo resolver este sudoku:

	6		1		4		5	
		8	3		5	6		
2								1
8			4		7			6
		6				3		
7			9		1			4
5								2
		7	2		6	9		
	4		5		8		7	

MEMORIA A LARGO PLAZO

ACTIVIDAD 1. TEST DE AUTOEVALUACIÓN DE LA MEMORIA A LARGO PLAZO
Este test te servirá para medir tu memoria a largo plazo de una manera informal. Asigna un valor del 1 al 5 a cada respuesta, siendo:

1. Nunca
2. Raramente
3. A veces
4. Frecuentemente
5. Siempre

¿Puedes recordar detalles específicos de eventos importantes, como tu graduación o tu boda?	1	2	3	4	5
¿Eres capaz de recordar la fecha de nacimiento de familiares cercanos y amigos?	1	2	3	4	5
¿Recuerdas las direcciones y los números de teléfono importantes sin tener que consultarlos?	1	2	3	4	5
¿Puedes recordar la trama principal de libros o películas que has leído o visto hace mucho tiempo?	1	2	3	4	5

¿Eres capaz de recordar nombres y caras de personas que conociste hace años?	1	2	3	4	5
¿Recuerdas con precisión los lugares que has visitado en el pasado y las experiencias que tuviste allí?	1	2	3	4	5
¿Puedes recordar las lecciones o los conceptos clave que aprendiste en la escuela o en la universidad?	1	2	3	4	5
¿Recuerdas eventos históricos importantes y fechas significativas?	1	2	3	4	5
¿Eres capaz de recordar las reglas y estrategias de juegos o deportes que has jugado en el pasado?	1	2	3	4	5
¿Puedes recordar canciones, poemas o citas que aprendiste hace mucho tiempo?	1	2	3	4	5

Después de responder cada pregunta, compara la puntuación total con la guía que te damos a continuación:

- **10-20.** Puede indicar ciertas dificultades con la memoria a largo plazo.
- **21-30.** Un resultado promedio, pero puede haber áreas que mejorar.
- **31-40.** Indica una buena memoria a largo plazo con una capacidad sólida para recordar información importante.
- **41-50.** Excelente capacidad para recordar información a largo plazo.

ACTIVIDAD 2. EJERCICIOS PARA TRABAJAR LA MEMORIA A LARGO PLAZO
Debajo te proponemos algunos ejercicios prácticos y técnicas que puedes realizar para trabajar y mejorar la memoria a largo plazo:

RELACIONA LA INFORMACIÓN NUEVA CON CONOCIMIENTOS PREVIOS
Cuando aprendas algo nuevo, no lo archives en tu memoria sin más, sino que debes buscar conexiones con información que ya conozcas de antemano. Esto puede ayudar a integrar la nueva información en tu banco de memoria existente y hacerla mucho más fácil de recordar.

Por ejemplo, pongamos que la situación nueva que estás intentando aprender es un nuevo idioma y en este momento estás estudiando vocabulario relacionado con la comida. Para aprender a relacionar esta información nueva con conocimientos previos, puedes seguir estos pasos:

1. **Identifica palabras similares en tu idioma nativo**
   Piensa en palabras de tu idioma nativo que sean similares o estén relacionadas con las palabras que estás aprendiendo en el nuevo idioma. Por ejemplo, la palabra *pomme* en francés se parece a «pomo» en castellano y significa 'manzana'.

2. Crea asociaciones visuales

Asocia cada palabra nueva con una imagen mental o visual relacionada. Por ejemplo, para la palabra «agua» en el nuevo idioma, podrías imaginar un vaso de agua fresca y cristalina.

3. Relaciona palabras con experiencias personales

Piensa en situaciones o experiencias en las que hayas experimentado la palabra o concepto en tu vida diaria. Por ejemplo, si estás aprendiendo la palabra «pizza», podrías recordar una ocasión en la que comiste pizza con amigos o familiares.

4. Haz conexiones culturales

Investiga sobre la cultura del país donde se habla el idioma que estás aprendiendo y busca conexiones culturales con su comida. Imagina que has estado de viaje por Roma, Florencia y Venecia y te ha entrado la curiosidad por aprender italiano. Sabes que la pasta es un plato muy popular en Italia y que hay una gran variedad de tipos de pasta, como *spaghetti, penne, lasagna,* entre otros.

Mientras aprendes vocabulario italiano relacionado con la comida, como *Pomodoro* (tomate), *formaggio* (queso) y *olio d'oliva* (aceite de oliva), puedes relacionarlo con platos italianos que conoces, como *Spaghetti alla Puttanesca* o *Penne al Pomodoro.* Al conectar el nuevo vocabulario con platos conocidos, te resultará más fácil recordarlo y comprender su uso en contextos reales de conversación o lectura.

5. Utiliza las nuevas palabras en contextos reales

Cuando hayas establecido conexiones con conocimientos previos, utiliza las nuevas palabras en conversaciones o situaciones cotidianas. Esto te ayudará a integrarlas más profundamente en tu banco de memoria.

CUENTA HISTORIAS

Convierte la información que estás tratando de recordar en una historia o narrativa coherente. Las historias son más fáciles de recordar que las listas de datos o los hechos dispersos, ya que proporcionan un contexto y una estructura.

Si, por ejemplo, estás estudiando la tabla periódica de los elementos químicos y necesitas recordar algunos elementos y sus propiedades, podrías utilizar una historia para integrar esta información mucho mejor. Hagámoslo con los siguientes elementos: hidrógeno, oxígeno, hierro y carbono. Podríamos crear una historia como esta:

En un universo lejano había un planeta llamado Carbonia. En Carbonia, el agua (oxígeno) fluía libremente por los ríos y océanos, y daba vida a todas las criaturas. En la superficie del planeta, vastas llanuras de hierro (hierro) se extendían bajo un cielo azul brillante. En el corazón de Carbonia, en las profundidades de sus montañas, yacían enormes reservas de un mineral especial: el hidrógeno (hidrógeno), que era tan vital como el agua misma, ya que constituía la principal fuente de energía de la sociedad de Carbonia.

FACTORES QUE AFECTAN A LA MEMORIA

La memoria puede verse afectada por una variedad de factores que van mucho más allá de la simple retención de información. Por ejemplo, las emociones, nuestra capacidad de atención e incluso nuestros hábitos de ejercicio físico pueden desempeñar un papel crucial en nuestra forma de recordar y procesar la información que recibimos.

LAS EMOCIONES

Estos ejercicios te ayudarán a explorar y comprender mejor la influencia de las emociones en tu memoria, y te permitirán utilizar esta conexión emocional para mejorar tu capacidad para recordar mejor la información.

EJERCICIO 1. RECUERDOS EMOCIONALES

Dedica un tiempo a recordar eventos pasados que te hayan evocado emociones intensas, ya sean positivas o negativas puede ser una boda o un funeral. El ejercicio está pensado para reflexionar también sobre cómo esas emociones han influido en tu capacidad para recordar detalles específicos de esos eventos. Para ello, encuentra un lugar tranquilo y cómodo donde puedas relajarte y concentrarte. Luego, usa papel y bolígrafo para escribir tus reflexiones.

1. Recuerdo de eventos emocionales

- Cierra los ojos un momento y piensa en un evento pasado que haya evocado emociones intensas en ti, ya sean positivas o negativas. Puede ser un momento de alegría familiar, de amor en pareja, de tristeza o de miedo. Lo importante es que sea emocionalmente intenso.

- Trata de recordar todos los detalles específicos de ese evento. ¿Dónde estabas? ¿Con quién? ¿Qué estabas haciendo? ¿Qué viste, oíste, sentiste o incluso oliste en ese momento?

2. Reflexión sobre la influencia emocional en la memoria

- Una vez que hayas recordado el evento, reflexiona profundamente sobre cómo esas emociones intensas han influido en tu capacidad para recordar detalles específicos o nimios.

- ¿Notaste que ciertos aspectos del evento fueron más vívidos o que los has recordado más fácilmente debido a las emociones asociadas?

- ¿Hay algún detalle que destacase claramente en tu memoria, mientras que otros parecían difusos o borrosos?

- Considera también si las emociones influyeron en la interpretación que hiciste de los eventos y si tu estado emocional en ese momento afectó a toda tu perspectiva sobre lo que sucedió.

3. Registro de reflexiones

- Escribe tus reflexiones y observaciones en el papel. Anota cualquier descubrimiento que hayas hecho sobre la relación entre las emociones y la memoria.

- Si te sientes cómodo, puedes compartir tus reflexiones con alguien de confianza; si no, guárdalas para ti mismo como una forma de autoexploración.

EJERCICIO 2. ASOCIACIONES EMOCIONALES

Cuando estés aprendiendo nueva información, intenta asociarla con emociones específicas. Para ello, puedes elegir un tema o concepto que te interese actualmente.

1. Identificación de emociones positivas

Piensa en emociones positivas que asocias con el aprendizaje y el dominio de un nuevo tema. Pueden ser sentimientos de satisfacción, logro, curiosidad, entusiasmo o cualquier otra emoción que te haga sentir bien.

2. Asociación de conceptos con emociones

Ahora, mientras estudias el tema seleccionado, intenta asociar cada concepto o idea con una emoción específica. Por ejemplo, si estás estudiando biología y aprendiendo sobre la fotosíntesis, podrías asociar el proceso de conversión de la luz solar en energía con una sensación de asombro y admiración por la naturaleza.

3. Creación de conexiones

Busca formas de hacer que estas asociaciones emocionales sean significativas para ti. Puedes relacionar los conceptos con experiencias personales, metas futuras o valores personales. Por ejemplo, si estás estudiando economía y aprendiendo sobre inversiones, podrías asociar el concepto de inversión con la sensación de seguridad financiera y libertad.

4. Repetición y práctica

A medida que sigas estudiando y revisando la información, recuerda conectar los conceptos con las emociones positivas que has identificado. Cuantas más veces hagas estas asociaciones, más fuertes se volverán en tu memoria.

5. Reflexión y evaluación

Después de estudiar, tómate un momento para reflexionar sobre cómo te has sentido al asociar los conceptos con emociones positivas. ¿Te ha ayudado esta técnica a recordar la información con mayor facilidad? ¿Has notado alguna mejora en tu capacidad para retener y recordar los conceptos?

EJERCICIO 3. VISUALIZACIÓN EMOCIONAL

Visualiza eventos pasados que te hayan provocado emociones intensas. Trata de recrear mentalmente los detalles de esos eventos, incluyendo cómo te sentiste en ese momento. Este ejercicio puede ayudarte a fortalecer los recuerdos asociados con esas emociones. Ahora, encuentra un lugar tranquilo donde puedas relajarte y concentrarte sin distracciones. Siéntate y cierra los ojos.

1. **Selección de un evento emocional**

   Piensa en un evento pasado que te haya evocado emociones intensas. Puede ser un momento de alegría, amor, tristeza, miedo, sorpresa, gratitud o cualquier otra emoción que hayas experimentado profundamente.

2. **Recuerdo detallado**

   Comienza a visualizar el evento en tu mente. Trata de recrear los detalles de ese momento lo más vívidamente posible. ¿Dónde estabas? ¿Con quién? ¿Qué estabas haciendo? ¿Qué viste, oíste, sentiste o incluso oliste en ese momento?

3. **Exploración emocional**

   Cuando hayas recreado los detalles del evento, sumérgete en las emociones que experimentaste. Trata de recordar cómo te sentías física y emocionalmente. ¿Qué sensaciones físicas experimentaste en tu cuerpo? ¿Qué pensamientos pasaban por tu mente? ¿Cómo te afectaron esas emociones en ese momento?

4. **Refuerzo de la memoria emocional**

   Mientras mantienes esa visualización y las emociones asociadas, reconoce la importancia de esos recuerdos emocionales en tu vida. Agradece la oportunidad de revivir esos momentos y reconoce cómo te han moldeado como persona.

5. **Cierre y reflexión**

   Después de unos minutos de visualización emocional, abre lentamente los ojos y toma un momento para reflexionar sobre tu experiencia. ¿Qué emociones te han surgido mientras hacías la visualización? ¿Has notado ahora una conexión más profunda con esos recuerdos?

EJERCICIO 4. RECREA EXPERIENCIAS EMOCIONALES

Elige una actividad que sepas que te evoca emociones intensas. Puede ser ver una película que te conmueva, escuchar música que te haga sentir emocionado o compartir historias con amigos o seres queridos.

1. Participación en la actividad

Dedica tiempo a realizar la actividad seleccionada, no es algo que vayas a poder abordar con prisas, sino al contrario. Una vez que hayas hecho un hueco temporal, sumérgete completamente en la experiencia y permite que las emociones fluyan naturalmente. Si estás viendo una película o escuchando música, déjate llevar por la trama o la melodía. Si estás compartiendo historias personales, sé honesto y abierto sobre tus experiencias y sentimientos. No te pongas ningún límite.

2. Reflexión posterior

Después de la experiencia, tómate un tiempo para reflexionar sobre cómo te has sentido y los detalles que puedes recordar. Puedes hacerlo escribiendo en un diario o simplemente tomándote unos minutos para reflexionar en silencio acerca de tus sentimientos.

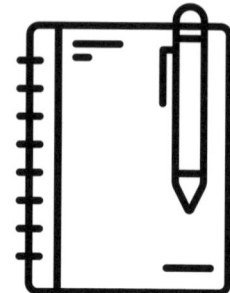

3. Preguntas de reflexión

- ¿Qué emociones has ido experimentando durante la actividad?

- ¿Han sido emociones intensas o sutiles?

- ¿Qué detalles específicos de la actividad te han impactado más?

- ¿Hay algún momento particular que te haya hecho sentir emociones mucho más fuertes?

- ¿Cómo te sientes después de la experiencia?

- ¿Han cambiado tu estado de ánimo o tu perspectiva de alguna manera?

- ¿Puedes relacionar estas emociones con experiencias pasadas de tu vida?

4. Apreciación y aprendizaje

Reconoce y aprecia las emociones que has experimentado durante la actividad, y considera cómo pueden enriquecer tu vida y tu comprensión de ti mismo y de tu interior. También puedes aprender de estas experiencias identificando qué tipo de actividades te hacen sentir más emocionado o conectado emocionalmente. para utilizarlos cuando lo necesites.

Puedes repetir esta actividad tantas veces como quieras y reflejar en un diario por escrito tus preguntas, las respuestas y reflexiones. Este diario servirá de apoyo para un autoconocimiento emocional completo.

LA ATENCIÓN

La atención es esencial para el funcionamiento óptimo de nuestro cerebro y para diversos aspectos de nuestra vida. Desarrollar habilidades atencionales adecuadas puede mejorar nuestra calidad de vida a nivel tanto cognitivo como emocional. Te presento algunos ejercicios para estimularla.

EJERCICIO 1. ENCUENTRA LAS FIGURAS IGUALES
Tendrás que encontrar las figuras iguales entre varias similares.

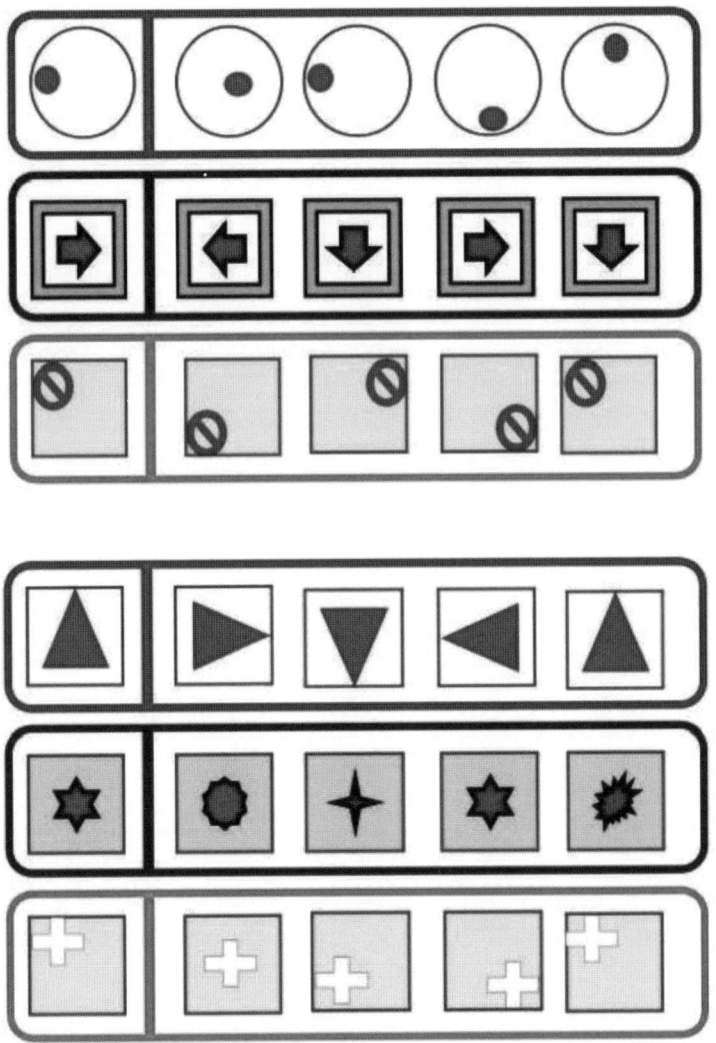

EJERCICIO 2. ORDENA LOS OBJETOS

Ordena los objetos de la estantería para que queden en el mismo orden que se refleja en el espejo.

EJERCICIO 3. ENCUENTRA LA SALIDA

Encuentra la salida siguiendo las figuras de cuatro lados.

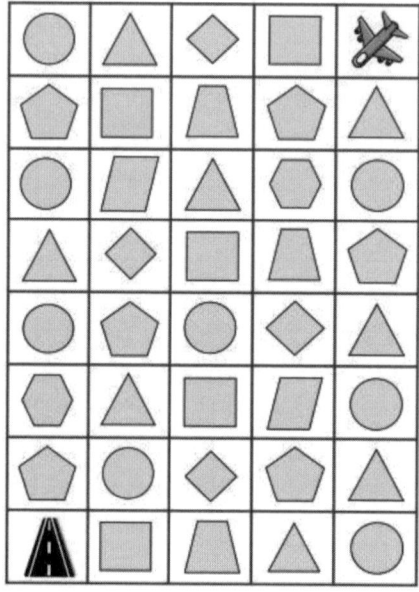

EL ALZHEIMER

El Alzheimer es una enfermedad neurodegenerativa que se caracteriza por el deterioro cognitivo y funcional, lo que conduce a la pérdida gradual de la memoria, el pensamiento y la capacidad para realizar actividades diarias.

Vamos a realizar una autoevaluación basada en la prueba del reloj. Originalmente, esta prueba se diseñó para evaluar la capacidad de una persona para percibir, procesar y manipular visualmente la información espacial, y la percepción de objetos tridimensionales para construir representaciones visuales precisas y coherentes. Esto implica habilidades como la percepción de formas, tamaños, distancias y relaciones espaciales, así como la capacidad para organizar y ensamblar elementos visuales para crear una imagen completa y comprensible.

ACTIVIDAD 1. LA PRUEBA DEL RELOJ

En la prueba del reloj, observamos la capacidad de la persona para dibujar un reloj con precisión, incluyendo la forma de la esfera, la disposición correcta de los números y las manecillas, y la adecuada representación de la hora solicitada. Estos son los pasos:

1. Dibuja un círculo en la hoja de papel para representar la esfera del reloj.

2. Marca los números del 1 al 12 alrededor de la esfera, como si fueran las horas de un reloj analógico.

3. Ubica las manecillas del reloj para indicar las 11:10 h.

4. Completa el dibujo del reloj con todas las partes necesarias.

Evalúa tu dibujo según los siguientes criterios:

Esfera
- **0 puntos.** La esfera no está dibujada o es completamente irregular y asimétrica.
- **1 punto.** La esfera es ovalada o ligeramente asimétrica.
- **2 puntos.** La esfera es circular y simétrica.

Números
- **0 puntos.** No hay números o están dispuestos de manera aleatoria o fuera de la esfera.
- **1 punto.** Algunos números están fuera de la esfera o están mal colocados dentro de ella.
- **2 puntos.** Todos los números están dentro de la esfera, pero pueden estar mal alineados o ser ilegibles.

- **3 puntos.** Todos los números están dentro de la esfera y alineados correctamente.
- **4 puntos.** Todos los números están dentro de la esfera y alineados correctamente, y son legibles.

Manecillas
- **0 puntos.** No hay manecillas o están completamente mal dibujadas.
- **1 punto.** Hay una manecilla mal dibujada o ausente.
- **2 puntos.** Hay dos manecillas, pero no están conectadas al centro de la esfera o son del mismo tamaño (las dos manecillas son grandes o ambas son pequeñas).
- **3 puntos.** Ambas manecillas están conectadas al centro de la esfera, pero la proporción de tamaño no es correcta, es decir, las dos manecillas son pequeñas, o las dos son grandes.
- **4 puntos.** Ambas manecillas están conectadas al centro de la esfera, son de tamaños proporcionales (una manecilla es pequeña y la otra es grande) y apuntan correctamente a la hora indicada.

Ahora, interpreta los **resultados**:

- Una puntuación total mayor que 15 puntos indica una función cognitiva normal.
- Una puntuación total igual o menor que 15 puntos sugiere un posible deterioro cognitivo, lo que puede requerir una evaluación más exhaustiva.

ACTIVIDAD 2. EJERCICIOS DE ESTIMULACIÓN COGNITIVA PARA PREVENIR EL ALZHEIMER.
En esta actividad te presento algunos ejercicios de estimulación cognitiva para combatir el Alzheimer según la fase en la que se encuentre.

FASE LEVE

EJERCICIO 1
¿Sabes qué día de la semana es? ¿En qué mes y año nos encontramos? ¿Y la estación del año?

Día de la semana:

Día del mes:

Mes:

Año:

Estación del año:

EJERCICIO 2

Ahora trabajaremos la atención. Rodea con un círculo y una pintura azul todas las letras M y cuéntalas. Rodea con un cuadrado y una pintura roja todas las letras P y cuéntalas.

```
T N E O H L D Ñ C U H T S D P Q B S G T L B S Ñ R G E L F X Z P N Q R P J D V D J N T M Ñ H
Y D O A Z D W R I J P M E S T I F T D K S O L P M E W S Q M D T S Q P L F M T P S T N M Q P
T X Z Y I D S W T N E O H L D Ñ C U H T S D P Q B S G T L B S Ñ R D W R I J P M E S T I F T D K
S O L P M E W S Q Z T E L F X Z P N Q R P J M V D J N T M Ñ H Y D O A N M Q P T X Z Y I D
S W W R I J P M E S T I S G T J P M E S T I F Q B S G T L B S Ñ R P J P M E S T U Y E S T I F T D R
I J P M E S T I F T D K D A S N T M Ñ H Y D O A Z P N Q R P J D V D O L P M E W Z K D E W
Ñ S C N X Y F P I L M W P Q X U S V P H W Q P S T G B Y H J M S E F P Q Z Ñ A E I S M T M
```

EJERCICIO 3

En este ejercicio practicarás la abstracción con tu memoria. Completa los siguientes refranes y explica qué significa cada uno de ellos.

- A b_en _nt_nded_r, p_cas p_labr_s b_stan.
- _ qu_en m_dr_ga D_os le _y_da.
- A r_o rev_uelt_, g_nanc_a de p_sc_d_res.
- _nde yo c_lient_, r_as_ la g_nt_.
- A_nque l_ m_na se v_st_ de s_da, mon_ se qu_d_.
- B_rro gr_nde, _nde o no and_.
- Cre_ el l_dr_n qu_ t_dos son d_ su m_sma c_ndic_ón.
- C_and_ el r_o s_en_, ag_a ll_va.
- C_and_ m_rzo m_ye_, m_yo marc_a.
- D_ t_l p_lo, t_l ast_lla.

EJERCICIO 4

En esta última actividad, tendrás que escribir acerca de algún acontecimiento importante de tu vida; por ejemplo, tu boda, el nacimiento de tus hijos, el día que te graduaste, etc. Con ello trabajarás tu memoria, tus recuerdos y la escritura.

FASE MODERADA

EJERCICIO 1.
Responde estas preguntas sobre ti.

```
Nombre:

Apellidos:

Edad:

Fecha de nacimiento:

Lugar de nacimiento:

Estado civil:

Número de hijos:

Número de nietos:
```

EJERCICIO 2
Trabaja tu atención rodeando todos los números 5 que encuentres a continuación:

```
7985461058912921036530132593152670135754282158892451 68
4531926052189245810152679218924581079854610428026054 37
3575428215315267085581079828107292103645319052924210 31
6105891192602605208575428299854631936708531975754285 61
7542821521892421036458101758652701892458106219152189 52
```

EJERCICIO 3
¿Cómo es tu capacidad narrativa? Escribe lo que recuerdes de tu infancia y tu juventud aportando datos como fechas, nombres de personas significativas y lugares, etc. Puedes acompañar la tarea con fotografías de esas épocas.

EJERCICIO 4
¿Qué hay de tu fluidez verbal semántica?

- Nombra al menos ocho frutas.
- Nombra al menos ocho instrumentos musicales.
- Nombra al menos ocho animales.
- Nombra al menos ocho prendas de vestir.

SOLUCIONES

MEMORIA SEMÁNTICA

ACTIVIDAD 1.
Aquí tienes las soluciones al test de autoevaluación de la memoria semántica:

1. Definiciones de palabras
- **Democracia.** Sistema de gobierno en el que el pueblo ejerce el poder a través de representantes electos.
- **Fotosíntesis.** Proceso mediante el cual las plantas utilizan la luz solar para convertir el dióxido de carbono y el agua en oxígeno y azúcares.
- **Gravitación.** Fuerza de atracción que ejerce cualquier objeto con masa sobre otro objeto.

2. Conceptos abstractos
- **Justicia.** Principio moral que se basa en la equidad y en dar a cada uno lo que le corresponde.
- **Amor.** Sentimiento de afecto y cariño profundo hacia otra persona.
- **Felicidad.** Estado emocional de bienestar y satisfacción.

3. Conocimientos sobre el mundo
- **¿Cuál es la capital de Francia?** París.
- **¿En qué año comenzó la Segunda Guerra Mundial?** 1939.
- **¿Quién escribió *el Quijote?*** Miguel de Cervantes.

4. Relaciones entre conceptos
- **Agua–Hidratación.** El agua es fundamental para mantener el cuerpo hidratado y funcionando correctamente.
- **Abejas–Polinización.** Las abejas son importantes para la polinización de las plantas porque al posarse en las flores se llevan el polen de una planta a otra, lo que contribuye a la reproducción de muchas especies vegetales.

5. Aplicación de conocimientos Respuesta abierta basada en principios éticos y morales personales.

ACTIVIDAD 2.
1. **La paella es un plato típico** de España.
2. **El piano y la guitarra son** instrumentos musicales.
3. **Después del otoño viene** el invierno.
4. **El último mes del año es** diciembre.

5. **Los animales que tienen rayas blancas y negras** son las cebras.
6. **El mes que tiene 28 o 29 días** es febrero.
7. **El Sol es** una estrella.
8. **El libro Cien años de soledad fue escrito** por Gabriel García Márquez.
9. **El planeta más grande del sistema solar** es Júpiter.
10. **El hermano de mi padre** es mi tío.
11. **El número de patas de una araña** es ocho.
12. **El océano más frío del mundo** es el Ártico.
13. **El proceso de alimentación de las plantas** se llama fotosíntesis.
14. **La noche estrellada es un cuadro** de Vincent van Gogh.
15. **La cuarta letra del abecedario** es la d.
16. **La capital de España** es Madrid.
17. **El animal que tiene trompa** se llama elefante.
18. **El fenómeno natural en el que el día se convierte en noche brevemente** se llama eclipse.
19. **El país más grande del mundo en términos de área terrestre** es Rusia.
20. **El río más largo del mundo** es el Amazonas.
21. **El primer número primo** es el número 2.
22. **El animal más rápido del mundo** es el guepardo.
23. **Los plátanos son de color** amarillo.
24. **El metal más abundante en la corteza terrestre** es el aluminio.
25. **Con un termómetro se mide** la temperatura.
26. **El gas más abundante en la atmósfera terrestre** es el nitrógeno.
27. **El día de la semana que viene después del viernes** es el sábado.
28. **El fémur se encuentra en** la pierna.
29. **El resultado de sumar 2 + 2** es 4.
30. **El hueso más pequeño del cuerpo humano** es el estribo, ubicado en el oído medio.

MEMORIA ESPACIAL

Encuentra las diferencias

Encuentra al intruso

a) El pintalabios no es un objeto de escritorio.
b) El cepillo de dientes no es un cubierto.
c) La hamburguesa no es una fruta.

Crucigrama visual

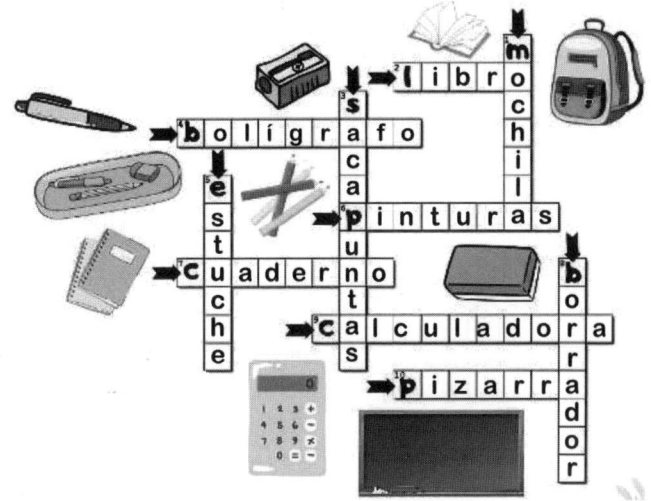

Dibujar laberintos

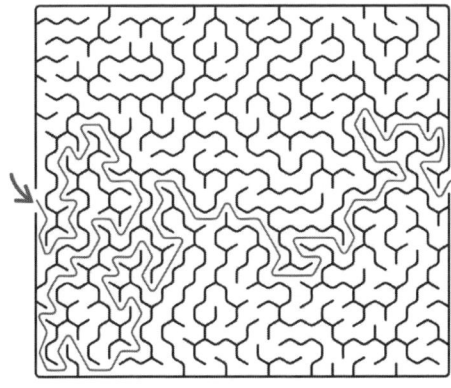
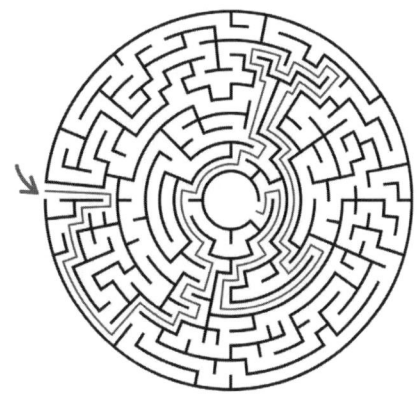

Unir puntos

La figura oculta es una piña.

Resolver sudokus

9	6	3	1	7	4	2	5	8
1	7	8	3	2	5	6	4	9
2	5	4	6	8	9	7	3	1
8	2	1	4	3	7	5	9	6
4	9	6	8	5	2	3	1	7
7	3	5	9	6	1	8	2	4
5	8	9	7	1	3	4	6	2
3	1	7	2	4	6	9	8	5
6	4	2	5	9	8	1	7	3

LA ATENCIÓN

Encuentra las figuras iguales

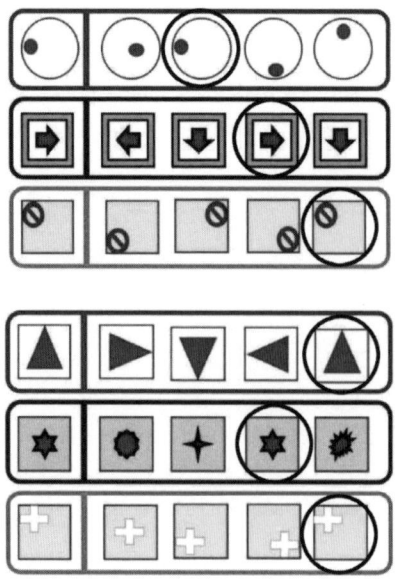

Ordena los objetos

Encuentra la salida

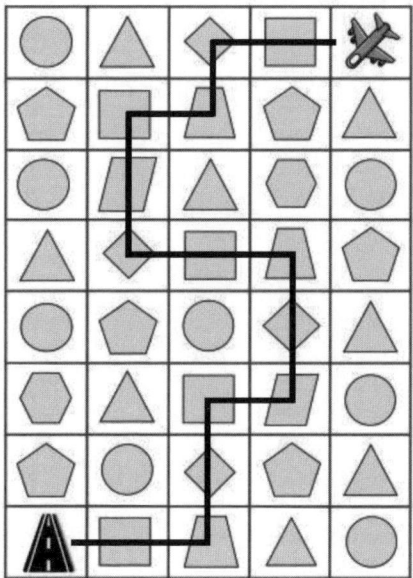

EL ALZHEIMER

FASE LEVE. EJERCICIO 2.
Hay 21 M y 27 P.

```
T N E O H L D Ñ C U H T S D P Q B S G T L B S Ñ R G E L F X Z P N Q R P J D V D J N T M Ñ H
Y D O A Z D W R I J P M E S T I F T D K S O L P M E W S Q M D T S Q P L F M I P S T N M Q P
T X Z Y I D S W T N E O H L D Ñ C U H T S D P Q B S G T L B S Ñ R D W R I J P M E S T I F T D K
S O L P M E W S Q Z T E L F X Z P N Q R P J M V D J N T M Ñ H Y D O A N M Q P T X Z Y I D
S W W R I J P M E S T I S G T J P M E S T I F Q B S G T L B S Ñ R P J P M E S T U Y E S T I F T D R
I J P M E S T I F T D K D A S N T M Ñ H Y D O A Z P N Q R P J D V D O L P M E W Z K D E W
Ñ S C N X Y F P I L M W P Q X U S V P H W Q P S T G B Y H J M S E F P Q Z Ñ A E I S M T M
```

FASE LEVE. EJERCICIO 3.
- A buen entendedor, pocas palabras bastan.
- A quien madruga Dios le ayuda.
- A río revuelto, ganancia de pescadores.
- Ande yo caliente, ríase la gente.
- Aunque la mona se vista de seda, mona se queda.
- Burro grande, ande o no ande.
- Cree el ladrón que todos son de su misma condición.
- Cuando el río suena, agua lleva.
- Cuando marzo mayea, mayo marcea.
- De tal palo, tal astilla.

FASE MODERADA. EJERCICIO 2.
Hay 40 cincos.

```
7 9 8 5 4 6 1 0 5 8 9 1 2 9 2 1 0 3 6 5 3 0 1 3 2 5 9 3 1 5 2 6 7 0 1 3 5 7 5 4 2 8 2 1 5 8 8 9 2 4 5 1 6 8
4 5 3 1 9 2 6 0 5 2 1 8 9 2 4 5 8 1 0 1 5 2 6 7 9 2 1 8 9 2 4 5 8 1 0 7 9 8 5 4 6 1 0 4 2 8 0 2 6 0 5 4 3 7
3 5 7 5 4 2 8 2 1 5 3 1 5 2 6 7 0 8 5 5 8 1 0 7 9 8 2 8 1 0 7 2 9 2 1 0 3 6 4 5 3 1 9 0 5 2 9 2 4 2 1 0 3 1
6 1 0 5 8 9 1 1 9 2 6 0 2 6 0 5 2 0 8 5 7 5 4 2 8 2 9 9 8 5 4 6 3 1 9 3 6 7 0 8 5 3 1 9 7 5 7 5 4 2 8 5 6 1
7 5 4 2 8 2 1 5 2 1 8 9 2 4 2 1 0 3 6 4 5 8 1 0 1 7 5 8 6 5 2 7 0 1 8 9 2 4 5 8 1 0 6 2 1 9 1 5 2 1 8 9 5 2
```

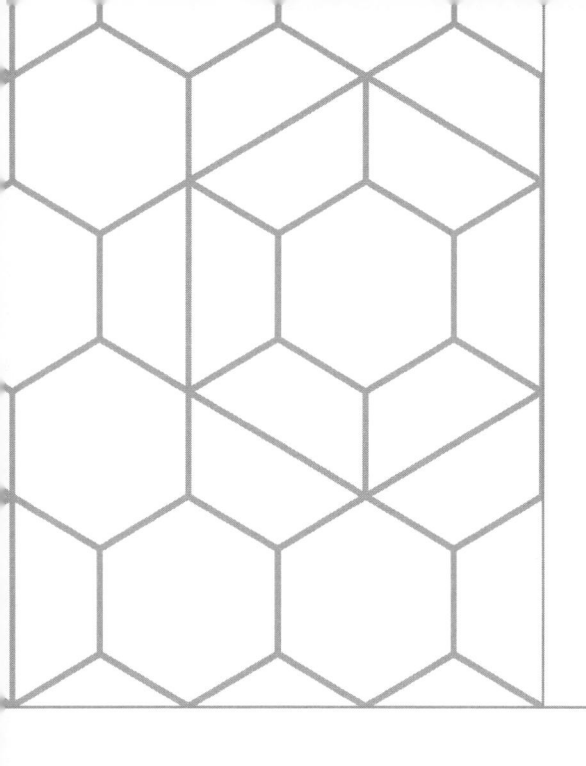

PARTE 2

APRENDIZAJE

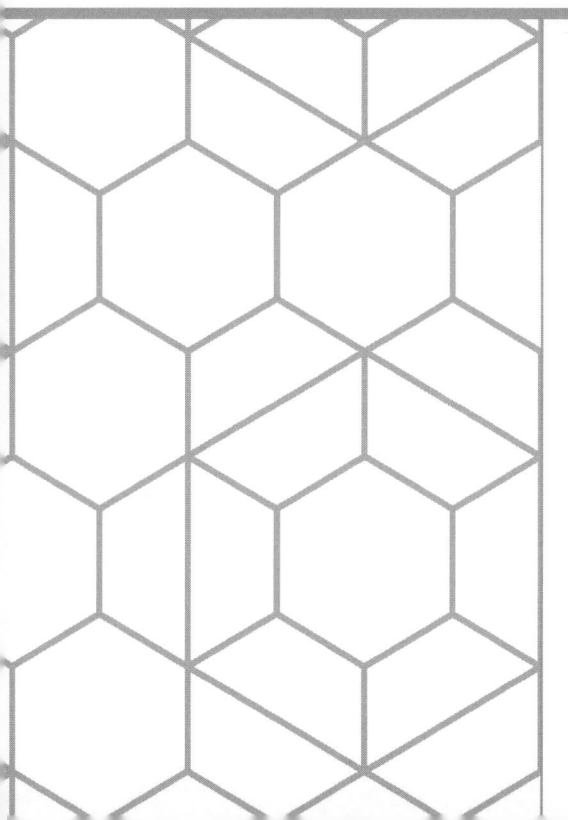

EL APRENDIZAJE

*El aprendizaje es experiencia,
todo lo demás es información.*

ALBERT EINSTEIN

La afirmación atribuida a Albert Einstein de que el aprendizaje es experiencia y lo demás, información, encapsula la esencia fundamental de cómo adquirimos el conocimiento y las habilidades en nuestra vida cotidiana. En el proceso del aprendizaje, la experiencia será el ingrediente esencial que impulse nuestra capacidad para adquirir conocimientos a lo largo de toda la vida. Este enfoque no solo se preocupa por la información adquirida, sino que implica una comprensión más profunda y duradera por medio de la participación.

La riqueza de esa comprensión radica tanto en los misterios del cerebro, que la neurociencia trata de revelar, como en nuestra forma de interactuar con la información y la tecnología que la ha redefinido.

La **neurociencia** nos enseña que la experiencia estimula diversas áreas del cerebro y estimula la formación de conexiones y la retención de información. Este viaje en el aprendizaje se extiende más allá de las aulas: es una experiencia que continúa a medida que acumulamos experiencias educativas a lo largo de la vida.

Nuestros **estilos de aprendizaje**, modelados por nuestras singularidades y vivencias previas, afectan también la forma en la que absorbemos y procesamos información. La diversidad de estilos que conocemos y aplicamos destaca la importancia de personalizar las experiencias educativas para maximizar su efectividad.

La **tecnología** se integra en esta ecuación como un poderoso aliado que proporciona herramientas y plataformas que nos ayudan y transforman nuestra forma de interactuar con la información. La tecnología expande nuestras posibilidades de aprendizaje y nos conecta con el conocimiento a través medios innovadores como recursos *online* o simulaciones interactivas.

La **metacognición**, o la reflexión sobre nuestro propio proceso de aprendizaje, se convierte en un faro que nos guía para que demos con la manera de «aprender mejor». Al hacernos conscientes de nuestras estrategias de aprendizaje, mejoramos la eficacia y profundidad de nuestra experiencia educativa.

Compartir y construir conocimiento con otros amplifica nuestra experiencia educativa. La colaboración nos expone a diferentes perspectivas y enriquece nuestro aprendizaje a través de la interacción social y la construcción colectiva del conocimiento.

Sin embargo, por encima de la base neurocientífica, las interacciones colaborativas y las tecnologías emergentes, la experiencia persiste como el hilo conductor que vincula cada aspecto del aprendizaje.

Neurociencia y aprendizaje

La neurociencia es como un mapa detallado que nos ayuda a explorar y entender el complejo territorio de la mente humana. Si el cerebro es una ciudad, la neurociencia es la herramienta que nos permite descubrir cómo son sus calles, edificios y conexiones.

En este símil, las imágenes cerebrales, como la resonancia magnética funcional (fMRI), serían los drones que sobrevuelan la ciudad para observar la actividad en diferentes vecindarios mientras todo el mundo realiza sus actividades cotidianas. Por ejemplo, si queremos entender cómo procesa el cerebro la emoción, podemos utilizar la fMRI para ver qué áreas se iluminan cuando alguien experimenta alegría o miedo. Esta técnica también nos ayuda a entender los desafíos mentales. Por ejemplo, en el caso de la depresión, los neurocientíficos han descubierto que ciertos desequilibrios químicos en el cerebro, como bajos niveles de serotonina, pueden contribuir a su aparición. Esta información es crucial para desarrollar tratamientos más efectivos que combatan los desequilibrios biológicos subyacentes.

Además, la neurociencia nos permite desentrañar procesos mentales cotidianos como la toma de decisiones. Estudiando cómo el cerebro evalúa sus opciones y elige, podemos entender mejor por qué tomamos ciertas decisiones y cómo podemos mejorar ese proceso.

Del mismo modo, la relación entre la neurociencia y el aprendizaje ha sido un área de creciente interés en los últimos años, ya que los avances en la investigación cerebral proporcionan nuevas perspectivas sobre cómo funciona el cerebro durante ese proceso. Examinar descubrimientos recientes en neurociencia en relación con el aprendizaje puede arrojar luz sobre cómo diseñar enfoques pedagógicos más efectivos. Entre los aspectos más interesantes están la **plasticidad cerebral**, la **emoción en el aprendizaje**, el **sueño**, el **rendimiento cognitivo** y la **atención plena en el aprendizaje**.

PLASTICIDAD CEREBRAL

Supón que, siendo una persona de mediana edad (de 40 a 65 años), decides aprender a tocar el piano. Al principio, te enfrentarías a varias dificultades: coordinar tus manos para realizar ciertos movimientos precisos, leer las partituras, afinar tu oído y conocer la teoría musical. Este proceso de aprendizaje activaría la **plasticidad cerebral**, una propiedad asombrosa de nuestro cerebro que desafía la antigua creencia de que la anatomía cerebral es estática. El cerebro no es una entidad fija, sino altamente maleable, y puede cambiar y adaptarse continuamente a lo largo del tiempo en respuesta a la experiencia y al entorno.

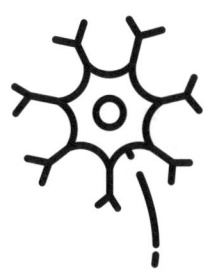

Gracias a esta capacidad, las conexiones entre las neuronas, conocidas como sinapsis, pueden fortalecerse o debilitarse en función de la actividad mental y las experiencias de aprendizaje. Además, la plasticidad cerebral incluye la capacidad de generar nuevas neuronas, conocida como **neurogénesis,** incluso en la edad adulta.

Así, durante los primeros días que pases tocando el piano, podrías tener dificultades y cometer errores al tocar canciones. No obstante, a medida que practicases de manera regular, tu cerebro se iría adaptando. Las sinapsis involucradas en la coordinación motora y la interpretación musical se fortalecerían con cada sesión y con el tiempo lograrías adquirir una ejecución más fluida.

Sin embargo, tu cerebro no solo se adapta a la información teórica y práctica asociada con el instrumento, sino que también mejora su eficiencia en las áreas responsables de la destreza motora y la interpretación musical. En última instancia, este proceso de aprendizaje no solo impulsaría tu adquisición de habilidades musicales, sino que también reforzaría la capacidad de tu cerebro para afrontar y superar nuevos desafíos a lo largo del tiempo.

Desde una **perspectiva educativa,** la plasticidad cerebral destaca la importancia de proporcionar estímulos y desafíos mentales para activar este proceso adaptativo. Además, sugiere que el aprendizaje a lo largo de toda la vida es una posibilidad tangible, ya que el cerebro puede adaptarse y adquirir nuevos conocimientos en cualquier etapa. De ahí que sea necesario destacar la importancia de diseñar enfoques pedagógicos que estimulen la mente, desafíen a los estudiantes y se centren en el crecimiento continuo de las capacidades cognitivas.

LA EMOCIÓN EN EL APRENDIZAJE

Las emociones no son simples espectadoras durante el aprendizaje, sino diseñadoras activas de nuestras experiencias cognitivas. Desempeñan un papel fundamental en el proceso de aprendizaje, ya que actúan moldeando nuestras experiencias cognitivas y la retención de información.

Por ejemplo, supón que estás estudiando la Segunda Guerra Mundial y que es un tema que te apasiona. En lugar de limitarte a leer libros de historia, decides buscar relatos personales y testimonios de quienes vivieron durante ese período. Encuentras entrevistas, diarios y documentos que cuentan las experiencias emocionales de soldados, civiles y niños en tiempos de guerra. A medida que te sumerges en estas historias, conectas emocionalmente con los personajes. Experimentas empatía hacia las dificultades que enfrentaron y admiras la valentía de aquellos que resistieron. Así, la conexión emocional agrega una capa adicional de significado a los eventos históricos.

Después, decides expresar tus reflexiones a través de otros medios. Escribes cartas ficticias desde la perspectiva de un soldado o creas una serie de ilustraciones que representan momentos clave de la guerra. Gracias a este tipo de actividades creativas, las emociones que asocias a las experiencias de la Segunda Guerra Mundial hacen que la comprendas mejor.

Al final, no solo has memorizado fechas y eventos, sino que has construido una conexión profunda y personal con la historia. La experiencia emocional, además de enriquecer tu aprendizaje, ha hecho que la información sea más duradera y significativa para ti. En este proceso, te das cuenta de que las emociones no solo son testigos de la información, sino arquitectos activos de tu experiencia de aprendizaje.

La teoría detrás de esta **interacción emocional en el aprendizaje** sugiere que las emociones están intrínsecamente vinculadas a la formación de la memoria. Cuando experimentamos una conexión emocional con la información, se activan áreas clave del cerebro asociadas con la memoria y la atención. Este proceso facilita la retención y el procesamiento profundo de la información, ya que las emociones actúan como anclajes que dan significado y relevancia personal a los conceptos aprendidos.

LOS ELEMENTOS EMOCIONALES CLAVE EN EL APRENDIZAJE

En el **contexto educativo**, los educadores que reconocen la influencia de las emociones pueden diseñar estrategias pedagógicas que aprovechen esta conexión emocional para mejorar el aprendizaje. Integrar **elementos emocionales** en el contenido del curso, como proyectos desafiantes y significativos, no solo activa regiones cerebrales vinculadas a la motivación y la recompensa, sino que también contribuye a una retención más sólida y a una comprensión más profunda. Los elementos emocionales de los que hablamos son el **interés**, la **curiosidad**, la **motivación**, la **creatividad** y la **regulación emocional.**

El interés

El interés es una emoción que surge cuando encuentras un tema o una actividad particularmente atrayente o relevante. Cuando lo que estás aprendiendo te interesa, estás más motivado para participar activamente en el proceso de aprendizaje y tienes más probabilidades de retener la información.

Imagina que estás en clase y comienzan a hablar sobre la Revolución francesa. De repente, recuerdas un documental que viste recientemente sobre ese tema y te interesas de inmediato. Te involucras en la clase, haces preguntas y tomas notas. Este interés te impulsa a aprender más sobre el tema incluso después de la clase.

La motivación

La motivación es muy importante en la enseñanza. Cuando estás motivado, sientes que lo que haces tiene sentido y te esfuerzas más para lograrlo. Hay dos tipos de motivación: la **intrínseca** y la **extrínseca**.

Decimos que hay **motivación intrínseca** cuando haces algo porque te gusta o te divierte, sin necesidad de recibir recompensas externas. Es la que te impulsaría, por ejemplo, a practicar un deporte que te apasiona o leer un libro que te interesa. En cambio, la **motivación extrínseca** aparece cuando lo que quieres es obtener algo a cambio de realizar esa actividad, como dinero o regalos. Por ejemplo, se da cuando te portas bien para ganar una pegatina o estudias para que tus padres te premien.

La curiosidad

La curiosidad innata en los seres humanos. Es lo que nos impulsa a explorar y nos anima a aprender cosas nuevas.

Investigaciones recientes han demostrado que la curiosidad no solo facilita el aprendizaje, sino que también mejora nuestra capacidad para recordar lo que aprendemos. Esto se debe a varios factores:

- Cuando queremos descubrir la respuesta a algo que nos intriga, somos más hábiles para encontrarla.

- La curiosidad activa una parte del cerebro llamada «sistema de recompensa» que nos hace sentir bien y nos motiva a seguir explorando.

- Las personas curiosas muestran una mayor actividad en el hipocampo, una región cerebral importante para formar nuevos recuerdos.

Dentro del entorno educativo, los profesores son fundamentales para incentivar la curiosidad de sus alumnos. Si estos últimos son curiosos, estarán dispuestos a aprender, involucrarse en las tareas y poner todo su empeño para conseguir los objetivos, por lo que el aprendizaje les resultará más natural y sencillo.

LA REGULACIÓN EMOCIONAL

La **regulación emocional** en el aprendizaje es importante para el desarrollo académico y personal. Implica la capacidad de reconocer, comprender y gestionar nuestras propias emociones para adaptarnos de manera eficaz a las demandas del entorno. Esta habilidad nos permite gestionar de manera saludable emociones negativas como el estrés, mantener la motivación y mejorar nuestro rendimiento académico, lo cual, a su vez, puede hacernos experimentar **emociones positivas** clave en el aprendizaje.

Las emociones positivas

Cuando experimentamos emociones positivas mientras estamos aprendiendo, nuestro cerebro se encuentra en un estado óptimo para absorber, procesar y retener nueva información. Las emociones positivas, como la alegría o el entusiasmo, pueden **captar nuestra atención** y mantenernos comprometidos con la tarea en cuestión. Cuando nos involucramos emocionalmente en lo que estamos aprendiendo, somos más propensos a mantenernos **concentrados** en el material.

Estas emociones también pueden **mejorar la codificación y el almacenamiento** de la información en nuestra memoria. Cuando asociamos experiencias de aprendizaje con emociones positivas, como la diversión o el éxito, es más probable que recordemos esa información en el futuro. Por ejemplo, si aprendemos algo nuevo mientras estamos jugando, es más probable que recordemos esa información en el futuro.

Además, también pueden aumentar nuestra **motivación intrínseca** para aprender. Cuando nos sentimos emocionados, motivados, inspirados o satisfechos con nuestro propio progreso, estamos mucho más dispuestos a poner un esfuerzo adicional en nuestras tareas de aprendizaje.

Las emociones positivas también **contrarrestan los efectos negativos del estrés y la ansiedad** en el aprendizaje. Cuando nos sentimos felices, relajados y seguros, nuestro cerebro es más receptivo al aprendizaje. Esto puede ayudar a crear un ambiente de aprendizaje más positivo y productivo, donde nos sintamos más cómodos asumiendo riesgos y participando activamente en el proceso de aprendizaje.

Las emociones sociales

Estas emociones surgen en el contexto de las interacciones sociales y son cruciales en el proceso de aprendizaje, lo cual influye en nuestra manera de relacionarnos y en nuestro bienestar en el entorno escolar. Se hacen evidentes en situaciones como el trabajo en equipo, los debates o la colaboración en proyectos.

Por ejemplo, la **empatía** y la **gratitud** nos permiten establecer conexiones emocionales más profundas con los demás. Imagina que estás trabajando en equipo para una asignatura y tienes dificultades. Si un compañero se acerca y te ofrece su ayuda de forma desinteresada, te sentirás agradecido y esto fortalecerá vuestra relación. Además,

las experiencias sociales positivas contribuyen a nuestro bienestar emocional. Cuando nos sentimos aceptados e incluidos en grupos de estudio, nuestra **autoestima** y nuestra confianza aumentan.

Gracias a este tipo de emociones se crea un clima de aprendizaje mucho más enriquecedor. Cuando nos sentimos seguros y apoyados por nuestros profesores, estamos más dispuestos a participar de forma activa en clase y a contribuir al ambiente de colaboración dentro del aula.

EL SUEÑO Y EL RENDIMIENTO COGNITIVO

La conexión entre el sueño y el aprendizaje ha sido objeto de estudio de la investigación neurocientífica, que ha revelado que el sueño desempeña un papel esencial en la consolidación de la memoria. Durante el sueño, especialmente en las etapas de sueño profundo, se refuerzan las conexiones sinápticas y se consolida la información adquirida durante la vigilia. En otras palabras, el sueño contribuye significativamente a la fijación de nueva información en la memoria a largo plazo, como ya hemos podido ver en capítulos anteriores.

Desde una perspectiva teórica, la explicación es que el sueño favorece la reorganización y la optimización de las redes neuronales fortaleciendo las conexiones relevantes y eliminando aquellas menos importantes. Esto no solo mejora la retención de la información, sino que también facilita la recuperación y la aplicación eficiente del conocimiento adquirido.

Por ejemplo, imaginemos que estás aprendiendo un nuevo idioma. Estás dedicando tiempo y esfuerzo a memorizar vocabulario y comprender las reglas gramaticales del idioma. Sin embargo, te das cuenta de que hay momentos en los que la información parece escaparse de tu memoria y te preguntas cómo mejorar tu capacidad para retener y aplicar lo que estás aprendiendo. Para ello, decides comprometerte con un horario de **sueño consistente y de calidad.** Al hacerlo, estás aceptando la idea respaldada por la investigación neurocientífica de que el sueño desempeña un papel crucial en la consolidación de la memoria, y estás actuando en consecuencia. Al tomar esta medida, notas una mejora gradual en tu capacidad para recordar el nuevo vocabulario y aplicar las reglas gramaticales durante tus estudios, y a medida que mantienes hábitos de sueño saludables, experimentas una mayor claridad mental y una retención más sólida de la información aprendida.

En la **práctica,** los educadores pueden considerar cualquier estrategia que fomenten hábitos de sueño saludables entre los estudiantes. Por ejemplo, promover entornos propicios para el descanso, establecer horarios regulares de sueño como pauta y concienciar sobre su importancia resulta crucial. Además, es valioso reconocer que la calidad del sueño puede afectar directamente a la capacidad de los estudiantes para recordar y aplicar la información que se ha aprendido.

LA ATENCIÓN PLENA O *MINDFULNESS*

Imagina que estás en una clase, tratando de retener información y concentrarte en el material que se presenta. Sin embargo, tu mente divaga preocupándose por las tareas pendientes, como la lista de la compra que debes hacer después, o te distraes pensando en lo que harás durante el fin de semana. Estas situaciones son comunes y resaltan la importancia de desarrollar la atención plena en el aprendizaje para superar las distracciones y mejorar la retención y comprensión del material.

La **atención plena**, en el contexto educativo, se refiere a estar completamente presente y enfocado en la tarea o contenido en cuestión, sin dejar que las distracciones mentales interfieran. Esta práctica es cada vez más relevante en el ámbito del aprendizaje, ya que puede mejorar significativamente la experiencia educativa.

Uno de los principales beneficios es la **reducción del estrés**. El *mindfulness* nos permite abordar situaciones estresantes con mayor calma y claridad mental, ya que nos proporciona herramientas efectivas para manejar todo tipo de tensiones asociadas con el entorno académico. Imagina que estás a punto de presentarte a un examen importante. Practicar la atención plena te permitirá reconocer y gestionar conscientemente el estrés asociado empleando técnicas de respiración y enfoque en el momento presente para abordar la situación con mayor calma.

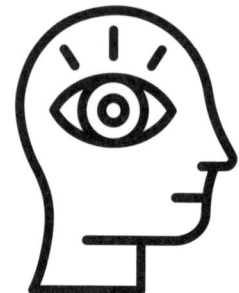

Además, esta práctica también contribuye a **mejorar la concentración**. Si entrenamos la mente para enfocarnos en el momento presente, es posible que experimentemos menos distracciones durante las clases y actividades de estudio. Esta mejora en la concentración se traduce en una mayor capacidad para absorber y retener información, lo que beneficia directamente nuestro proceso de aprendizaje. Por ejemplo, durante una clase, la atención plena te ayudará a mantener la atención en la explicación del profesor y evitar que tu mente divague hacia pensamientos no relacionados, por lo que te permitirá absorber la información de manera más efectiva.

Otro beneficio crucial es la **optimización de la memoria de trabajo.** La memoria de trabajo es esencial para retener y procesar información a corto plazo, que resulta fundamental en entornos educativos. La práctica de la atención plena ha demostrado fortalecer esta capacidad y potenciar la asimilación de conocimientos y la ejecución de tareas cognitivas. Esto se traduce en una mejor asimilación de conceptos clave.

La **reducción de la ansiedad** es otro aspecto relevante. Integrar prácticas de *mindfulness* en la rutina diaria puede ser una gran estrategia para disminuir los niveles de ansiedad. Este enfoque consciente en la respiración y el presente contrarresta los pensamientos ansiosos y resulta una herramienta valiosa para afrontar situaciones de evaluación con mayor calma y claridad mental. Por ejemplo, antes de una presentación importante, el *mindfulness* te ayudará a reducir la ansiedad haciendo que te centres en tu respiración y el presente.

Finalmente, estos ejercicios también fomentan el **autocontrol.** Al implicar la autorregulación y la toma consciente de decisiones, esta práctica contribuye al desarrollo de habilidades fundamentales para el aprendizaje. Incorporando la atención plena a nuestra vida podemos experimentar una mayor capacidad para manejar distracciones, mantener la disciplina en los hábitos de estudio y gestionar emociones de manera más efectiva.

El aprendizaje a lo largo de toda la vida

La adquisición de conocimientos y habilidades no se produce exclusivamente en la infancia o la juventud, sino que es un **proceso continuo** que abarca todas las etapas de la vida. Sin embargo, cada una de ellas presenta distintas características y necesidades, por lo que nuestra manera de comprometernos con el aprendizaje irá cambiando.

En la **primera infancia,** que comprende desde el nacimiento hasta los seis años aproximadamente, el aprendizaje se produce principalmente a través de la exploración del entorno, la interacción con los cuidadores y la experimentación. Los niños absorben conocimientos y adquieren habilidades fundamentales como el lenguaje, la motricidad y el pensamiento lógico de manera natural.

Durante la **primera infancia** y **adolescencia** el cerebro tiene gran plasticidad, por lo que es una etapa de aprandizaje máximo, aunque al carecer de madurez, lo más complejo o abstracto tendrá que esperar.

Durante la **juventud,** que abarca desde la adolescencia hasta los primeros años de adultez, el aprendizaje se centra en la adquisición de conocimientos académicos y habilidades sociales, y en el desarrollo de la identidad personal. Los jóvenes exploran diferentes áreas de interés, reciben educación formal en instituciones educativas y se preparan para enfrentar desafíos futuros.

En la **adultez,** que se extiende desde la entrada en la vida laboral hasta la mediana edad, el aprendizaje adquiere un carácter más aplicado y orientado hacia el desarrollo profesional y personal. Los adultos continúan adquiriendo conocimientos a través de la educación formal, la experiencia laboral, la formación continua y el aprendizaje autodirigido. También pueden enfrentarse a nuevas responsabilidades familiares y sociales que requieran habilidades de adaptación y resolución de problemas.

Finalmente, en la etapa de la **jubilación,** que marca el final de la vida laboral activa, el aprendizaje puede ser más informal y centrarse exclusivamente en intereses personales y actividades de ocio. Los adultos mayores pueden participar en actividades como cursos de arte, música, idiomas o actividades físicas que contribuyen a mantener su mente activa y su bienestar emocional.

Esta perspectiva del aprendizaje continuo reconoce la importancia de adquirir nuevos conocimientos y habilidades a medida que **evolucionan las tecnologías,** la **sociedad** y el **entorno laboral.**

LA ADAPTACIÓN A LOS CAMBIOS TECNOLÓGICOS Y LABORALES

En el mundo actual, marcado por rápidos avances tecnológicos, la adaptación a los cambios tecnológicos se ha convertido en una habilidad fundamental, ya que estos siguen avanzando a un ritmo vertiginoso. La capacidad para adaptarse a estas transformaciones no solo es esencial a nivel individual, sino también para empresas que buscan ser competitivas en entornos en **continua evolución.**

A nivel individual, adaptarse a los cambios tecnológicos implica estar dispuesto a aprender nuevas habilidades y actualizarse constantemente. Ponte en el lugar de alguien que trabaja en el campo de la programación de *software*. Al principio, puede haber aprendido un conjunto específico de lenguajes de programación y técnicas. Sin embargo, con la rápida evolución de la tecnología, surgirán nuevos lenguajes y enfoques. Aquí es donde entra en juego el aprendizaje continuo. Esta persona debe dedicar tiempo a aprender las últimas tendencias y tecnologías para seguir siendo relevante y competitiva en su campo.

Lo mismo se aplica a diversas profesiones. Por ejemplo, en el ámbito de la medicina, los avances en tratamientos y procedimientos quirúrgicos requieren que los profesionales de la salud se mantengan actualizados mediante **programas de aprendizaje continuo.** Esto garantiza que puedan ofrecer los mejores servicios y adoptar prácticas basadas en evidencia.

En el ámbito empresarial, la adaptación a los cambios tecnológicos implica la activación de nuevas tecnologías para mejorar la eficiencia y la productividad. Por ejemplo, una empresa que adopta soluciones de inteligencia artificial para la automatización de procesos puede experimentar beneficios significativos en términos de velocidad y precisión en sus operaciones.

La flexibilidad y la mentalidad abierta son fundamentales en el proceso de adaptación. Aquellos que están dispuestos a experimentar con nuevas tecnologías, aprender de los errores y ajustar sus enfoques en función de las tendencias emergentes estarán mejor situadas para prosperar en entornos cambiantes.

EL DESARROLLO PERSONAL Y EL BIENESTAR

La adquisición de nuevas habilidades y conocimientos no solo es beneficiosa para el crecimiento profesional, sino que también enriquece la vida personal, ya que añade un valor significativo al bienestar general. La disposición a explorar nuevos temas y participar en actividades diversas no solo amplía las capacidades de la persona, sino que también conlleva una serie de beneficios emocionales y psicológicos.

Por ejemplo, si decides aprender un nuevo idioma, como el francés, ya sea por razones personales o profesionales, a medida que te sumerjas en el proceso de aprendizaje del idioma, experimentarás una serie de beneficios que van más allá de adquirir una nueva habilidad lingüística.

En primer lugar, el aprendizaje de un nuevo idioma implica **desafíos cognitivos** que estimulan tu mente. La memorización de vocabulario, la comprensión de nuevas estructuras gramaticales y la práctica de la pronunciación requieren esfuerzo mental, lo que contribuye al mantenimiento de tu agudeza cognitiva.

Además, el dominio de un nuevo idioma te abre puertas a **nuevas experiencias** culturales. Al aprender francés, por ejemplo, puedes sumergirte en la literatura, la música, el cine y la gastronomía de Francia de una manera más profunda. Esta exploración cultural no solo enriquece tu perspectiva, sino que también puede generar un mayor sentido de conexión con la diversidad del mundo.

Por último, el proceso de aprender un nuevo idioma también tiene beneficios sociales. Tu capacidad de comunicarte en otra lengua facilita la conexión con personas de diferentes culturas y con distintos antecedentes. Esta ampliación de tu **red social** puede tener impactos positivos en tu vida personal y profesional, y brindarte oportunidades para colaborar, crear nuevas amistades y adquirir experiencias interculturales.

LA FLEXIBILIDAD Y LA RESILIENCIA

Las personas que adoptan el hábito de aprender de manera continua experimentan una serie de beneficios que superan la adquisición de conocimientos específicos. Este enfoque hacia el aprendizaje constante contribuye a desarrollar una mentalidad más flexible y resiliente, características fundamentales para enfrentar los desafíos y cambios inesperados que la vida puede presentar.

En primer lugar, el proceso de aprender constantemente nutre una mentalidad flexible. La exposición a nuevas ideas, información y perspectivas fomenta la **capacidad de**

adaptación a diferentes situaciones. Este enfoque tan abierto hacia el aprendizaje facilita la asimilación de conocimientos diversos y la integración de distintas formas de pensar, lo cual nos permite abordar los desafíos desde múltiples perspectivas.

Además, la resiliencia se fortalece a medida que uno se enfrenta a nuevos aprendizajes y supera obstáculos. La experiencia de abordar y tener que superar desafíos en el proceso de aprendizaje crea una base sólida para afrontar situaciones adversas en otros aspectos de la vida. Las personas acostumbradas a aprender continuamente desarrollan la capacidad de recuperarse rápidamente de contratiempos, ajustando sus estrategias y avanzando sin cesar.

Un ejemplo práctico de este principio podría ser una persona que, a lo largo de su vida, ha explorado diferentes campos de conocimiento, desde aprender a tocar un instrumento musical hasta el interés en temas científicos o tecnológicos. Esta diversidad de aprendizajes no solo amplía su base de conocimientos, sino que también le proporciona las herramientas mentales necesarias para abordar diferentes situaciones con confianza y resiliencia.

El ritmo de aprendizaje

Cuando hablamos de ritmo de aprendizaje, nos referimos a la velocidad con la que asimilamos nueva información, y esto influye directamente en nuestras habilidades y aptitudes en el proceso educativo. Para entenderlo mejor, imaginemos una clase donde el profesor explica cómo resolver un problema. Al principio, la mitad de los estudiantes lo comprende, pero los demás, no. Después de algunas explicaciones adicionales, finalmente todos lo entienden. Al final, todos han logrado comprender la información, pero cada uno ha llevado un ritmo de aprendizaje diferente: rápido, moderado o lento.

Las personas con un ritmo de aprendizaje **rápido** captan conceptos, instrucciones y explicaciones de inmediato. Tienen la capacidad de memorizar y retener información al instante, y muestran gran motivación, autoestima y disfrute por aprender.

El ritmo de aprendizaje **moderado** es el más común. Estas personas retienen información sin grandes dificultades, cumplen objetivos y no suelen tener muchas dudas.

En cambio, aquellos con ritmo de aprendizaje **lento** se enfrentan a grandes desafíos para adquirir conocimientos y pueden necesitar más de una explicación. Pueden tener dificultades de concentración, baja motivación o problemas para memorizar y retener información.

Es crucial entender que el tiempo que una persona necesita para aprender no define su capacidad cognitiva ni su potencial. Hay factores, como los gustos, la motivación, el entorno familiar, el desarrollo cognitivo y la estimulación, que influyen en el proceso. Respetar estos ritmos es esencial para **evitar experiencias frustrantes** o negativas que puedan afectar el proceso de aprendizaje y las relaciones.

Etiquetar a alguien por su ritmo de aprendizaje, ya sea lento, moderado o rápido, puede tener consecuencias negativas. Por ejemplo, etiquetar a alguien con un ritmo lento como torpe puede dañar su autoestima y desmotivarlo. Además, es importante destacar que las personas con ritmos más rápidos también pueden tener problemas si no se respetan sus necesidades y se les somete a demandas excesivas, lo que podría afectar negativamente su autoestima y generar estrés.

LAS CONSECUENCIAS DE FORZAR EL APRENDIZAJE

En nuestra sociedad, a menudo se nos inculca la idea de que aprender habilidades desde temprana edad nos hará más inteligentes. Sin embargo, esta premisa puede llevarnos por un camino equivocado, ya que forzar el aprendizaje antes de tiempo puede generar sufrimiento a largo plazo en lugar de beneficios.

El proceso de aprendizaje está estrechamente vinculado al desarrollo cognitivo, y cada etapa de nuestra vida tiene características y ritmos propios. Por ejemplo, la capacidad para aprender a leer suele aparecer cuando el cerebro alcanza un nivel específico de madurez, que generalmente ocurre entre los seis y los siete años. Ignorar estos **tiempos naturales** de maduración puede llevar a que los niños enfrenten desafíos que son innecesarios y experimenten **frustración** al tratar de dominar habilidades para las cuales aún no están preparados.

Si exponemos a alguien a exigencias prematuras, es probable que la persona se bloquee y pierda el interés, ya que está enfrentándose a dificultades superiores a sus capacidades actuales. Además, la presión para aprender rápidamente puede generar miedo al error y afectar negativamente a la confianza en las propias habilidades y la disposición para enfrentar nuevos desafíos.

Los estilos de aprendizaje

Desde nuestros primeros días de vida, nos sumergimos en el proceso de aprendizaje absorbiendo información de nuestro entorno a través de los sentidos. Cada uno de estos sentidos actúa como un portal que nos conecta con el mundo que nos rodea. Posteriormente, todos los estímulos captados se interpretan mediante **procesos cognitivos**, tanto **básicos (percepción, memoria y atención)** como **superiores (pensamiento, lenguaje e inteligencia)**.

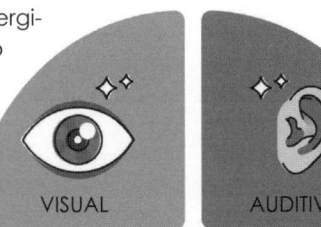

El aprendizaje, lejos de ser un proceso homogéneo, se revela como profundamente individual. Cada persona, en función de sus experiencias y características únicas, construye su propio camino de aprendizaje. Este enfoque personal se manifiesta a través de lo que conocemos como «estilos de aprendizaje», que son **estrategias** empleadas para adquirir conocimientos. Es decir, son como el «idioma preferido» de nuestra mente, el que determina la manera de la que preferimos recibir y procesar nueva información. Estas preferencias no solo afectan a nuestra forma de comprender, sino que también influyen en nuestra retención y aplicación del conocimiento. Por ejemplo, al enfrentarse a la tarea de configurar un nuevo televisor, algunos optarán por leer detenidamente el manual, mientras que otros se aventurarán a explorar todos los botones del mando a distancia para descubrir cómo funciona.

Para comprender y explicar estas preferencias de aprendizaje, se han llevado a cabo numerosas investigaciones y se han desarrollado diversos modelos en los que se clasifican las distintas formas de las que aprendemos los seres humanos. Gracias a estos estudios, los investigadores han logrado desentrañar el funcionamiento de nuestra memoria y cómo nuestra experiencia individual influye en este proceso personal de asimilación de conocimientos. En este caso, vamos a centrarnos en el modelo **visual-auditivo-kinestésico (VAK)**, también denominado **programación neurolingüística (PNL)**, cuyos autores fueron Richard Bandler y John Grinder. En él se señala que existen personas que se sienten más cómodas con la riqueza visual de los gráficos y las imágenes **(estilo visual)**, mientras que otras se sumergen mejor en el contenido auditivo de las explicaciones verbales **(estilo auditivo).** Por otro lado, existen personas que valoran el movimiento y la experiencia práctica **(estilo kinestésico)** en lugar de sumergirse en la palabra escrita y sus detalles a través del aprendizaje lector/escritor.

Reconocer estos estilos no solo proporciona una mayor comprensión sobre cómo cada individuo aborda el aprendizaje, sino que también permite adaptar las estrategias educativas para maximizar su efectividad. La comprensión de los estilos de aprendizaje permite a educadores y estudiantes personalizar los métodos de estudio y crear un ambiente de aprendizaje más efectivo y centrado en las preferencias individuales. En esencia, los estilos de aprendizaje son las rutas que seguimos para navegar por el conocimiento, y seguirán el rumbo de nuestras preferencias innatas.

Además, es importante tener en cuenta que estas preferencias pueden variar en intensidad y que muchos individuos pueden utilizar estilos de aprendizaje diferentes en distintas situaciones.

EL ESTILO VISUAL

Las personas con estilo visual piensan en imágenes y las relacionan con ideas y conceptos. Este sistema tiende a ser el dominante en la mayoría de personas. En este estilo la información se procesa y asimila a través de **imágenes, gráficos, diagramas** y otros elementos visuales. Para aquellos que tienen este estilo dominante, la información se vuelve más significativa y fácil de recordar cuando se les presenta de manera visual.

La clave para aprovechar este estilo de aprendizaje es incorporar estrategias visuales efectivas en el proceso educativo, desde tablas y gráficos hasta mapas y vídeos. Estas herramientas no solo facilitan la comprensión: también hacen que la experiencia de aprendizaje sea más atractiva para aquellos que prefieren procesar la información de manera visual.

Supón que eres una persona con un estilo visual de aprendizaje que está tratando de comprender un concepto complejo, como el sistema solar. En lugar de leer largos párrafos de texto, aprenderás mejor observando un diagrama detallado que muestre la disposición y las relaciones entre los planetas. Los mapas conceptuales, las infografías y los esquemas son herramientas efectivas para aquellos con un estilo visual, ya que proporcionan una representación gráfica de la información.

CARACTERÍSTICAS DEL ESTILO DE APRENDIZAJE VISUAL
¿Eres una persona con estilo de aprendizaje visual? Este tipo de individuos se caracterizan por lo siguiente:

- **Gran capacidad para recordar imágenes.** Las personas visuales tienden a recordar con mayor facilidad la información que se les presenta en forma de imágenes, gráficos, diagramas o mapas visuales.

- **Gusto por la lectura de gráficos y mapas.** Prefieren materiales que incluyan elementos visuales, como gráficos, mapas conceptuales o diagramas, y encuentran que estos recursos facilitan su comprensión.

- **Buen sentido de la orientación espacial.** Tienen una habilidad natural para comprender y recordar la disposición espacial de objetos, conceptos o información.

- **Aprendizaje efectivo a través de vídeos y demostraciones.** Aprovechan al máximo los recursos visuales, como vídeos educativos, demostraciones visuales o presentaciones multimedia, para asimilar conceptos y procesos.

- **Dificultad para seguir instrucciones verbales sin elementos visuales.** Pueden encontrar desafiante seguir instrucciones verbales largas y prefieren tener información respaldada visualmente.

- **Creatividad visual.** Son propensos a expresar sus ideas y pensamientos a través de imágenes, dibujos o esquemas visuales.

- **Preferencia por colores y diseños atractivos.** Suelen sentirte atraídos por materiales visuales con colores llamativos y diseños visuales interesantes.

- **Mejora del rendimiento con apuntes visuales.** Tomar apuntes en forma de diagramas o esquemas puede ser más efectivo para ellos que depender solo de notas escritas.

- **Facilidad para recordar caras y lugares.** Tienen una memoria visual fuerte y pueden recordar caras, lugares y detalles visuales con facilidad.

- **Habilidad para encontrar soluciones.** Tienden a abordar los problemas pensando en soluciones visuales y pueden ser hábiles identificando patrones visuales en datos o información.

EL ESTILO AUDITIVO

Este estilo de aprendizaje implica una preferencia marcada por procesar información a través del sentido del oído. Estas personas tienen gran facilidad para organizar mentalmente las ideas y expresarlas verbalmente.

En este caso, piensa en alguien que, cuando estudia para un examen, encuentra más útil grabar sus apuntes y luego escuchar la grabación mientras realiza otras actividades. Este enfoque le permite absorber la información a través del sentido del oído y mejorar su retención de la información.

CARACTERÍSTICAS DEL ESTILO AUDITIVO

¿Eres una persona con estilo de aprendizaje auditivo? Este tipo de individuos se caracterizan por lo siguiente:

- **Participación en discusiones grupales.** Las personas con un estilo auditivo suelen destacar en entornos donde hay discusiones grupales o clases en las que se fomenta la interacción verbal.

- **Memorización a través de canciones o ritmos.** Pueden encontrar más fácil memorizar información cuando se presenta de manera melódica o rítmica. Por ejemplo, recuerdan letras de canciones con facilidad.

- **Preferencia por instrucciones verbales directas.** En situaciones de aprendizaje, pueden beneficiarse más de instrucciones verbales directas que de explicaciones detalladas.

- **Dificultad con la lectura silenciosa.** Aunque pueden leer bien, a veces encuentran más beneficioso leer en voz alta para mejorar la comprensión y retención.

- **Participación activa en charlas y conferencias.** Les resulta valioso participar activamente en charlas, conferencias o presentaciones, ya que el acto de escuchar refuerza su comprensión.

- **Recuerdo de detalles verbales.** Son propensos a recordar detalles específicos que han escuchado en lugar de detalles visuales o escritos.

- **Utilización de mnemotecnia auditiva.** Pueden emplear técnicas de mnemotecnia basadas en sonidos o ritmos para recordar información clave.

EL ESTILO KINESTÉSICO

El estilo kinestésico de aprendizaje se caracteriza por la conexión directa con las sensaciones y el movimiento físico. Las personas que se identifican con este estilo encuentran más eficaz el proceso de aprendizaje cuando pueden manipular activamente los elementos relacionados con la materia que están estudiando. En esencia, se trata de un enfoque práctico y experiencial que se aleja de métodos más pasivos, como el estudio teórico de lectura.

Las personas con un estilo kinestésico tienden a disfrutar del movimiento y participar en actividades físicas. Les resulta más fácil comprender y retener información cuando pueden aplicarla a través de diversos gestos, la manipulación de objetos o cualquier forma de actividad física que les permita experimentar de manera directa con el contenido de estudio.

En el ámbito educativo, este enfoque implica la necesidad de incorporar elementos prácticos y actividades físicas a lo largo del proceso de enseñanza. Por ejemplo, realizar experimentos prácticos en el aula o en casa, actividades de laboratorio, simulaciones o incluso juegos que involucren movimiento puede mejorar significativamente la comprensión y retención de información para aquellos que se identifiquen con un estilo kinestésico.

CARACTERÍSTICAS DEL ESTILO KINESTÉSICO

¿Eres una persona con estilo de aprendizaje kinestésico? Algunas de las características más destacadas de este estilo son las siguientes:

- **Necesidad de experimentar.** Tienen una fuerte inclinación hacia la experiencia directa. Aprender a través de la experimentación y la aplicación práctica de conceptos les resulta más efectivo que simplemente recibir información de manera pasiva.

- **Dificultad para concentrarse sin actividad física.** Pueden tener dificultades para mantener la concentración si la actividad de aprendizaje carece de elementos físicos o prácticos. La inactividad puede resultarles tediosa y desafiante.

- **Habilidad para recordar mediante la acción.** Tienen una memoria kinestésica notable. Recuerdan mejor cuando están activamente involucrados en la acción. Asociar movimientos o gestos específicos con la información contribuye a una retención más efectiva.

- **Inquietud durante períodos prolongados de sedentarismo.** Pueden sentirse inquietos o incómodos cuando se ven obligados a permanecer mucho tiempo sentados sin la oportunidad de participar en actividades físicas.

- **Fuerte respuesta emocional a la práctica.** Las experiencias físicas y prácticas generan una respuesta emocional positiva, lo que contribuye a un aprendizaje más significativo y satisfactorio.

- **Buena coordinación motora.** Suelen tener una coordinación motora fina y gruesa desarrollada, lo que facilita la realización de actividades físicas y manipulativas con destreza.

- **Habilidad para aprender a través del tacto.** Comprenden y retienen mejor la información que se puede tocar, sentir o manipular físicamente que la información puramente teórica.

- **Desarrollo de habilidades a través de la práctica repetida.** A menudo, necesitan practicar repetidamente para consolidar el aprendizaje. La repetición de acciones físicas contribuye a la formación de patrones de memoria y habilidades.

La tecnología en nuestra vida y en el aprendizaje

La tecnología está presente hoy en día en todos los aspectos de nuestra vida diaria; ha transformado la manera de la que nos conectamos con el mundo y realizamos nuestras actividades cotidianas.

En primer lugar, la **comunicación** experimentó una revolución con la llegada de los teléfonos inteligentes. Ahora podemos enviar mensajes instantáneos, realizar videollamadas y conectarnos con personas de todo el mundo de manera inmediata.

Las redes sociales han transformado la manera en que compartimos nuestras experiencias y nos relacionamos con amigos y familiares. La información se difunde en un instante, lo cual amplía nuestras conexiones más allá de las fronteras físicas. Además, la posibilidad de trabajar desde casa también se ha convertido en una realidad gracias a la tecnología. Plataformas de videoconferencia y herramientas colaborativas facilitan el teletrabajo.

Los **asistentes virtuales,** han simplificado gran parte de nuestras tareas diarias y han cambiado nuestra interacción cotidiana con la tecnología, ya que permiten desde establecer recordatorios hasta controlar dispositivos domésticos. Además, la presencia de los códigos QR en productos y publicidad ha simplificado el acceso a información relevante. Por ejemplo, solo tenemos que escanear el código del prospecto de unas pastillas para conocer los detalles esenciales sobre el medicamento.

En el ámbito del **transporte** hay aplicaciones que han revolucionado la movilidad. Solicitar un vehículo, rastrear la llegada del conductor y realizar pagos *online* se ha vuelto más sencillo que nunca. Asimismo, **las plataformas de *streaming*** han transformado la forma en que consumimos contenido. Acceder a películas, series y música en cualquier momento y lugar es ahora una realidad.

Por último, la tecnología ha cambiado la forma en que **aprendemos** de manera significativa. Ahora podemos acceder a información de todo el mundo con solo unos clics. ¿Te imaginas estudiar matemáticas de una manera que se adapte a tu ritmo, ajustándose a tus propias necesidades?

El **acceso a la información** ha cambiado radicalmente y se ha democratizado de manera significativa. Ahora podemos encontrar recursos por internet, explorar bibliotecas digitales y acceder a plataformas educativas desde cualquier rincón del mundo. Este avance ha abierto un abanico de oportunidades para el aprendizaje eliminando barreras geográficas y proporcionando un acceso más equitativo al conocimiento.

Uno de los aspectos más destacados de la tecnología educativa es su capacidad para ofrecer **aprendizaje personalizado**. Gracias a sus algoritmos de aprendizaje automático, las plataformas *online* pueden adaptarse a las necesidades individuales de cada uno. La inteligencia artificial ayuda a proporcionar contenido personalizado, tareas y evaluaciones que se ajustan al ritmo y estilo de aprendizaje de cada persona, y permiten aplicar un enfoque más eficaz en la adquisición de conocimientos.

La **colaboración a nivel global** ahora es más sencilla gracias a las herramientas de comunicación *online* y las plataformas colaborativas. Puedes trabajar con otras personas que se encuentran en distintas partes del mundo, participar en videoconferencias y contribuir en foros virtuales. Este intercambio global de ideas no solo enriquece la experiencia de aprendizaje, sino que también fomenta la construcción colectiva de conocimiento y promueve un ambiente colaborativo y diverso.

La dopamina, clave en nuestro aprendizaje

La dopamina, un neurotransmisor crucial en el cerebro, desempeña un papel fundamental en el proceso de aprendizaje, ya que influye en la motivación, la atención y la memoria. Este compuesto químico está asociado con la motivación, la recompensa y la regulación de diversas funciones cerebrales, lo que lo convierte en un elemento clave para la adquisición de nuevos conocimientos.

En el contexto del **aprendizaje**, la liberación de dopamina actúa como un sistema de recompensa. Cuando experimentamos situaciones placenteras o alcanzamos metas, los niveles de dopamina aumentan y se generan sensaciones de satisfacción y felicidad. Este refuerzo positivo crea una asociación entre la actividad realizada y la sensación de bienestar que nos motiva a repetir ese comportamiento.

Además, desempeña un papel esencial en la **atención** y la **concentración**. La liberación de este neurotransmisor en áreas específicas del cerebro, como la corteza prefrontal, está asociada con la capacidad de mantener el enfoque mental y la atención en una tarea determinada. Por tanto, unos niveles adecuados de dopamina favorecen el estado de alerta que facilita el proceso de aprendizaje.

En el ámbito de la **memoria**, la dopamina contribuye a la consolidación de la información. Se ha demostrado que esta sustancia mejora la formación de recuerdos, ya que facilita la comunicación entre las neuronas y promueve la creación de nuevas conexiones sinápticas. Así, la dopamina no solo influye en la motivación para aprender, sino que también potencia la retención y recuperación de la información.

Es importante destacar que un equilibrio adecuado en los niveles de dopamina es crucial para un aprendizaje efectivo. Tanto una deficiencia como un exceso de este neurotransmisor puede afectar negativamente el proceso de aprendizaje. Por ejemplo, en situaciones de baja dopamina, se puede experimentar falta de motivación, dificultades de concentración y problemas para retener información. Por otro lado, un exceso de dopamina puede llevar a comportamientos impulsivos o distracciones que afectan a la calidad del aprendizaje.

LA DOPAMINA DIGITAL

Cada vez más jóvenes muestran adicciones a las nuevas tecnologías, que pueden alterar el cerebro y afectar a su salud mental, ya que influyen en el comportamiento y el funcionamiento cerebral, especialmente en el sistema límbico, el responsable de regular las emociones y los impulsos a través de hormonas como la dopamina, la serotonina y la noradrenalina.

El uso excesivo de aparatos tecnológicos como los teléfonos móviles y las redes sociales libera dopamina en el cerebro y crea un **ciclo de recompensa inmediata.** Este **comportamiento adictivo** se asemeja al que aparece con las drogas: genera una búsqueda constante de placer y cambios de interés. Pongamos el caso de que estás usando una red social: cada «me gusta», comentario o notificación que recibes en tu perfil activa la liberación de dopamina en el cerebro y genera una sensación de recompensa. Esta respuesta positiva refuerza que sigas utilizando plataformas digitales y crea un ciclo de recompensa que te motiva a seguir navegando en esa red.

Además, esta dinámica también tiene consecuencias en la concentración y la atención. La omnipresencia de los dispositivos digitales ha hecho que la capacidad de concentración de las personas disminuya. Las notificaciones constantes, la rápida sucesión de datos y la búsqueda constante de estímulos visuales y auditivos contribuyen a que la **atención sostenida** sea **menor.** Por ejemplo, cuando recibes una notificación en tu teléfono y la revisas, experimentas una liberación instantánea de dopamina. Este proceso puede interrumpir una tarea que requiere concentración, dividir nuestra atención y afectar negativamente a nuestra capacidad para completar la tarea con eficacia.

La prevención de la sobreestimulación digital y, con ello, del exceso de liberación de dopamina en el cerebro es esencial y se puede conseguir con diversas medidas en el ámbito familiar y escolar. Entre ellas, están las siguientes:

- **Establecer límites de tiempo.** Limitar el tiempo diario que se pasa frente a pantallas, como las de los teléfonos móviles, ordenadores y *tablets*. Por ejemplo, se puede establecer un tiempo máximo de una hora al día para el uso de redes sociales o juegos *online*.

- **Fomentar actividades *offline*.** Promover actividades que no impliquen el uso de tecnología, como deportes, manualidades, leer libros o jugar a juegos de mesa en familia. Estas actividades ayudan a reducir la dependencia de la tecnología y a diversificar las fuentes de placer y entretenimiento.

- **Crear espacios sin tecnología.** Lo mejor es establecer zonas libres de dispositivos electrónicos en casa, como la mesa durante las comidas o la habitación antes de dormir. Esto ayuda a limitar la exposición constante a estímulos digitales y fomenta la desconexión.

- **Fomentar el contacto social real.** Incentivar la interacción cara a cara con amigos y familiares en lugar de comunicarse exclusivamente a través de redes sociales o mensajes de texto. Organizar actividades sociales donde se pueda disfrutar de la compañía de otros sin depender de la tecnología.

- **Educar sobre el uso saludable de la tecnología.** Hablar abiertamente sobre los efectos del uso excesivo de la tecnología en el cerebro y la salud mental. Explicar la importancia de equilibrar el tiempo frente a pantallas con otras actividades para mantener un estilo de vida saludable y equilibrado.

La metacognición

Este concepto se refiere a nuestra capacidad para comprender, controlar y regular nuestro propio proceso de pensamiento. En otras palabras, es la capacidad de pensar acerca de cómo pensamos, y va más allá de la simple adquisición de conocimientos; implica una **reflexión consciente** sobre cómo abordamos la información, resolvemos problemas y tomamos decisiones.

Para entender mejor el concepto de metacognición, imagina que estás estudiando para un examen. La metacognición implica reflexionar sobre cómo estás abordando ese estudio. Hacerte preguntas como: «*¿Cuál es la mejor estrategia para aprender esta información?*», «*¿He entendido realmente lo que acabo de leer?*» o «*¿Necesito repasar este tema antes de pasar al siguiente?*» son ejemplos de procesos metacognitivos que aplicamos en el día a día.

Un ejemplo más concreto podría ser cuando en el colegio te enfrentabas a un problema en un examen de matemáticas. En ese caso, la metacognición te llevaría a pensar en tu manera de abordarlo respondiendo preguntas como: «*¿Estoy utilizando la fórmula correcta?*» o «*¿Es necesario desglosar el problema paso a paso?*».

La metacognición es esencial para mejorar el aprendizaje y tomar decisiones de manera más efectiva. Si eres consciente de tus propios procesos mentales, podrás identificar y corregir errores, ajustar tus estrategias de estudio y mejorar continuamente tus habilidades cognitivas. Esta capacidad tiene tres componentes principales: **conocimiento, experiencia y estrategias.**

EL CONOCIMIENTO

La primera dimensión de la metacognición nos lleva a reflexionar sobre nuestra propia forma de interactuar con la información, aprender y abordar el proceso de adquisición de nuevos conocimientos. Es decir, nos invita a mirar más allá del contenido específico que estamos aprendiendo y dirigir nuestra atención hacia cómo estamos abordando el aprendizaje en sí mismo. Esto implica examinar nuestros métodos de estudio, estrategias de aprendizaje, niveles de concentración y enfoque, así como nuestra actitud y motivación hacia la tarea de adquirir nuevos conocimientos. No es una pérdida de tiempo, sino un pensamiento a largo plazo.

Ser **conscientes** de cómo interactuamos con la información nos permite identificar qué enfoques son más efectivos para nosotros y cuáles pueden necesitar ajustes. Por ejemplo, algunas personas pueden descubrir que aprenden mejor mediante la lectura y tomando notas, mientras que otros prefieren aprender a través de la práctica activa o la discusión con otros.

Además, esta consciencia nos ayuda a cultivar una mentalidad de crecimiento y adoptar una actitud positiva hacia el aprendizaje. Esto implica estar abiertos a experimentar, cometer errores y aprender de ellos, así como persistir ante los desafíos y mantener una motivación intrínseca para seguir aprendiendo y creciendo.

Finalmente, al **reflexionar** sobre cómo aprendemos, podemos reconocer nuestros propios puntos fuertes y áreas de mejora. Esto nos da la oportunidad de desarrollar estrategias más efectivas para abordar nuevas tareas de aprendizaje y enfrentarnos a los desafíos de manera más eficiente.

LA EXPERIENCIA

La segunda dimensión de la metacognición destaca la importancia de la experiencia, un componente fundamental para adquirir conocimiento a través de emociones y vivencias. En este contexto, enfrentarte a diversas situaciones y aprender de ellas contribuye significativamente a tu desarrollo personal y a tu capacidad de reflexionar sobre el propio proceso de aprendizaje.

Por ejemplo, imagina que estás haciendo un curso de diseño gráfico. Al inicio del curso, tienes ciertas expectativas y quizás algunas aprensiones sobre tu capacidad para comprender y aplicar los conceptos de diseño, pero después, a medida que avanzas en el curso, te enfrentas a desafíos específicos, como aprender nuevas herramientas de *software* y acometer proyectos creativos, que potencian esta área de la metacognición.

Afrontar situaciones específicas

Durante una de las clases, te proponen la tarea de crear un póster publicitario utilizando todas las técnicas que has aprendido. Aquí es donde la metacognición se manifiesta. En lugar de realizar la tarea mecánicamente, reflexionas sobre tu experiencia: «¿*Cómo puedo* aplicar de manera efectiva las herramientas que he aprendido hasta ahora? ¿Qué enfoque creativo puedo adoptar para que mi diseño destaque?».

Aprender de la experiencia

Al completar la tarea, experimentas una serie de emociones y evalúas personalmente tu propio trabajo. Puede que te sientas satisfecho con ciertos aspectos de tu diseño, pero también identificas áreas que podrían mejorarse. Este proceso de autorreflexión es esencial en la metacognición. Aprendes no solo al ejecutar la tarea, sino también al evaluar críticamente tu propio desempeño.

Desarrollo personal y guía para el futuro

La experiencia de crear el póster no solo te brinda conocimientos prácticos sobre diseño gráfico, sino que también contribuye a tu desarrollo personal. Te das cuenta de tus fortalezas y debilidades, lo que influye en cómo abordarás tareas similares en el futuro. La próxima vez que te enfrentes a un diseño, recordarás la experiencia anterior y ajustarás tus estrategias según lo que hayas aprendido.

LAS ESTRATEGIAS

La tercera dimensión de la metacognición destaca la importancia de las estrategias, qué son los mecanismos automáticos que activamos para alcanzar nuestros objetivos. Estas estrategias se desarrollan a partir del conocimiento adquirido y la experiencia acumulada a lo largo del tiempo. Son como herramientas mentales que utilizamos para superar obstáculos y mejorar nuestro rendimiento en diversas actividades. Entre ellas, podemos encontrar la estrategia de establecer horarios específicos, dedicar un tiempo concreto o mantener una actitud positiva.

Empecemos con la primera estrategia: **establecer horarios específicos** de estudio. Supón que estás preparándote para un examen importante. Dedicar un tiempo concreto y mantener una actitud positiva son estrategias que nos ayudan a rendir mejor. La tuya es determinar un horario específico de estudio todos los días y asignar bloques de tiempo a cada materia. Al hacerlo, reflexionas sobre la eficacia de la organización del tiempo. Por ejemplo, puedes preguntarte: «¿Estoy dedicando suficiente tiempo a cada tema? ¿Necesito ajustar mi plan de estudio?».

Para la segunda estrategia, **dedicar un tiempo concreto,** piensa en cuando tienes una tarea muy extensa en el trabajo. Optas por dedicar un tiempo concreto a concentrarte para trabajar en esa tarea minimizando distracciones. Mientras trabajas, te detienes en alguna ocasión para reflexionar sobre tu planteamiento: «¿Estoy siendo suficientemente productivo? ¿Necesito ajustar mi estrategia para maximizar mi eficiencia?».

Por último, está la tercera estrategia: **mantener una actitud positiva**. Imagina que te enfrentas a un examen que parece imposible, pero decides mantener una actitud positiva, concentrarte en los aspectos que puedes controlar y abordar los desafíos de manera constructiva. Al terminar el examen, reflexionas sobre cómo ha influido tu actitud en tu rendimiento: «¿*Cómo* ha afectado mi mentalidad positiva a mi capacidad para resolver problemas? ¿Puedo aplicar esta estrategia en otras situaciones?».

Estos ejemplos ilustran cómo las estrategias, cuando se aplican conscientemente, se convierten en parte integral del proceso de metacognición.

Los trastornos del aprendizaje

Los trastornos del aprendizaje representan desafíos específicos a los que algunos de nosotros nos enfrentamos durante nuestro proceso educativo a pesar de que nuestra motivación e inteligencia general están dentro de la norma. Estas dificultades pueden manifestarse de diversas maneras, por lo que identificar los **síntomas** es crucial para poder abordar los problemas de manera adecuada.

La dificultad con la **orientación espacial** es uno de los signos distintivos. Las personas con este trastorno pueden tener problemas para distinguir entre derecha e izquierda, lo que afecta su capacidad para comprender la disposición y relación de objetos en el espacio. Por ejemplo, piensa en un niño en una clase de Educación física donde se le pide realizar una coreografía sencilla siguiendo pasos indicados con las palabras izquierda y derecha.

La **inversión de letras, palabras o números** es otra manifestación común. Incluso después de secundaria, algunas personas pueden experimentar confusión al leer o escribir, lo que dificulta la adquisición de habilidades fundamentales de lectura y escritura. En este caso, imaginemos a un estudiante que, a pesar de tener un nivel académico general adecuado, tiene dificultades porque invierte letras y números. En una clase de literatura, al leer en voz alta, el estudiante podría confundir las letras *b* y *d* o los números *6* y *9*, lo que afectaría a su capacidad para comprender y comunicar de manera efectiva la información del texto. Esto dificulta el proceso de adquirir habilidades fundamentales de lectura y escritura, ya que la inversión de elementos básicos dificulta la interpretación correcta de palabras y números.

El **reconocimiento de patrones** también puede ser un gran desafío. Hay gente que tiene dificultades para identificar similitudes o diferencias entre objetos, lo que puede afectar a su capacidad para comprender conceptos que sean abstractos y aplicarlos en diversas situaciones.

Por ejemplo, en una clase de arte, un estudiante con este tipo de dificultad podría tener problemas para identificar las similitudes visuales entre diferentes estilos artísticos o para comprender cómo ciertos elementos se repiten en varias obras. A pesar de las explicaciones detalladas del profesor sobre las características distintivas de un movimiento artístico, el estudiante podría encontrar complicado distinguir patrones comunes, como la paleta de colores preferida de ciertos artistas o las técnicas recurrentes en diversas piezas. Esta dificultad para reconocer patrones no solo afecta su capacidad para apreciar plenamente el arte, sino que también limita su habilidad para aplicar estos conceptos en sus propias creaciones.

La **dificultad para seguir instrucciones** es otro aspecto que se debe considerar. Las personas afectadas encuentran desafiante comprender y recordar información, lo que impacta negativamente en su rendimiento académico y su capacidad para completar tareas de manera efectiva.

Ahora, imagina a un estudiante en una clase de ciencias donde el profesor explica paso a paso un experimento. Aunque las instrucciones son claras, el estudiante tiene dificultades para seguir el proceso correctamente. Puede olvidar pasos cruciales, confundir el orden de las acciones o tener problemas para retener información relevante. Esta dificultad para seguir instrucciones afecta al rendimiento académico, ya que el estudiante no logra completar las tareas de manera efectiva. Por ejemplo, podría omitir pasos importantes en un informe de laboratorio, lo que afectaría a la calidad de su trabajo y su comprensión de los conceptos científicos. Esta dificultad no solo influye en la ejecución de tareas académicas, sino que también puede tener efectos en los ámbitos de la vida cotidiana en los que seguir instrucciones precisas es esencial.

También puede aparecer **falta de coordinación motora**. Las dificultades para realizar tareas manuales básicas como escribir, recortar o dibujar no solo afecta a la ejecución de actividades prácticas, sino también a la expresión de ideas y a la participación en diversas labores más académicas.

Por ejemplo, piensa en un niño haciendo manualidades. La tarea es recortar formas simples para crear un *collage*. Sin embargo, debido a la falta de coordinación motora, el pequeño tiene dificultad para seguir las líneas precisas, lo que resulta en recortes irregulares y menos precisos de lo esperado. Este desafío no solo afecta a la calidad del trabajo, sino que también puede generar frustración en el niño, ya que se da cuenta de que su habilidad para realizar tareas manuales es limitada. Además, ese mismo niño se puede enfrentar a grandes obstáculos en situaciones más académicas. Durante una prueba escrita, la falta de coordinación motora se traduce en una escritura desigual, con letras mal formadas y dificultad para mantener un ritmo constante. Esto influye en la legibilidad del texto y también a la velocidad con la que el estudiante puede completar la prueba, lo cual tiene un efecto directo sobre su rendimiento en el colegio.

El **concepto del tiempo** es otro componente afectado por este tipo de trastornos. La dificultad para organizar eventos en secuencia no tiene que ver solo con la percepción del tiempo; también interfiere con la planificación y ejecución de tareas diarias, y afecta a la autonomía y la eficiencia para cumplir responsabilidades.

Por ejemplo, pensemos en un estudiante que tenga dificultades con el concepto del tiempo. Al enfrentarse a una tarea con plazos específicos, como por ejemplo la entrega de un trabajo escolar, organizar las fases del trabajo de manera secuencial puede ser todo un reto para él. Esto puede hacer que subestime el tiempo necesario para completar cada etapa y, como resultado, procrastine y se enfrente a un estrés innecesario al acercarse la fecha límite.

Para un adulto con este tipo de dificultad, organizar su jornada laboral podría ser un reto: llegar puntualmente a las reuniones o cumplir con plazos de entrega le resultaría difícil, y eso lo haría menos eficiente en la gestión del tiempo y, por tanto, afectar a su productividad y su éxito laboral.

La dificultad para organizar **eventos en secuencia** no solo se refleja en el ámbito académico o profesional, sino también en actividades cotidianas como preparar comidas, cumplir con horarios de citas médicas o realizar tareas domésticas. Al no ser capaz de sincronizar las responsabilidades diarias, la persona experimenta frustración y la independencia y eficacia en su vida cotidiana quedan limitadas.

Es fundamental reconocer estos síntomas de forma temprana para garantizar una intervención adecuada. La identificación precisa de los trastornos del aprendizaje y el establecimiento de estrategias personalizadas son esenciales para permitir que cada persona supere estos desafíos, alcance su máximo potencial y experimente un gran éxito educativo y emocional.

LA DISCALCULIA

La discalculia afecta la capacidad de una persona para comprender y utilizar **conceptos numéricos y matemáticos** de manera efectiva. A diferencia de las dificultades ocasionales en matemáticas a las

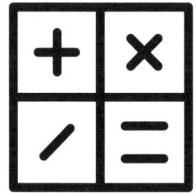

que se pueden enfrentar algunos estudiantes, la discalculia plantea desafíos constantes y específicos en esta área.

Piensa en un estudiante con este trastorno enfrentándose a las tablas de multiplicar. A pesar de los esfuerzos y la práctica repetida, podría tener dificultades para recordar y aplicar las tablas, y confundirse con las multiplicaciones básicas. Por ejemplo, al enfrentarse al problema 6 x 8, podría tener dificultades para llegar rápidamente a la respuesta correcta, como sí haría cualquier otro estudiante.

Otro escenario podría ser un ejercicio que implique comprender la relación entre números en un problema matemático que sea más complejo. Supongamos que este estudiante tiene serias dificultades para entender y aplicar la lógica matemática necesaria para identificar patrones numéricos o comprender conceptos geométricos, que le presentamos la secuencia numérica 2, 5, 8, 11 y le pedimos que deduzca el siguiente número de la serie. Mientras que una persona sin discalculia podría reconocer fácilmente que cada número se obtiene sumando 3 al anterior, nuestro estudiante podría tener problemas para identificar este patrón lógico de aparencia tan simple. La conexión entre los números y la regla de suma podría resultarle confusa, lo cual afectaría a su capacidad para prever el próximo número de manera eficiente.

La realización de operaciones matemáticas básicas no es el único reto al que se enfrentan las personas con discalculia. Estas personas también pueden tener dificultades para comprender conceptos relacionados con la **cantidad** y el **espacio**. Por ejemplo, supongamos que presentamos a un grupo de estudiantes una canasta con una cantidad variable de pelotas y les pedimos que estimen cuántas pelotas hay en total. Un niño sin discalculia podría realizar una estimación razonable observando la canasta. Sin embargo, un niño con discalculia podría tener dificultades para realizar esta estimación, ya que su comprensión de los conceptos de cantidad está afectada. Podría subestimar o sobreestimar significativamente la cantidad de pelotas, y eso nos revelaría que tiene dificultades para manejar conceptos numéricos en situaciones cotidianas.

Pongamos otro ejemplo con la comprensión de **conceptos geométricos.** Durante una lección de geometría, se presenta a los estudiantes un rectángulo y un cuadrado, y se les pide que comparen el área y el perímetro de ambas figuras. Un estudiante con discalculia podría tener dificultades específicas al abordar esta tarea. Mientras que otros podrían reconocer intuitivamente que el área del cuadrado es igual al lado al cuadrado y el perímetro es igual a cuatro veces el lado, la persona con discalculia podría tener dificultades para establecer esta conexión lógica. La comprensión de la relación entre el área (el espacio dentro de la figura) y el perímetro (la longitud total de los lados) podría resultar confusa y abstracta para esta persona.

LA DISGRAFÍA
La disgrafía repercute significativamente en la habilidad de una persona para escribir de manera clara y legible más allá de las dificultades normales que puedan surgir durante

el proceso de aprendizaje de la **escritura,** ya que involucra problemas persistentes en la coordinación motora fina, esencial para formar de manera precisa letras y palabras.

A pesar de sus esfuerzos y concentración una persona con esta característica podría tener dificultades para dibujar letras claramente definidas. Podrían aparecer mal formadas, con trazos irregulares, mal alineadas y desproporcionadas, lo que afecta la legibilidad del texto.

La dificultad para mantener un espacio uniforme entre palabras es otro aspecto destacado de la disgrafía. Mientras que otras personas pueden organizar su escritura naturalmente en líneas con espacios consistentes, un individuo con disgrafía podría tener dificultades para controlar la separación entre palabras, lo cual haría que el texto pareciese desordenado y fuese difícil de leer.

Además, la escritura desigual es común en aquellos con este trastorno. La presión sobre el lápiz o bolígrafo puede variar, lo que contribuye a una escritura inconsistente en términos de intensidad y trazo. Esto no solo afecta la estética del texto, sino que también puede influir en la velocidad de escritura y, en última instancia, en la expresión escrita del estudiante.

PRÁCTICAS

PLASTICIDAD CEREBRAL

La gimnasia cerebral es una práctica destinada a estimular y fortalecer la plasticidad cerebral; es decir, la capacidad del cerebro para cambiar y adaptarse a nuevas experiencias y aprendizajes a lo largo de la vida. Esta disciplina se fundamenta en la idea de que el cerebro es maleable y puede reorganizarse continuamente en respuesta a estímulos externos e internos.

Existen diferentes enfoques y técnicas dentro de la gimnasia cerebral, pero todos comparten el objetivo común de activar y fortalecer las conexiones neuronales, así como de promover una mayor integración entre los hemisferios cerebrales. Algunas de las actividades más comunes son ejercicios de coordinación motora, respiración consciente, juegos de memoria y atención, movimientos cruzados que involucran ambos lados del cuerpo y actividades que desafían la mente de manera creativa.

Practicando regularmente la gimnasia cerebral, se puede observar una mejora en la agilidad mental, la capacidad de aprendizaje, la flexibilidad cognitiva y la resistencia al estrés. Además, esta práctica puede ser beneficiosa para personas de todas las edades, desde niños en edad escolar hasta adultos mayores, ya que el cerebro sigue siendo maleable y adaptable a lo largo de toda la vida.

ACTIVIDAD 1. GIMNASIA PARA MEJORAR TU PLASTICIDAD CEREBRAL

En este apartado encontrarás siete ejercicios simples pero efectivos que puedes realizar en cualquier momento y lugar. Ten en cuenta que es importante realizar cada ejercicio durante 30 segundos y repetirlo unas 10 veces para obtener los mejores resultados. Antes de comenzar, respira profundamente y bebe un poco de agua para preparar tu mente y tu cuerpo.

Gateo cruzado

Toca enérgicamente la rodilla izquierda con el codo derecho, y viceversa. Este ejercicio activa tu cerebro y mejora la concentración, los movimientos oculares y la coordinación.

La lechuza

Coloca una mano sobre el hombro del lado contrario y gira la cabeza hacia ese lado mientras respiras profundamente. Repite el ejercicio con el otro lado para estimular la comprensión lectora y liberar la tensión del cuello y hombros.

Doble garabateo

Dibuja con ambas manos al mismo tiempo hacia diferentes direcciones. Este ejercicio estimula la escritura y la motricidad fina.

Botones del cerebro

Coloca una mano en el ombligo y con la otra dibuja botones imaginarios en la unión de la clavícula con el esternón en movimientos circulares. Esto estimula la vista y mejora la coordinación bilateral.

Bostezo enérgico

Simula un bostezo mientras presionas las mejillas con los dedos para estimular la expresión verbal, relajar la tensión facial y mejorar la visión.

Ocho perezoso o acostado

Se realiza con los ojos cerrados para concentrarse en la visualización y las sensaciones físicas. Para hacerlo, ponte de pie con la espalda recta y las piernas rectas, luego imagina el número 8 en posición horizontal frente a ti. Con los ojos cerrados, traza su contorno con la mano izquierda y el brazo extendido mientras te concentras en seguir su recorrido suavemente hacia la izquierda y luego hacia la derecha, comenzando desde el centro. Después usa la mano derecha, prestando atención a las sensaciones físicas que experimentas.

Sombrero del pensamiento

Coloca las manos en las orejas y empuja hacia detrás como si quisieras quitarte las arrugas. Este ejercicio estimula la capacidad de escucha y mejora la atención, la fluidez verbal y el equilibrio.

FLEXIBILIDAD COGNITIVA

Esta es una habilidad crucial que nos permite adaptar nuestros pensamientos y conductas a situaciones cambiantes, nuevas e inesperadas. En este sentido, es fundamental para nuestro bienestar y aprendizaje personales, ya que nos ayuda a descubrir nuevas estrategias para enfrentar los desafíos que nos separan de nuestras metas. En cambio, la falta de flexibilidad puede provocar malestar e incapacidad para resolver esos mismos problemas.

Para entrenar la flexibilidad cognitiva, podemos recurrir a diferentes estrategias y ejercicios prácticos. Al igual que un camaleón cambia de color según su entorno, nuestro cerebro es capaz de adaptarse y aprender a ser más flexible, y nosotros podemos realizar ejercicios que nos ayuden a salir de nuestra zona de confort y a considerar diferentes perspectivas frente a los problemas que enfrentamos.

A continuación, exploraremos algunas actividades y técnicas que pueden fortalecer nuestra flexibilidad cognitiva y mejorar nuestro bienestar emocional y con él, nuestro aprendizaje personal.

ACTIVIDAD 1. ESTRATEGIAS PARA TRABAJAR LA FLEXIBILIDAD COGNITIVA

Alterar la rutina diaria

Cambiar la estructura de tu día es esencial para ejercitar la flexibilidad mental. Por ejemplo, si tienes la costumbre de leer por la noche, intenta variar ese horario y hacerlo por la mañana antes de comenzar tus tareas habituales. También puedes cambiar una rutina de ejercicio, por ejemplo sustituyendo la bicicleta estática por una sesión de yoga.

No apoyarte en la tecnología

Aunque parece que la tecnología simplifica muchas tareas, también puede reducir nuestra flexibilidad cognitiva, ya que proporciona soluciones instantáneas. En lugar de depender siempre del GPS para llegar a un lugar, intenta memorizar el camino o utilizar un mapa. Si tienes problemas con la ortografía, intenta corregir tus errores sin depender del corrector automático.

Buscar nuevas experiencias

Cuando te expones a nuevas vivencias supone un desafío hacia tu mente y promueve la formación de nuevas conexiones neuronales. Por ejemplo, puedes participar en un taller de un tipo de cocina que nunca has probado antes o aprender a tocar un instrumento musical nuevo.

Cuestionar nuestras ideas

Practicar el pensamiento divergente implica buscar múltiples soluciones a un problema. Por ejemplo, en lugar de conformarte con una sola respuesta, trata de generar diferentes opciones para resolver un mismo dilema.

Conocer gente nueva

Ampliar tu círculo social te expone a diferentes perspectivas y culturas, lo que ayuda a reducir la rigidez mental. Por ejemplo, puedes asistir a eventos de *networking*, unirte a un club de lectura o participar en grupos de debate.

Desafiar nuestros valores

Buscar situaciones que desafíen tus creencias ayuda a comprender diferentes puntos de vista y a ser más flexible mentalmente. Por ejemplo, puedes leer libros que aborden temas que desafíen tus opiniones.

Enseñar

Explicar conceptos a otras personas en entornos diferentes te obliga a adaptar tu conocimiento y promueve la flexibilidad cognitiva. Por ejemplo, intenta enseñar a un niño un concepto matemático utilizando diferentes ejemplos o analogías para asegurarte de que lo comprende completamente.

ACTIVIDAD 2. EJERCICIOS PARA TRABAJAR TU FLEXIBILIDAD

RESUELVE ACERTIJOS
El objetivo de esta actividad es estimular tu capacidad de adaptación y para buscar soluciones creativas en situaciones diversas. Lee detenidamente estos acertijos y sé creativo con tus respuestas.

- **Acertijo 1.** ¿Qué es lo que siempre va hacia arriba y nunca hacia abajo?
- **Acertijo 2.** Si tienes un cubo de hielo que flota en un vaso de agua completamente lleno y el hielo se derrite, ¿qué pasa con el nivel del agua?
- **Acertijo 3.** ¿Qué se puede coger, pero nunca se puede lanzar?
- **Acertijo 4.** ¿Qué pesa más, un kilo de plumas o un kilo de hierro?
- **Acertijo 5.** Si me nombras, dejo de existir. ¿Qué soy?
- **Acertijo 6.** ¿Qué se puede ver en el agua, pero nunca se toca?
- **Acertijo 7.** Cuanto más lo miras, menos lo ves. ¿Qué es?

RETO DE PALABRAS
Forma al menos 20 palabras a partir de estas letras. Utiliza solo las que necesites.

O   C   R   I   S   V   U   A   N   O   R

PALABRAS ENCADENADAS
Partiendo de la palabra COLMENA, escribe 25 palabras encadenadas (cada palabra comienza por la última sílaba de la palabra anterior).

Por ejemplo: COL-ME-NA NA-VIE-RA RA-PE-RO

VARIACIÓN DE PALABRAS
Elige la palabra que quieras y escribe debajo otras palabras cambiando una sola letra. Como, por ejemplo, la palabra CASA y otras palabras con significado cambiando una sola letra:

CASA > MASA > PASA > CASO > TASA > CATA > CASI

PISO> ?

ELIGE PALABRAS
Escribe 20 palabras que terminen por –LA: pala, gacela, etc.

RITMO DE APRENDIZAJE

El proceso de aprendizaje es dinámico y multifacético, y la velocidad a la que una persona aprende depende de varios factores. ¿Es posible que este ritmo cambie con el tiempo? La respuesta es sí. Hay diversos elementos que pueden influir, y también estrategias para trabajar con este ritmo cambiante y promover un aprendizaje efectivo y significativo.

ACTIVIDAD 1. AUTOEVALUACIÓN DE TU RITMO DE APRENDIZAJE

Este test es una herramienta de autoevaluación cuyos resultados pueden variar según tu situación y contexto individuales. Siempre es útil reflexionar sobre tus propios hábitos y actitudes relacionados con el aprendizaje para identificar áreas de mejora y crecimiento.

Responde las siguientes preguntas seleccionando la opción que mejor describa tu situación actual:

1. ¿Con qué rapidez sueles comprender nuevos conceptos o ideas?
   A) Tiendo a comprenderlos rápidamente.
   B) Suelo necesitar un poco de tiempo para asimilarlos.
   C) Me lleva bastante tiempo entenderlos completamente.

2. ¿Cuánto tiempo necesitas para dominar una nueva habilidad o tarea?
   A) Puedo dominarla en poco tiempo.
   B) Me lleva un tiempo moderado alcanzar un buen nivel.
   C) Me lleva mucho tiempo sentirme cómodo con nuevas tareas o habilidades.

3. ¿Cómo te sientes acerca de la velocidad a la que aprendes en comparación con tus compañeros o colegas?
   A) Siento que aprendo más rápido que la mayoría.
   B) Creo que aprendo a un ritmo similar al de la mayoría.
   C) Siento que aprendo más lentamente que la mayoría.

4. ¿Cómo de rápido sueles recordar nueva información o material de estudio?
   A) Puedo recordarla casi de inmediato.
   B) Necesito repasarla unas cuantas veces para recordarla bien.
   C) Me lleva mucho tiempo recordarla correctamente.

5. ¿Cómo te sientes acerca de la información que puedes procesar de una vez?
   A) Puedo procesar mucha información de una vez.
   B) Prefiero procesarla en pequeñas cantidades para entenderla mejor.
   C) Me resulta difícil procesar grandes cantidades de información de una vez.

6. ¿Cómo de rápido sueles adaptarte a nuevas situaciones o cambios en tu entorno de aprendizaje?
   A) Me adapto rápidamente a los cambios.
   B) Necesito un poco de tiempo para adaptarme, pero eventualmente lo hago.
   C) Me cuesta mucho adaptarme a los cambios.

7. ¿Cómo te sientes acerca de tu capacidad para aprender nuevas habilidades o conocimientos en general?
   A) Creo que tengo una habilidad natural para aprender rápidamente.
   B) Creo que tengo la capacidad de aprender, pero necesito tiempo y esfuerzo.
   C) Siento que mi capacidad para aprender es limitada y me cuesta progresar.

Resultados:

- **Mayoría de respuestas A.** Tu ritmo de aprendizaje parece ser rápido. Tienes una capacidad natural para asimilar nueva información y dominar nuevas habilidades con relativa facilidad.

- **Mayoría de respuestas B.** Tu ritmo de aprendizaje parece ser moderado. Puedes necesitar un poco más de tiempo y esfuerzo que otros para comprender y dominar nuevos conceptos, pero eres capaz de hacerlo con perseverancia.

- **Mayoría de respuestas C.** Tu ritmo de aprendizaje parece ser lento. Te cuesta más tiempo y esfuerzo para comprender y dominar habilidades y conocimientos nuevos. Es importante ser paciente contigo mismo y buscar estrategias que te ayuden a avanzar.

ACTIVIDAD 2. ESTRATEGIAS PARA MANEJAR LOS RITMOS DE APRENDIZAJE
Aquí tienes varias maneras de mejorar tu aprendizaje según los resultados que hayas obtenido en el test.

RITMO DE APRENDIZAJE LENTO
Estas son algunas estrategias que puedes utilizar para mejorar tu ritmo de aprendizaje si sientes que es más lento de lo deseado:

1. Dividir el material en partes más pequeñas y manejables puede hacer que comprenderlo y asimilarlo sea más fácil. Por ejemplo, si estás estudiando para un examen largo, divide el material en secciones más pequeñas y estúdialas una por una en lugar de intentar abordar todo el contenido de una sola vez.

2. Utilizar técnicas de estudio efectivas, como la elaboración de resúmenes, diagramas o tarjetas de memorización, puede ayudar a consolidar la información. Después de leer un capítulo de un libro, toma notas que resuman los puntos clave y escribe las definiciones más importantes en tarjetas.

3. Establecer un horario de estudio regular y dedicar un tiempo específico cada día para repasar y practicar puede mejorar la retención y comprensión a largo plazo. Dedica 30 minutos todas las tardes a repasar el material estudiado durante el día y hacer ejercicios prácticos.

4. Buscar ayuda adicional, ya sea a través de tutorías, grupos de estudio o recursos en línea, puede proporcionar una perspectiva diferente y clarificar conceptos difíciles. Únete a un grupo de estudio con compañeros de clase para discutir temas complicados y resolver dudas.

5. Mantener un estilo de vida saludable que incluya ejercicio regular, una dieta equilibrada y suficiente descanso puede mejorar la concentración y la capacidad de aprendizaje. Asegúrate de hacer ejercicio físico varias veces a la semana, comer alimentos nutritivos y dormir lo suficiente cada noche para mantener tu mente y tu cuerpo en óptimas condiciones.

6. Practicar la autocompasión y la paciencia contigo mismo es crucial. Aceptar que el aprendizaje puede llevar tiempo y que está bien cometer errores en el camino es parte del proceso de crecimiento. Cuando te sientas frustrado por no entender algo de inmediato, recuerda que es normal y tómate un descanso para volver a abordarlo con la mente fresca y sin presiones.

RITMO DE APRENDIZAJE MODERADO

Estas son estrategias que puedes aplicar para potenciar tu ritmo de aprendizaje si sientes que es moderado y deseas aumentarlo:

1. Enfocarte en la organización y planificación del estudio te puede ayudar a maximizar el tiempo y los recursos disponibles. Utiliza una agenda para establecer metas de estudio semanales y asignar un tiempo específico a cada materia o tarea.

2. Explorar diferentes métodos de estudio y encontrar el que mejor se adapte a tu estilo de aprendizaje puede aumentar la eficacia del proceso. Si se te da mejor aprender visualmente, utiliza diagramas o mapas mentales para organizar la información. Si prefieres aprender de forma auditiva, graba tus propias explicaciones sobre los temas que estás estudiando y escúchalas más tarde.

3. Repasar y consolidar la información regularmente puede fortalecer la retención a largo plazo. Programa sesiones de revisión periódicas para repasar el material aprendido y practicar con ejercicios que te ayuden a reforzar conceptos.

4. Buscar oportunidades para aplicar lo que has aprendido en situaciones del mundo real puede aumentar tu nivel de comprensión y hacer que el aprendizaje sea más significativo. Si estás estudiando matemáticas, busca situaciones de la vida coti-

diana en las que puedas aplicar las técnicas que has aprendido, como calcular porcentajes cuando vas a hacer la compra al supermercado.

5. Mantener una actitud de curiosidad y apertura hacia el aprendizaje continuo puede motivarte a buscar nuevas fuentes de conocimiento y expandir tus habilidades. Explora temas relacionados con tus intereses personales fuera del ámbito académico y participa en actividades extracurriculares que te desafíen intelectualmente.

RITMO DE APRENDIZAJE RÁPIDO

Si tu ritmo de aprendizaje es rápido y deseas optimizarlo aún más, aquí tienes algunas estrategias que podrías considerar:

1. Diversificar las fuentes de información y explorar diferentes perspectivas sobre un tema puede enriquecer tu comprensión y ampliar tu conocimiento. En lugar de limitarte a un solo libro de texto, busca artículos académicos, vídeos educativos y charlas TED sobre el tema que estás estudiando para obtener una visión más completa y variada.

2. Practicar la síntesis y la aplicación activa de la información aprendida puede ayudarte a internalizar el conocimiento de manera más efectiva. Después de leer un artículo o un capítulo de un libro, intenta resumir los puntos clave en tus propias palabras y luego piensa cómo podrías aplicar esos conceptos en situaciones de la vida real.

3. Establecer metas desafiantes pero alcanzables y mantener un ritmo constante de progreso puede mantenerte motivado y centrado en tu aprendizaje. Define objetivos específicos y medibles para cada sesión de estudio, y trabaja de manera sistemática para alcanzarlos. Celebra tus logros y ajusta tus metas a medida que avanzas.

4. Buscar oportunidades para enseñar y compartir tus conocimientos con otros puede consolidar tu comprensión y reforzar tu aprendizaje. Ofrece tutorías a compañeros de clase y aprovecha para explicar conceptos difíciles a otros y responder preguntas sobre el material.

5. Practicar técnicas de estudio eficientes, como la elaboración de esquemas y mapas mentales, y la práctica espaciada, pueden optimizar tu tiempo de estudio y mejorar tu retención. Utiliza aplicaciones de organización y planificación del tiempo para estructurar tus sesiones de estudio y asegurarte de cubrir todos los temas de manera equilibrada y efectiva.

6. Mantener un equilibrio entre el aprendizaje profundo y la exploración de nuevos temas puede ayudarte a desarrollar una comprensión sólida en áreas específicas mientras sigues ampliando tus horizontes intelectuales. Dedica la mayor parte de tu tiempo de estudio a tus áreas de interés o especialización, pero reserva un tiempo regular para explorar temas nuevos.

ESTILOS DE APRENDIZAJE

Todos tenemos una combinación de diferentes estilos de aprendizaje, pero es posible que uno predomine sobre los demás. Averigua cuál predomina en ti.

ACTIVIDAD 1. AUTOEVALUACIÓN DE TU ESTILO DE APRENDIZAJE

Responde a las siguientes preguntas eligiendo la opción que mejor te describe. Al final del test, suma los puntos de cada sección para determinar cuál es tu estilo de aprendizaje predominante: visual, auditivo o kinestésico.

1. Cuando estás aprendiendo algo nuevo, ¿qué prefieres hacer?
   A) Leer sobre el tema y observar gráficos o diagramas.
   B) Escuchar una explicación detallada o participar en una discusión.
   C) Practicar y experimentar por ti mismo.

2. ¿Cómo recuerdas mejor la información?
   A) Visualizando imágenes o diagramas.
   B) Recordando conversaciones o explicaciones detalladas.
   C) Practicando activamente o realizando actividades físicas.

3. ¿Qué tipo de actividad prefieres para estudiar?
   A) Leer notas o libros.
   B) Escuchar pódcast o grabaciones de conferencias.
   C) Realizar actividades prácticas o experimentos.

4. ¿Qué te ayuda más a concentrarte durante el estudio?
   A) Tener un espacio de estudio organizado y libre de distracciones visuales.
   B) Escuchar música de fondo o grabaciones relacionadas con el tema que estás estudiando.
   C) Alternar períodos cortos de estudio con pausas activas para moverte.

5. ¿Cómo te sientes más cómodo expresando tus ideas?
   A) Dibujando o creando gráficos para representar la información.
   B) Explicando verbalmente tus ideas o participando en discusiones.
   C) Mostrando lo que piensas a través de gestos o demostraciones físicas.

Resultados:

• Si has elegido una mayoría de respuestas A, es probable que tengas un estilo de aprendizaje **visual**.

• Si has elegido una mayoría de respuestas B, es probable que tengas un estilo de aprendizaje **auditivo**.

- Si has elegido una mayoría de respuestas C, es probable que tengas un estilo de aprendizaje **kinestésico**.

ACTIVIDAD 2. APRENDER DESDE LOS TRES ESTILOS

DESDE EL APRENDIZAJE VISUAL
Esta actividad te permitirá asociar visualmente las palabras clave con el proceso de la fotosíntesis y te ayudará a recordar y comprender mejor los términos y conceptos relacionados con ella desde el aprendizaje visual.

Busca palabras relacionadas con la fotosíntesis. Marca cada palabra que encuentres con un círculo o algún color diferente.

V	K	K	M	U	G	C	H	J	Y	U	P	K	N
O	Y	Y	E	O	C	G	L	U	C	O	S	A	V
N	C	L	O	R	O	F	I	L	A	Z	W	J	B
N	C	E	X	H	T	G	Z	U	A	G	U	A	H
V	W	Y	V	J	C	W	D	K	Z	M	C	S	H
P	M	O	X	A	E	I	D	I	V	F	P	G	D
O	F	K	R	Z	G	V	B	I	O	M	A	S	A
T	G	G	E	G	M	P	P	K	A	M	Y	V	Z
N	S	V	O	L	U	Z	V	L	P	W	C	F	L
R	W	A	H	T	J	N	I	H	A	M	H	R	R
Q	U	S	P	L	A	N	T	A	M	I	A	B	D
D	V	E	U	B	S	F	O	S	I	X	T	C	Y
S	O	L	H	J	I	N	A	R	B	U	U	X	C
U	Y	Z	K	I	K	U	Y	O	K	Y	F	E	N

AGUA, BIOMASA, CLOROFILA, GLUCOSA, LUZ, PLANTA, SOL

DESDE EL APRENDIZAJE AUDITIVO
Con esta actividad, podrás adquirir la información a través del oído. Te ayudará a comprender mejor el proceso de la fotosíntesis y a recordar los detalles importantes a través de la repetición auditiva.

Busca un pódcast que explique el proceso de la fotosíntesis de la manera más detallada posible. Escúchalo con atención, de manera que mientras escuchas, puedas tomar notas sobre los aspectos más importantes del proceso de la fotosíntesis. Luego, puedes pasar a responder a estas preguntas:

1. ¿Qué es la fotosíntesis y cuál es su importancia en los ecosistemas?
2. ¿Cuáles son los dos tipos de reacción que ocurren durante la fotosíntesis y dónde se producen?
3. ¿Cuál es el papel de la clorofila en el proceso de fotosíntesis?
4. ¿Cuáles son los productos finales de la fotosíntesis y cómo se utilizan en la planta?
5. ¿Qué factores pueden afectar a la tasa de fotosíntesis?
6. ¿Cómo influye la luz en la fotosíntesis y por qué es importante?
7. ¿Qué tipo de organismos realizan la fotosíntesis y en qué estructuras celulares ocurre?
8. ¿Cómo se relaciona la fotosíntesis con el ciclo del carbono?
9. ¿Qué ocurre con el oxígeno que se produce durante la fotosíntesis?
10. ¿Por qué es importante la fotosíntesis para el ser humano?

DESDE EL APRENDIZAJE KINESTÉSICO
Si usas esta perspectiva, podrás experimentar directamente el proceso de la fotosíntesis a través de la acción y el movimiento, y comprenderás mejor los roles y las interacciones de los diferentes elementos involucrados.

Organiza un juego de roles donde algunos amigos tuyos y tú representéis los diferentes elementos involucrados en la fotosíntesis, como las plantas, la luz solar, el agua y el dióxido de carbono.

Cada participante actuará como uno de los elementos involucrados en la fotosíntesis e interactuará con los demás como si estuviera realmente participando en el proceso. Por ejemplo, las «plantas» pueden juntarse formando un círculo y estirar sus brazos hacia arriba para simular la absorción de la «luz solar». Mientras tanto, los que actúen como la «luz solar» pueden rodear a las «plantas» con los brazos extendidos, representando los haces de luz que caen sobre ellas. «El agua» puede unirse a las «plantas» y cogerse de las manos para simular físicamente la absorción de agua por las raíces. Por último, el «dióxido de carbono» puede acercarse a las «plantas» y unirse al círculo, representando la captura de dióxido de carbono del aire. De esta manera, cada participante que representa un rol podrá experimentar el proceso de la fotosíntesis de manera más tangible y participativa.

LA DOPAMINA

La dopamina juega un papel esencial en la motivación, el sistema de recompensa y la sensación de placer. En la vida agitada actual, es común sentirse abrumado por el estrés y la rutina, y descuidar nuestro bienestar.

ACTIVIDAD 1. CÓMO PRODUCIR DOPAMINA DE MANERA NATURAL
Existen formas naturales de aumentar los niveles de dopamina sin recurrir a medicamentos. Por ejemplo, participar en ciertas actividades puede estimular la producción de dopamina.

EJERCICIO FÍSICO
Realizar ejercicio físico regularmente es una excelente manera de aumentar los niveles de dopamina en el cerebro. Por ejemplo, practicar una rutina de entrenamiento como correr o hacer ejercicios en intervalos de alta intensidad puede hacer que liberemos dopamina, lo que mejora el estado de ánimo y promueve una sensación de bienestar general.

COMER ALIMENTOS RICOS EN PROTEÍNAS
Consumir alimentos ricos en proteínas, como carne, pescado, huevos y lácteos, puede aumentar los niveles de dopamina en el cerebro. Incluir estos alimentos en la dieta diaria proporciona los aminoácidos necesarios para la producción de dopamina, lo que contribuye a una función cerebral óptima y un estado de ánimo equilibrado.

ESCUCHAR MÚSICA
La música es una poderosa herramienta para aumentar los niveles de dopamina. Cuando escuchas tus canciones favoritas, el cerebro libera dopamina, lo que puede producir sensaciones de placer y satisfacción. Esto también puede ayudar a mejorar el estado de ánimo y reducir el estrés.

PASAR TIEMPO EN LA NATURALEZA
Dar un paseo por un parque o hacer senderismo en la montaña puede reducir el estrés y la ansiedad, lo que contribuye a un aumento en los niveles de dopamina.

DORMIR SUFICIENTE
Dormir suficiente y con un patrón de sueño adecuado cada noche ayuda a regular la producción de dopamina, lo que contribuye a una mejor salud mental y al bienestar general.

ESTABLECER METAS
Cuando te fijas un objetivo y trabajas para alcanzarlo, el cerebro libera dopamina, lo que genera una sensación de logro y satisfacción.

ACTIVIDAD 2. CÓMO REDUCIR EL EXCESO DE DOPAMINA
El exceso de dopamina puede tener efectos negativos en nuestro estado de ánimo y bienestar. Por suerte, hay actividades que pueden ayudar a reducir esos niveles de dopamina y mantenerlos bajo control:

PRACTICAR YOGA

Haz yoga por la mañana durante 30 minutos. Durante la sesión, concéntrate en tu respiración y realiza diferentes posturas que estimulen la circulación sanguínea y relajen tu mente y cuerpo. Lee atentamente el ejercicio y a disfrutar.

Saludo namasté

1. Cierra los ojos. De pie, con las piernas separadas al ancho de tus caderas, inhala mientras juntas tus manos delante del pecho y cierra los ojos imaginando que saludas con una hermosa sonrisa a quienes te rodean.
2. Permanece en esta postura durante 10 respiraciones largas y profundas.
3. Abre los ojos y repítelo tres veces.

La vela

1. Túmbate boca arriba, con las piernas juntas y los brazos paralelos al cuerpo. Levanta las piernas hasta arriba sin flexionarlas y después eleva los glúteos y la espalda.
2. Coloca las manos en la parte baja de la espalda, con los codos apoyados en el suelo.
3. Las piernas deben permanecer estiradas por completo. Respira profundamente.
4. Eres una vela en la oscuridad.
5. Deshaz la postura suavemente y baja las piernas hasta el suelo, con los brazos paralelos al cuerpo.

El árbol

1. Ponte de pie, recto como un árbol.
2. Tus pies se apoyan firmemente sobre el suelo.
3. Los brazos están relajados a ambos lados del cuerpo. Respira con calma, eres como un árbol mecido por el viento.
4. Junta las manos delante del corazón.
5. Busca un punto delante de ti en el que fijarte.
6. Apóyate en una pierna.
7. Levanta la otra pierna y coloca la planta del pie contra el muslo de la pierna apoyada. Levanta los brazos.
8. Aguanta en equilibrio, respira poco a poco y, por último, apoya el pie en el suelo.

La estrella

1. Túmbate boca arriba con los ojos cerrados.
2. Separa ligeramente las piernas y los brazos. Abre las manos con las palmas hacia arriba.

3. Eres una estrella de mar en la arena.
4. Los brazos y las piernas deben estar estirados.
5. Concéntrate en tu respiración. Estás relajado...
6. A continuación, mueve suavemente los dedos de las manos y de los pies.
7. Estira los brazos y las piernas.
8. Cuando estés listo, gira hacia un lado y siéntate con las piernas cruzadas.

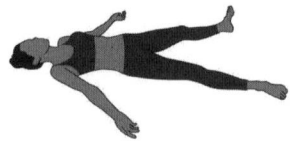

La cobra

1. Túmbate boca abajo, con la frente apoyada en el suelo.
2. Coloca las manos a la altura del pecho con los dedos apuntando hacia delante.
3. Las piernas están juntas y los pies, estirados hacia detrás.
4. Inspira y levanta la cabeza como una cobra.
5. Empuja suavemente con los brazos. Notarás que la espalda se hunde ligeramente.
6. Mantén los brazos totalmente extendidos. Respira varias veces en esta posición. Después, dobla los brazos y vuelve a bajar poco a poco.
7. Apoya la frente en el suelo.

El puente

1. Túmbate boca arriba, con los brazos paralelos al cuerpo y las piernas estiradas.
2. Acerca los pies hacia los glúteos tanto como puedas sin juntarlos entre ellos. Levanta un poco la cadera y la espalda, como si fueras un puente.
3. Respira profundamente e imagínate el agua del arroyo que discurre por debajo.
4. Muy suavemente, vuelve a bajar deshaciendo la postura desde la parte alta de la espalda, luego la parte baja y por último los glúteos.

El loto

1. Siéntate con las piernas cruzadas y la cabeza y la espalda bien rectas.
2. Deja descansar las manos sobre las rodillas, abiertas y con las palmas hacia arriba.
3. Cierra los ojos. Concéntrate en tu respiración.
4. Inspira aire profundamente por la nariz y espirar después poco a poco por la boca.
5. Coloca las manos sobre el vientre par sentir tu respiración.
6. Nota cómo se hincha y cómo se vacía. Piensa en el momento presente.
7. Todo está en calma en tu interior, y también en el exterior.

El erizo

1. Túmbate boca arriba, con los brazos paralelos al cuerpo y las piernas relajadas. Acerca las rodillas al vientre.
2. Rodea tus piernas con tus brazos. Levanta la cabeza.
3. Lleva la frente hacia las rodillas.
4. Curva la espalda completamente. Eres un erizo pequeño.
5. Eres una bola que rueda y se balancea hacia delante, hacia detrás, a un lado y al otro.

La rana

1. Ponte en cuclillas.
2. Apoya las manos completamente en el suelo, entre los pies.
3. Eres una rana muy alegre.
4. Abre los ojos como platos y sonríe.
5. Da saltitos sin moverte del sitio y sin despegar las manos del suelo.
6. A continuación, estira las piernas y salta más alto.
7. Rebota sobre tus pies.

MEDITACIÓN

Reserva 15 minutos al final del día para sentarte en un lugar tranquilo, cerrar los ojos y centrarte en tu respiración. Siente cómo el aire entra y sale de tu cuerpo, y deja que los pensamientos pasen sin apegarte a ellos.

1. Explora lo que sientes en tu cuerpo: el contacto de la espalda baja con el asiento, la sensación de tus pies en contacto con el suelo…

2. Respira con normalidad y centra tu atención en el pecho y el abdomen. Comprueba la capacidad de tu caja torácica. ¿Eres capaz de llenarla por completo de aire?

3. Respira cada vez más lento.

4. Inspira mientras cuentas hasta cinco.

5. Contén la respiración mientras cuentas hasta tres.

6. Espira mientras cuentas hasta cinco.

7. La sensación de estar relajado se extiende por todo tu cuerpo. Esfuérzate en percibir su intensidad.

8. Recupera el ritmo normal de respiración y observa los movimientos del pecho y el abdomen. ¿Ha habido algún cambio significativo?

ESCRIBIR EN UN DIARIO

Antes de ir a dormir, saca un cuaderno y escribe tus pensamientos y sentimientos del día. No te preocupes por la gramática ni el estilo, simplemente deja que las palabras fluyan libremente y expresen tus emociones. Puedes utilizar la siguiente estructura:

FECHA:

Descripción de la meditación.

Cómo me siento antes de la meditación.

Cómo me siento durante la meditación.

Cómo me siento después de la meditación.

COMENTARIOS:

MINDFULNESS

Un buen ejercicio es hacer una caminata consciente por el parque. Consciente significa que mientras caminas, debes prestar atención a tus pasos, a los sonidos de la naturaleza y a las sensaciones que emite tu cuerpo. Es decir, se trata de dejar de lado las preocupaciones y simplemente disfrutar del momento presente.

LA METACOGNICIÓN

La metacognición es una función ejecutiva que incluye operaciones intelectuales internas para producir y evaluar información, y permite a una persona conocer, controlar y autorregular su propio funcionamiento cognitivo.

ACTIVIDAD 1. EL RELOJ

Para practicar la metacognición, solo necesitas el texto que aparece más abajo, una hoja en blanco, un lápiz y un reloj o cronómetro.

Coloca el reloj delante de ti para controlar el tiempo mientras lees el texto. Cuando empieces, inicia el cronómetro. Lee a tu ritmo y, cada vez que pase un minuto, haz una marca en el papel al inicio de la línea que estás leyendo.

Continúa leyendo desde la línea anterior cada vez que hagas una marca, sin reiniciar el cronómetro.

Cuando termines de leer el texto, anota el tiempo total que te ha llevado y haz un breve resumen de su contenido.

Albert Einstein

Albert Einstein fue un físico teórico alemán que revolucionó nuestra comprensión del universo con sus innovadoras teorías físicas. Nació el 14 de marzo de 1879 en Ulm, en el Reino de Wurtemberg del Imperio Alemán, en una familia judía.

Desde una edad temprana, Einstein mostró un gran interés y mucha curiosidad por el mundo que lo rodeaba. Aunque no fue un estudiante destacado en sus primeros años de escuela, mostró un talento excepcional para las matemáticas y la física, lo que finalmente lo llevó a estudiar en el Instituto Politécnico de Zúrich.

En 1905, Einstein publicó una serie de artículos que cambiarían para siempre nuestra comprensión de la física. Entre ellos están su teoría de la relatividad especial, que propuso que el tiempo y el espacio son relativos y están interconectados, y su famosa ecuación $E=mc^2$, que describe la relación entre masa y energía.

A lo largo de su vida, Einstein continuó investigando y desarrollando nuevas teorías en física, incluida su teoría de la relatividad general, que expandió su trabajo anterior para incluir la gravedad como una curvatura en el espacio-tiempo.

Además de sus logros científicos, Einstein fue un defensor incansable de la paz, la justicia social y los derechos civiles. Participó activamente en movimientos pacifistas y fue un crítico abierto del uso de la bomba atómica durante la Segunda Guerra Mundial.

Einstein recibió numerosos premios y honores a lo largo de su vida, incluido el Premio Nobel de Física en 1921 por su explicación del efecto fotoeléctrico. Falleció el 18 de abril de 1955 en Princeton, Nueva Jersey, y dejó un legado duradero como uno de los científicos más influyentes de la historia.

ACTIVIDAD 2. LAS PALABRAS

Ahora, elige un libro al azar y selecciona un fragmento que comprenda unas 10 líneas. Primero, debes transcribir ese fragmento en una hoja limpia aparte. Mientras copias el texto, vete marcando cada décima palabra con su respectivo número. Por ejemplo, cuando alcances la décima palabra, escribe 10 en su lugar y luego continúa con la transcripción. Repite este proceso cada 10 palabras: escribe 20 en la vigésima palabra, 30 en la trigésima, y así sucesivamente hasta llegar a la palabra que haga el número 150. Cuando termines, pon cuidado en registrar el tiempo total que te ha llevado esta actividad al final de la hoja.

Al contar las palabras, monitorizas la acción que estás haciendo (es decir, leer) y controlas y analizas el proceso que estás realizando.

SOLUCIONES

FLEXIBILIDAD COGNITIVA

RESUELVE ACERTIJOS
- **Acertijo 1.** La edad. A medida que pasan los años, la edad de una persona siempre aumenta, nunca disminuye.
- **Acertijo 2.** El nivel del agua no cambia. Cuando el hielo se derrite, el agua ocupada por el hielo se compensa con el agua liberada y el nivel de agua en el vaso se mantiene constante.
- **Acertijo 3.** Un resfriado o un virus. Puedes «coger» un resfriado al estar expuesto a personas infectadas, pero no puedes «lanzárselo» a otra persona.
- **Acertijo 4.** Ambos pesan lo mismo, un kilogramo. La clave está en que la pregunta solo compara los pesos, no las densidades o los materiales.
- **Acertijo 5.** El silencio. Cuando lo nombras, lo interrumpes y ya no hay silencio.
- **Acertijo 6.** El reflejo. Puedes ver tu reflejo en el agua, pero no tocarlo directamente.
- **Acertijo 7.** La oscuridad. Cuando estás en la oscuridad y la miras, en realidad no puedes ver nada.

RETO DE PALABRAS
Las 20 palabras que nosotros hemos elegido y sirven como ejemplo son: roca, risa, cosa, vasco, oscuro, sino, rico, croar, sacro, risco, asir, virus, rasco, coro, rosco, vano, ovario, rosa, vino, varios.

PALABRAS ENCADENADAS
Las 25 palabras encadenadas que hemos elegido y sirven como ejemplo son: colmena-naviera-rapero-romance-cereza-zapato-tomate-teléfono-nómada-dado-domingo-goma-macizo-zócalo-losa-sábado-docena-nabo-boca-calentura-rata-tapado-doloroso-sopa-paseo.

VARIACIÓN DE PALABRAS
PISO>PASO>PESO>POSO>PUSO>PISA>PISE>LISO>PICO>PIDO>PINO>PISO>PITO

ELIGE PALABRAS
Las 20 palabras terminadas en -LA que hemos elegido y sirven como ejemplo son: pala, gacela, célula, acuarela, bala, caracola, jaula, escuela, fórmula, minúscula, mayúscula, novela, película, hola, consola, escayola, partícula, fábula, gemela, mala.

ESTILOS DE APRENDIZAJE

DESDE EL APRENDIZAJE VISUAL

V	K	K	M	U	G	C	H	J	Y	U	P	K	N
O	Y	Y	E	O	C	G	L	U	C	O	S	A	V
N	C	L	O	R	O	F	I	L	A	Z	W	J	B
N	C	E	X	H	T	G	Z	U	A	G	U	A	H
V	W	Y	V	J	C	W	D	K	Z	M	C	S	H
P	M	O	X	A	E	I	D	I	V	F	P	G	D
O	F	K	R	Z	G	V	B	I	O	M	A	S	A
T	G	G	E	G	M	P	P	K	A	M	Y	V	Z
N	S	V	O	L	U	Z	V	L	P	W	C	F	L
R	W	A	H	T	J	N	I	H	A	M	H	R	R
Q	U	S	P	L	A	N	T	A	M	I	A	B	D
D	V	E	U	B	S	F	O	S	I	X	T	C	Y
S	O	L	H	J	I	N	A	R	B	U	U	X	C
U	Y	Z	K	I	K	U	Y	O	K	Y	F	E	N

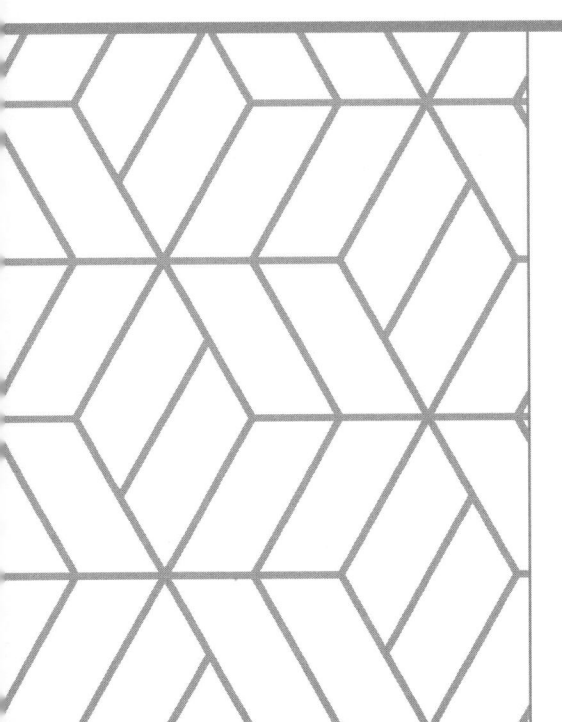

PARTE 3

LENGUAJE

EL LENGUAJE, VEHÍCULO DE APRENDIZAJE

A lo largo de nuestras vidas, el lenguaje juega un papel fundamental para dar sentido a nuestras experiencias y al mundo que nos rodea. Es un elemento presente en todas las etapas de la vida que nos permite expandir nuestros conocimientos, interactuar con los demás y descubrir un mundo lleno de posibilidades.

Tener un buen dominio del lenguaje implica comprender el significado de las palabras, conocer la estructura de las frases, ser capaz de seguir instrucciones y poder expresar nuestros pensamientos de manera efectiva. Se trata de una base sólida para los procesos de aprendizaje y la adquisición de otras habilidades a lo largo de la vida. Además, estas habilidades favorecen la adaptabilidad a diferentes entornos, nos hacen sentir más preparados para el futuro y nos permiten participar de manera más activa en el mundo social a cualquier edad.

La estrecha relación entre el uso del lenguaje y la capacidad de pensar y aprender se traduce en la idea de que la forma en que expresamos nuestras ideas está intrínsecamente vinculada a la amplitud de nuestra comprensión. El lenguaje no solo describe la realidad, sino que también la moldea. Al analizar cómo actúa el lenguaje en favor de la expansión de la mente, podemos explorar distintos aspectos.

En la **definición de conceptos,** la teoría destaca que la capacidad de definir conceptos mediante el lenguaje es esencial para el proceso de aprendizaje. Por ejemplo, si estudias biología y te adentras en el tema de la fotosíntesis, el lenguaje te proporciona las herramientas para definir conceptos específicos como «clorofila», «captación de luz» y «producción de glucosa». Estas palabras generalmente actúan como etiquetas mentales que te permiten entender y comunicar de manera efectiva los procesos biológicos involucrados en ese tema.

Si miramos la **comunicación de experiencias,** el lenguaje no solo describe hechos objetivos, sino que también permite compartir nuestras experiencias subjetivas. Describir con palabras una experiencia emocionalmente impactante en un lugar nuevo facilita la comprensión de los demás y enriquece por tanto la perspectiva colectiva. En este caso, supón que has visitado un bazar en Estambul en uno de tus viajes. Cuando hablas con otros para contarles tu experiencia, usas el lenguaje para describir los colores que viste en los puestos, las voces de los vendedores y las sensaciones de los aromas exóticos. Esto contribuye a la comprensión de ese momento y ofrece a quienes escuchan la oportunidad de aprender de tus experiencias, ampliar su perspectiva sobre lugares y a conectar emocionalmente con tu vivencia.

En el **desarrollo del pensamiento abstracto,** la teoría sugiere que el lenguaje es esencial para conceptualizar ideas complejas. Por ejemplo, supón que estás aprendiendo geometría y te enfrentas al concepto abstracto de «teorema de Pitágoras». Este teorema establece una relación entre los lados de un triángulo rectángulo, pero su comprensión va más allá de simples números; implica una conexión conceptual.

En este caso, el lenguaje desempeña un papel fundamental, ya que te proporciona términos específicos y símbolos para representar este concepto abstracto. La expresión verbal y escrita utiliza palabras como «hipotenusa», «catetos» y la fórmula «$a^2 + b^2 = c^2$» para conceptualizarlo. Estas palabras y símbolos actúan como herramientas lingüísticas que te permiten entender y también expresar este concepto matemático abstracto. Por tanto, en el contexto matemático, el lenguaje amplía tu capacidad de abstracción y razonamiento al permitirte explorar y comunicar ideas complejas de una manera estructurada y significativa.

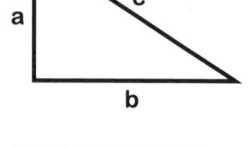

$$a^2 + b^2 = c^2$$

La **construcción de conocimiento** es esencial para el crecimiento intelectual y se logra por medio de la transmisión y el desarrollo de información. En el ámbito académico, el lenguaje se convierte en la herramienta clave para acceder a la información acumulada a lo largo del tiempo en libros, conferencias y debates.

Además, limitar nuestro lenguaje en el entorno académico iría en detrimento de nuestra capacidad para adquirir nuevos conocimientos, ya que la variedad del lenguaje es lo que nos permite explorar conceptos desde diferentes perspectivas y profundidades. Pongamos un ejemplo práctico para entenderlo mejor. Imagina que estás participando en un debate académico sobre el cambio climático. Si limitamos nuestro lenguaje y nos ceñimos a un vocabulario básico, podríamos perder matices cruciales en la discusión. Sin la capacidad de utilizar términos específicos como «emisiones de gases de efecto invernadero» o «impacto en la biodiversidad», la discusión se vuelve menos precisa y enriquecedora.

Por otro lado, si utilizamos un lenguaje rico y variado, podemos explorar aspectos más profundos del tema. Podríamos hablar de fenómenos climáticos específicos, analizar datos científicos y considerar las implicaciones económicas y sociales. Cuanto más amplio sea nuestro lenguaje, más completo y detallado será nuestro entendimiento del cambio climático y, por ende, más robusta será nuestra construcción de conocimiento sobre este tema.

Así, la limitación del lenguaje se traduce en una reducción de nuestra capacidad para explorar, entender y construir sobre las complejidades de cualquier tema. La riqueza del lenguaje nos permite comprender todas las capas de la información y adquirir nuevos conocimientos de manera más completa y efectiva.

En definitiva, el lenguaje actúa como el medio a través del cual construimos y compartimos nuestro entendimiento del mundo. Los límites del lenguaje pueden, por lo tanto, traducirse en limitaciones para comprender conceptos complejos, expresar experiencias y desarrollar el pensamiento abstracto.

La psicología del lenguaje

Esta rama de la psicología se enfoca en el estudio de cómo los seres humanos adquirimos, utilizamos, comprendemos y procesamos el lenguaje. Se interesa por entender los mecanismos mentales y cognitivos que están involucrados en la producción y comprensión del lenguaje, así como por los aspectos emocionales y sociales relacionados con su uso.

Como ocurre en todas las disciplinas que implican estudio científico, persisten debates centrales que, en este caso, abordan cuestiones fundamentales sobre la naturaleza y la adquisición del lenguaje humano. Uno de los debates más destacados se centra en la **dicotomía entre el innatismo y la adquisición social del lenguaje**. Mientras algunos sostienen que ciertos aspectos del lenguaje son innatos y están programados genéticamente; otros argumentan que la adquisición del lenguaje es principalmente un fenómeno social, y que depende de la interacción y la exposición al entorno lingüístico.

Ahora, imagina dos niños sordos, uno nacido de padres sordos que comparten el mismo lenguaje de señas y otro nacido de padres oyentes que utilizan el lenguaje hablado. Ambos niños pueden tener acceso a un lenguaje, pero la forma en que lo adquieren difiere según la perspectiva.

El niño nacido de padres sordos, expuesto a la lengua de señas desde el nacimiento, podría desarrollar habilidades lingüísticas de manera natural, lo que respaldaría la noción innatista de que existe una **predisposición genética** para adquirir el lenguaje. Se argumentaría que, incluso sin exposición directa al habla, el niño desarrolla un lenguaje intrínseco basado en su predisposición genética para la adquisición lingüística.

En contraste, el niño nacido de padres oyentes podría experimentar una adquisición del lenguaje más vinculada a la interacción social y la **exposición al entorno.** Aunque también tiene acceso a un lenguaje (hablado), su proceso de adquisición del lenguaje podría estar más influenciado por factores sociales y ambientales. Por ejemplo, podría aprender a leer los labios, utilizar audífonos o implantes cocleares, y depender más de la interacción verbal con su entorno. En este caso, la adquisición del lenguaje del niño estaría más influenciada por la exposición al entorno lingüístico y las interacciones sociales, respaldando la perspectiva de la adquisición social del lenguaje.

Otro punto de debate se centra en la **relación entre sintaxis y semántica**. Algunos enfoques subrayan la importancia de la estructura gramatical y la sintaxis en la comprensión del lenguaje, mientras que otros argumentan que el significado es la piedra angular y que la sintaxis solo es un medio para expresar significados más profundos. Por ejemplo, consideremos esta oración: «El detective encontró el informe en la oficina del director que estaba sobre la mesa».

Desde una perspectiva que enfatiza la sintaxis, diríamos que interpretamos oraciones complejas centrándonos en la estructura gramatical y la disposición de las palabras. En este caso, la comprensión de la oración depende en gran medida de analizar cómo se organizan las palabras y las cláusulas subordinadas. Intentaríamos entender la relación entre los diferentes elementos (el detective, el informe, la oficina y el director) por medio de la estructura sintáctica; es decir, fijándonos en cómo se relacionan gramaticalmente las partes de la oración.

En contraste, una perspectiva que pone énfasis en la semántica se centra en el significado lógico de la oración. Llevado al ejemplo de la frase, implica comprender que el informe estaba sobre la mesa en la oficina del director. Esta perspectiva prioriza la interpretación de las relaciones lógicas entre los elementos de la oración, como dónde estaba el informe y cuál era la conexión lógica entre la oficina y el director, al margen de la estructura.

La **dualidad entre conexionismo y cognitivismo** clásico también contribuye al debate. Mientras algunos defienden que el lenguaje se organiza por medio de conexiones distribuidas por la red neuronal (conexionismo), otros mantienen que se procesa de manera secuencial y jerárquica, y que involucra operaciones mentales específicas (cognitivismo clásico).

Por ejemplo, imagina que quieres entender cómo procesa tu cerebro el lenguaje al leer una oración. El conexionismo defiende que la información está conectada de manera difusa y simultánea en la red. En cambio, desde la perspectiva del cognitivismo clásico, se argumenta que el lenguaje se procesa de manera secuencial y jerárquica, con operaciones mentales específicas que intervienen en el análisis gramatical y semántico de la oración.

Por último, el debate sobre la **naturaleza del significado** incluye perspectivas formalistas que enfatizan la estructura del lenguaje y cómo esta determina el significado, y enfoques pragmáticos que consideran que el contexto y las intenciones comunicativas son fundamentales para comprender el significado. Por ejemplo, cuando lees una oración aparentemente simple como «Voy a tomar un poco de agua», desde una perspectiva formalista, se pondría énfasis en la estructura gramatical y cómo esta determina el significado. En este enfoque, se analizarían las palabras y su disposición en la oración para llegar a la interpretación precisa.

Por otro lado, desde un enfoque pragmático, el contexto y las intenciones comunicativas serían fundamentales para comprender el significado. Aquí, se argumentaría que entender plenamente la oración implica tener en cuenta el contexto más amplio. En este caso, podría ser relevante que alguien está expresando su intención de tomar agua porque tiene sed o calor.

En conclusión, la psicología del lenguaje aborda aspectos cruciales de la adquisición, el procesamiento y el desarrollo del lenguaje humano. Los debates en esta disciplina ofrecen una comprensión más profunda de cómo el lenguaje influye en nuestra cognición y de las complejidades de su naturaleza. Al explorar aspectos clave como la **adquisición del lenguaje**, el **procesamiento del lenguaje**, el **desarrollo de la psicolingüística**, los **trastornos del lenguaje** y el **bilingüismo**, se abre una ventana hacia la fascinante intersección entre la mente y el lenguaje.

LA ADQUISICIÓN DEL LENGUAJE

La adquisición del lenguaje es un fascinante viaje que emprendemos desde nuestros primeros días de vida. Imagina ser un bebé recién nacido, rodeado de sonidos. Este es el comienzo, la cuna de sonidos, donde los pequeños exploran las capacidades de su aparato vocal a través del llanto y los balbuceos.

Aproximadamente a los **4 meses** se inicia la **etapa de los primeros balbuceos**. Los bebés comienzan a producir sonidos repetitivos y exploran diferentes combinaciones de tonos y ritmos. Durante esta fase, los bebés no solo juegan con sonidos, sino que construyen las bases esenciales para su desarrollo auditivo y motor.

Es fascinante cómo los bebés, incluso antes de pronunciar palabras comprensibles, pueden distinguir sonidos específicos de su lengua materna. Algunas investigaciones han demostrado que los bebés son capaces de diferenciar entre los sonidos propios de su idioma y aquellos que no lo son. Un estudio reveló que los bebés expuestos al japonés y al sueco, idiomas que poseen diferentes fonemas, podían distinguir los sonidos específicos de sus respectivos idiomas, aunque no entendieran su significado.

Este fenómeno subraya la asombrosa capacidad de los bebés para sintonizar con los matices de su lengua materna durante los primeros meses de vida. Incluso cuando están en la etapa de balbuceo, su cerebro ya trabaja para identificar y comprender los elementos clave del lenguaje que les rodea, y se prepara silenciosamente para los hitos lingüísticos que vendrán más adelante en su desarrollo. Este proceso temprano no es solo una preparación para la expresión vocal, sino también una evidencia de la asombrosa maquinaria de aprendizaje que reside en las mentes más jóvenes.

Entre los 9 y los 12 meses se alcanza un hito emocionante: **las primeras palabras.** Es común que las primeras palabras de un bebé estén vinculadas a objetos o personas cercanas y significativas en su entorno. Un estudio reveló que los bebés de esta edad tienden a asociar sus primeras palabras con objetos que pueden ver y tocar fácilmente. Por ejemplo, podrían pronunciar «mamá» al ver a su madre o «pelota» al interactuar con una pelota.

Este fenómeno destaca cómo las primeras incursiones lingüísticas de los bebés están intrínsecamente ligadas a sus experiencias sensoriales. Las palabras no surgen de manera aleatoria, sino que se arraigan en la rica red de interacciones y estímulos que forman parte del mundo del bebé. Así, cada nueva palabra se convierte en un puente emocional y cognitivo entre el lenguaje y su comprensión creciente del entorno.

La **explosión de vocabulario** ocurre entre **1 y 2 años.** En este período, los niños experimentan un rápido desarrollo lingüístico que les permite expresar sus necesidades y emociones de manera más precisa.

Durante esta fase, se da una «explosión de nombres», en la que los niños tienden a etiquetar y nombrar una amplia variedad de objetos que encuentran en su entorno. Por ejemplo, si un niño está en un parque, de repente puede señalar un pájaro y decir «pájaro». Hasta este momento, puede haber estado utilizando palabras simples para cosas básicas, pero de repente, parece que su vocabulario se expande rápidamente. Señala el columpio y dice «columpio», señala un árbol y dice «árbol», y así sucesivamente. Este fenómeno refleja la capacidad del niño para asimilar y aplicar nuevas palabras de manera sorprendentemente rápida, y demuestra el notable crecimiento lingüístico propio de este emocionante período de desarrollo.

En esta fase, los niños no solo adquieren nuevas palabras, sino que también empiezan a combinarlas para formar frases sencillas que les permiten expresar sus necesidades y emociones de manera más precisa. Por ejemplo, un niño que ha aprendido las palabras «agua» y «quiero» puede combinarlas para formar la frase «quiero agua». Este simple enunciado le permite comunicar claramente su deseo de tener agua. Del mismo modo, podrían decir «mamá» y «abrazo» para expresar la necesidad emocional de un abrazo de su madre.

Esta es una etapa crucial, ya que marca el inicio de la comunicación más compleja. Los niños utilizan estas frases sencillas para expresar lo que desean, lo que les gusta y lo que no les gusta. Aunque las oraciones son cortas y simples, representan un paso significativo en su desarrollo lingüístico, ya que les permiten interactuar de manera más efectiva con su entorno y satisfacer sus necesidades de manera verbal.

A partir de los **2 a 3 años,** el **desarrollo gramatical** toma protagonismo. Los niños comprenden reglas gramaticales básicas, utilizan pronombres, conjugan verbos y forman oraciones más complejas. La estructura del lenguaje se vuelve más sofisticada. Es ahora cuando los pequeños comienzan a comprender y aplicar reglas gramaticales básicas, lo cual marca un hito importante en su habilidad para construir oraciones más complejas.

Por ejemplo, podrías oír a un niño decir «Yo juego con mis juguetes». Aquí, el uso del pronombre «yo» y la conjugación del verbo «juego» para que coincida con el sujeto demuestran una comprensión emergente de las reglas gramaticales. Además, el niño puede empezar a formar oraciones más elaboradas como «Quiero un helado porque hace calor», lo cual demuestra una capacidad creciente para estructurar pensamientos de manera más compleja.

Es fascinante cómo, durante este periodo, los niños no se limitan a adquirir vocabulario, sino que también internalizan las sutilezas del funcionamiento gramatical del lenguaje. Este desarrollo gramatical sienta las bases para una comunicación más refinada y una expresión más precisa de ideas a medida que aprenden a usar el lenguaje.

De **3 a 5 años,** las habilidades narrativas se desarrollan. Los niños pueden contar historias coherentes y su comprensión del lenguaje les permite seguir instrucciones complejas. En esta etapa, la imaginación y la expresión creativa florecen.

Por ejemplo, mi hija de 4 años, después de una visita al zoológico con el colegio, nos lo contó así a su madre y a mí: «Fuimos al zoológico, vimos leones grandes y rugieron muy fuerte, luego fuimos a ver a los monos que saltaban de rama en rama». Aquí, la niña no solo describe eventos, sino que también organiza estos eventos en una narrativa coherente y demuestra así una comprensión cada vez mayor de la estructura del lenguaje.

Además, durante esta etapa, los niños pueden seguir instrucciones más complicadas. Por ejemplo, pueden participar en actividades que involucran múltiples pasos, como «primero guarda los bloques de madera en su caja y luego trae el libro azul». Este desarrollo no solo refleja su creciente capacidad lingüística, sino también su habilidad para procesar información de manera más compleja y ejecutar tareas secuenciales.

En el rango de **5 a 7 años**, se observa el **dominio del lenguaje escolar**. Los niños refinan su vocabulario, adquieren la capacidad de expresar conceptos abstractos y se preparan para la etapa escolar.

Piensa en un niño de 6 años que está hablando en clase sobre las estaciones del año. No solo es capaz de identificar y describir cada estación, sino también de expresar conceptos más abstractos como el ciclo climático y las diferencias en la duración de los días. Su capacidad para utilizar un lenguaje más preciso y complejo demuestra un dominio continuo y una adaptación a un entorno más estructurado.

Además, la entrada en la educación primaria marca también el comienzo de las habilidades de lectura y escritura. Aquí, la conexión entre la adquisición del lenguaje y estas habilidades se fortalece de manera notable. Los niños aprenden a descifrar letras, formar palabras y, finalmente, comprender y producir textos escritos. Un ejemplo ilustrativo sería observar cómo un niño aprende a leer una historia simple, interpretarla y luego expresar sus pensamientos por escrito. Esto demostraría la correcta integración de las habilidades lingüísticas fundamentales. Este período representa una fase crucial en el desarrollo del lenguaje, ya que proporciona las herramientas necesarias para participar activamente y con éxito en el entorno académico.

En los años escolares intermedios y la educación secundaria, el desarrollo del lenguaje sigue evolucionando y se alcanzan niveles más avanzados de competencia lingüística. Ponte en el lugar de un estudiante de secundaria participando en un debate sobre un tema complejo y de actualidad como la ética en la inteligencia artificial. Este estudiante no solo puede analizar a fondo los textos relacionados con el tema e identificar argumentos clave y perspectivas diversas, sino también expresar ideas y participar en discusiones más complejas. Al discutir sobre dilemas éticos específicos de la aplicación de inteligencia artificial, el estudiante puede utilizar un lenguaje preciso y argumentativo para articular sus puntos de vista y comprender los matices del debate.

El desarrollo del lenguaje propio de los **años escolares intermedios y la educación secundaria** no tiene como objetivo único adquirir conocimientos académicos; también sirve para perfeccionar las habilidades comunicativas necesarias para interactuar de manera efectiva en la sociedad en general. En este momento, la capacidad de expresar ideas complejas y participar en discusiones de nivel se convierte en una herramienta vital para el éxito académico y la participación social en la vida cotidiana.

La adquisición del lenguaje **no se detiene en la adultez**. Por ejemplo, supón que has decidido aprender un nuevo idioma porque te ha surgido una oportunidad laboral en un país extranjero.

En este escenario, te enfrentas a la tarea desafiante de aprender y dominar un nuevo idioma para comunicarte de manera efectiva en tu nuevo entorno laboral y social. A medida que te sumerges en este proceso, demuestras la capacidad de tu mente adulta para absorber nuevas estructuras lingüísticas, vocabulario y patrones de comunicación.

Incluso en la adultez, la adquisición del lenguaje puede ser activa y dinámica, y permitirnos incorporar sistemas de comunicación adicionales a nuestro repertorio. La disposición para aprender nuevos idiomas no solo amplía la capacidad de comunicarnos en diferentes contextos, sino que también refleja la increíble plasticidad del cerebro humano a lo largo del tiempo, por esa razón siempre es positivo aprender varias lenguas distintas.

HABLAR CON EL BEBÉ LE AYUDARÁ A DESARROLLAR ANTES EL LENGUAJE

¿Cuántas veces hemos escuchado la frase «Qué bien se entretiene él solito cuando está jugando»? Sin embargo, si los padres quieren que su hijo desarrolle el habla de manera satisfactoria, tendrán que ofrecerle cooperación y apoyo. Es cierto que el niño puede entretenerse solo jugando, pero para aprender a hablar necesita un interlocutor que le escuche y hable con él. Es decir, necesita que sus padres le presten atención y estimulen su lenguaje para que pueda desarrollarse en esa área. Por tanto, es fundamental que los progenitores aprovechen todas las ocasiones que tengan de estar a solas con ellos. Por ejemplo, pueden dar un paseo, acostarle en la cama o jugar para hablar con ellos. Dedicarles este tiempo a los pequeños con atención satisface sus necesidades y les ayuda a desarrollar el lenguaje.

Los niños, desde que nacen, reciben todo tipo de información del entorno que les rodea y tratan de asimilarla utilizando todos sus sentidos. Durante los primeros cinco años de vida absorben toda esa información y aprenden muchas de las cosas que les servirán para el futuro. En esta época, todo lo que hacen y dicen sus padres influye en su conducta. Por tanto, cada una de las palabras que escuchan de sus progenitores les marca y condicionan su desarrollo.

Desde que el niño nace, la madre suele propiciar el desarrollo del lenguaje del bebé. Desde el punto de vista verbal, estimula al pequeño hablándole al alimentarlo, al bañarlo… Sabe que, aunque el bebé no entiende aún sus palabras, estas le hacen sentirse seguro, protegido y estimulado para comunicarse. A medida que va pasando el tiempo, de manera natural, el niño pasará hacia una etapa en la que entiende las palabras que escucha, pero no puede expresarse. En este momento, el progenitor debe estimular al bebé nombrando los objetos que se utilizan y las actividades que realiza con él. Así el niño irá aprendiendo que cada cosa tiene un nombre.

HIPERREGULACIÓN, SOBREGENERALIZACIÓN Y OTROS

Cuando somos pequeños, aprendemos el lenguaje de manera natural. A los dos años y medio, es frecuente que los niños cometan errores como la **hiperregulación** porque aprenden de manera asociativa. Por ejemplo, decir *«rompido»* en lugar de *«roto»* es un error común. Esto ocurre porque en esa etapa del desarrollo aplicamos una regla de nuestro idioma a verbos o palabras que son excepciones.

¿Has visto hacer esto a algún niño pequeño de tu entorno? Es lo más normal del mundo y debes saber que hacerles repetir la palabra muchas veces de la manera correcta **NO** va a servir de nada. Además, nunca hay que corregirles en este caso porque no es una equivocación, es una fase normal del aprendizaje.

A los tres años, suele ocurrir la **simplificación de algunos fonemas,** que consiste en acortar la estructura silábica. Por ejemplo, diríamos «*fante*» *en lugar de* «*elefante*». También es común que asimilen un sonido a otro próximo; por ejemplo, dirían «*bobo*» *en lugar de* «*globo*».

También es común la **sobregeneralización,** que consiste en usar la misma palabra para cosas parecidas; por ejemplo, llamar «perro» a todos los animales de cuatro patas. Además, puede aparecer la **tartamudez temporal,** una alteración en el lenguaje que, en ocasiones, se manifiesta por un bloqueo, como una traba que cuesta superar para seguir adelante. Otras tartamudeces se caracterizan por la repetición de sílabas o palabras. Es frecuente que los niños preescolares pasen por algún período de tartamudez. Pensar, hablar y comunicar todo lo que quieren no es un proceso fácil de organizar, y eso puede hacer que aparezca una tartamudez transitoria. Si estas vicisitudes del lenguaje se manejan bien desde el entorno del niño, el problema muchas veces se supera sin dejar rastro. Puede acentuarse en momentos de excitación o de duda sobre cómo expresar algo, ya sea en frases largas o cuando el niño busca la palabra precisa, o cuando siente mucha urgencia por comunicar algo. Esto no le genera al niño preocupación ni respuesta emocional significativa. Es bueno tener presente que el 85 % de los preescolares que tartamudean deja de hacerlo para siempre tras un breve período. Saber que es muy probable que al pequeño se le vaya el tartamudeo nos ayuda a estar menos nerviosos y no reaccionar en exceso.

LAS PALABROTAS
Alrededor de los tres *años, los niños* empiezan a decir **palabrotas** por varias razones. Una de ellas es que quieren **expresar sus emociones.** Cuando un niño comienza a decir palabrotas, no lo hace para insultar, sino porque no conoce otras formas de expresar sentimientos como la rabia o el estrés.

Otra razón es la **imitación.** Los niños lo absorben todo, incluido el lenguaje que escuchan. Si escuchan palabrotas en su entorno, es probable que las repitan sin entender su significado completo. Por ello, es importante que los adultos sean conscientes del lenguaje que usan delante de los niños.

Además, sobre los cuatro años, para los niños puede ser **divertido** decir palabrotas. Por ejemplo, se ríen al escuchar la expresión «caca, culo, pedo, pis». De ahí que no sea de extrañar el éxito que alcanzaron Enrique y Ana con su canción homónima entre el público infantil. Cuando los adultos muestran sorpresa ante estas palabras, los pequeños pueden percibirlo como un comportamiento aceptable y hasta gracioso, lo cual puede fomentar que repitan las palabrotas para **llamar la atención** o para provocar una reacción en los demás.

Puede que el lector que tenga hijos en esas edades se esté preguntando qué puede hacer si su hijo dice palabrotas. La respuesta es que no se le debe dar más importancia de la que tiene, pero tampoco hay que ignorarlo siempre. Dependerá de la situación y de nuestro criterio, y siempre se procurará que el niño se quede dentro de los límites que los padres y madres consideren aceptables.

Lo primero será **prevenir.** Es importante evitar que los niños estén expuestos a un entorno donde se utilicen constantemente palabrotas. Los padres y cuidadores deben ser conscientes del lenguaje que emplean delante de los niños y procurar mantener un ambiente más adecuado y respetuoso en cuanto al uso del lenguaje.

En segundo lugar, **actuar con normalidad.** Cuando los niños dicen palabrotas por primera vez, es esencial no sobrerreaccionar. Los padres deben mantener la calma y no mostrar una gran sorpresa o enfado ante estas palabras, ya que una reacción exagerada puede reforzar el comportamiento y llevar al niño a repetir las palabrotas en busca de atención.

En tercer lugar, **reaccionar a la llamada de atención.** Si los adultos muestran sorpresa o risa ante las palabrotas del niño, este puede interpretarlo como algo positivo y repetir las palabras para obtener una respuesta similar. Por lo tanto, es crucial evitar reforzar este comportamiento y, en su lugar, responder de manera neutral o con indiferencia.

En cuarto lugar, **ofrecer alternativas.** En lugar de reprender al niño por decir palabrotas sin más, los adultos pueden ofrecer alternativas más adecuadas para expresar sus sentimientos o pensamientos. Por ejemplo, si un niño llama tonto a otro, los padres pueden explicarle que es mejor expresar su opinión de una manera más respetuosa, como decir que esa persona «no le cae bien».

Por último, **entender el motivo.** Es fundamental comprender por qué el niño está utilizando esas palabras. Puede que esté experimentando emociones intensas, imitando lo que ha escuchado en su entorno o buscando atención. Entender el motivo de este comportamiento puede ayudar a abordar el problema de manera más efectiva y encontrar soluciones adecuadas.

EL PROCESAMIENTO DEL LENGUAJE
Cada vez que nos relacionamos con el lenguaje, ya sea de forma hablada o escrita, se despliega en nuestro cerebro una asombrosa capacidad cognitiva: el procesamiento del lenguaje, que revela la intrincada red de operaciones mentales que subyacen la comprensión del habla y la lectura.

Cuando nos sumergimos en este proceso, nuestro cerebro inicia un «baile» de actividades complicadas y enmarañadas. El primer paso es el **reconocimiento fonético**, una habilidad asombrosa que nos permite transformar los sonidos del habla en representaciones mentales comprensibles. Para ilustrar este punto, pensemos en cómo percibimos y procesamos la palabra «elefante». En este caso, el reconocimiento fonético implica la capacidad de descomponer e interpretar los sonidos específicos que componen la palabra, como la vocal e, la consonante l, la vocal e nuevamente, la consonante f, la vocal *a*, la consonante *n*, la consonante *t* y la vocal *e*. Este proceso instantáneo y automatizado nos permite no solo identificar la palabra, sino también atribuirle significado y evocar la imagen mental del gran animal al que nos referimos.

La **sintaxis** o la estructura gramatical de las oraciones, es una pieza clave en este baile cognitivo del procesamiento del lenguaje. Consideremos, desde la perspectiva de la psicología del lenguaje, esta oración: «La niña que llevaba una bufanda roja encontró el libro en la biblioteca». Aquí, el cerebro realiza un análisis sintáctico para comprender la relación entre los elementos. Identifica que «la niña» es el sujeto, «encontró» es el verbo y «el libro en la biblioteca» es la información complementaria, es decir, el complemento directo (el libro) y el complemento circunstancial de lugar (en la biblioteca). Además, reconoce la subordinación de la cláusula «que llevaba una bufanda roja» y entiende cómo se relaciona con el sustantivo «niña». Este proceso sintáctico permite construir significado y comprender la complejidad de la estructura gramatical, lo cual revela la asombrosa habilidad del cerebro para organizar las palabras en secuencias coherentes.

La **semántica,** centrada en el estudio del significado, se convierte en otro componente clave en el procesamiento del lenguaje. Por ejemplo, analicemos esta oración: «Durante la tormenta, el anciano encontró refugio bajo el gran roble». Nuestro cerebro realiza una interpretación semántica al atribuir significado a cada palabra y entender las relaciones lógicas y conceptuales. Aquí, reconocemos que «tormenta» implica condiciones climáticas adversas, que el «anciano» busca resguardarse y que «el gran roble» proporciona refugio. Este análisis semántico nos permite no solo procesar las palabras individualmente, sino también comprender la riqueza y sutileza del significado que surge de la interconexión de las palabras en la oración.

Además, la **memoria** desempeña un papel muy importante para recordar palabras, reglas gramaticales y significados anteriores, lo cual facilita la comprensión continua del lenguaje. Por ejemplo, imagina que estás leyendo una novela con una trama compleja. A medida que avanzas en la historia, tu memoria trabaja diligentemente para recordar los nombres de los personajes, los eventos pasados y los detalles importantes. Esta capacidad de retención es esencial para seguir la trama y comprender las conexiones entre diferentes elementos narrativos. La memoria a largo plazo, en este contexto, actúa como un almacén invaluable que te permite recordar y relacionar la nueva información con información anterior mientras procesas activamente el lenguaje presente. Por tanto, la memoria no es un componente pasivo, sino una herramienta dinámica que enriquece de forma continua nuestra experiencia con el lenguaje.

LOS TRASTORNOS DEL LENGUAJE

Los trastornos del lenguaje, desde la perspectiva de la psicología del lenguaje, nos proporcionan una visión profunda de las complejidades que pueden surgir en su adquisición y su uso. Estos trastornos pueden manifestarse en diversas formas y afectar tanto a la producción como a la comprensión del lenguaje, y su estudio revela importantes percepciones sobre la relación entre la mente y el lenguaje. Entre estos transtornos del lenguaje podemos destacar la dislexia, la afasia, los trastornos generales del espectro del lenguaje y los trastornos del espectro autista.

El estudio de los trastornos del lenguaje desde la perspectiva de la psicología del lenguaje mejorará nuestra comprensión de las dificultades específicas en la comunicación y al mismo tiempo contribuirá a encontrar estrategias efectivas para su evaluación y tratamiento. Esta investigación es esencial para diseñar intervenciones que aborden las necesidades individuales de las personas afectadas por los trastornos del lenguaje, pues existe una profunda conexión entre la salud mental, el cerebro y el lenguaje.

La dislexia

La dislexia es uno de los trastornos más comunes. Afecta a la lectura y la comprensión del texto, y es un fenómeno que la psicología del lenguaje explora con detenimiento. Desde esta disciplina, se investiga cómo la dislexia se vincula a procesos cognitivos específicos, como el reconocimiento de palabras y la decodificación fonética.

El **reconocimiento de palabras** es la capacidad de identificar y comprender visualmente las palabras escritas. En personas con dislexia, este proceso puede presentar dificultades y provocar que la lectura sea lenta y menos fluida. Imagina leer una oración en la que las palabras parecen mezclarse o cambiar de lugar constantemente. Por ejemplo, podrías ver la frase «El sol brilla en un cielo azul» con las palabras «cielo» y «azul» intercambiadas, o las letras dentro de las palabras, desordenadas, formando otras como «celio» o «aluz». Este fenómeno hace que la tarea de entender el mensaje completo sea enormemente complicada.

La **decodificación fonética** es otro aspecto crucial. Alude la habilidad de asociar los sonidos de las letras con sus correspondientes representaciones escritas. En individuos con dislexia, este proceso puede ser menos eficiente, lo que se traduce en dificultades para pronunciar palabras desconocidas o inusuales. Es como intentar leer palabras que no siguen las reglas fonéticas que conocemos. Por ejemplo, la palabra «isla», una palabra de uso común, en lugar de seguir la pronunciación estándar de «is-la», en la mente de alguien con dislexia podría percibirse de una manera diferente, quizás como «i-sla», o «iz-la».

El análisis exhaustivo de los procesos cognitivos asociados a la dislexia proporciona una visión profunda de las bases neurológicas de la lectura. En términos neurológicos, se han observado diferencias en la estructura y el funcionamiento del cerebro de las personas que la padecen, especialmente en áreas vinculadas al procesamiento del lenguaje. Por ejemplo, algunas investigaciones han identificado variaciones en la actividad cerebral en regiones como el giro angular, que desempeña un papel crucial en la decodificación fonética y la comprensión lectora.

En otras palabras, el cerebro es una red compleja de conexiones. En individuos con dislexia, estas conexiones pueden presentar variaciones que afectan a la fluidez en el reconocimiento de palabras y la interpretación de textos. Es como conducir por un camino con baches en lugar de uno liso al procesar la información escrita.

Además, entender cómo funciona el cerebro en personas con dislexia no solo nos ayuda a identificar las causas de este trastorno, sino que también nos da herramientas para crear intervenciones más efectivas. Imagina el cerebro como una ciudad y las áreas relacionadas con la lectura, como barrios. En las personas con dislexia, algunos vecindarios no colaboran correctamente y crean obstáculos para la lectura.

Los expertos, al conocer estos «barrios cerebrales» específicos, pueden planificar estrategias para fortalecer las áreas problemáticas. Es como calles y avenidas específicas de la ciudad para que la información pueda circular de manera más fluida. Esto se logra mediante técnicas especiales diseñadas para estimular y desarrollar las áreas cerebrales involucradas.

De esta manera, se abren oportunidades para que las personas con dislexia superen los desafíos a los que se enfrentan cuando leen. Es como darles mapas más claros y eficientes para navegar por la «ciudad de la lectura».

Afasia

Otro trastorno relevante es la afasia, que generalmente aparece tras una lesión cerebral y afecta a la producción y comprensión del lenguaje. La psicología del lenguaje examina cómo cada área del cerebro está implicada en diferentes aspectos del lenguaje y cómo las lesiones pueden afectar selectivamente a estas habilidades lingüísticas.

Imagina el lenguaje como una orquesta y la afasia como una desafinación repentina en la sinfonía cerebral. Cuando se produce una lesión cerebral, ciertas secciones de la orquesta pueden quedar en silencio o tocar notas incorrectas. Esta analogía ilustra cómo la psicología del lenguaje aborda la afasia: identificando las áreas específicas del conjunto que necesitan afinación o ajustes para restaurar la armonía del lenguaje.

Existen diferentes tipos de afasia, y cada uno tiene un impacto específico en el lenguaje. La **afasia de Broca** provoca dificultades para formar oraciones completas y fluidas, aunque las personas afectadas pueden entender el lenguaje de los demás. Los síntomas incluyen una menor producción de palabras, el uso de frases cortas y la omisión de conectores gramaticales. A pesar de estas dificultades, la comprensión del lenguaje y la capacidad para entender el significado de las palabras generalmente permanecen intactas. Es un problema que afecta a la producción del lenguaje. Regresando a la analogía de la orquesta, sería como si los músicos (o áreas cerebrales) responsables de formar palabras y oraciones creasen una falta de armonía en la expresión verbal.

La **afasia de Wernicke** afecta principalmente la comprensión del lenguaje. Las personas con esta afasia a menudo pueden producir un habla fluida, pero el contenido puede carecer de sentido y coherencia. Además, suelen tener dificultades para entender el lenguaje hablado y escrito. Es una confusión en la sección encargada de la comprensión del lenguaje. En este caso, los músicos de nuestra orquesta pueden tocar notas, pero no las que deberían, por lo que no se llegaría a producir una melodía coherente.

El trastorno específico del lenguaje (TEL)

Este tipo de trastornos son un desafío al que se enfrentan algunos niños en la adquisición y el uso del lenguaje a pesar de no tener discapacidades cognitivas ni problemas sensoriales evidentes. Por ello, el TEL pone de manifiesto la complejidad de las interacciones entre factores genéticos, neurológicos y ambientales en el desarrollo del lenguaje. Algunos niños con TEL pueden tener dificultades para comprender instrucciones, expresar sus pensamientos verbalmente o construir oraciones de manera coherente. El estudio de este trastorno no busca solo comprender las bases neurobiológicas subyacentes, sino también cómo los factores ambientales, como el entorno familiar y educativo, pueden influir en su manifestación y gravedad.

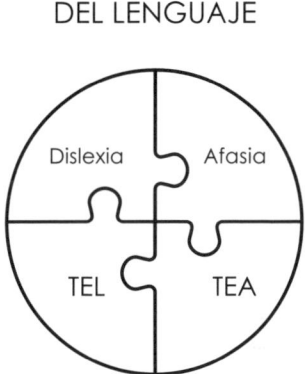

TRASTORNOS DEL LENGUAJE

Quienes la padecen son, por lo general, niños que, a pesar de tener una inteligencia promedio y no mostrar signos de pérdida de audición u otros problemas físicos, experimentan dificultades significativas al desarrollar habilidades lingüísticas típicas para su edad. Por ejemplo, un niño de seis años con TEL parecería un niño inteligente y saludable a primera vista, sin indicios de pérdida de audición ni problemas físicos notorios. Sin embargo, al observar en detalle su desarrollo lingüístico, empezaríamos a tener dudas. A diferencia de sus compañeros, este niño encontraría dificultades significativas para expresar sus ideas de manera clara. Sus oraciones serían fragmentadas y carecerían de la complejidad que se esperaría para su edad. A veces, se detendría a buscar palabras durante la conversación, como si las ideas estuvieran atrapadas en su mente.

En el entorno escolar, este niño podría tener problemas para seguir las instrucciones verbales y comprender las lecciones que involucran un componente lingüístico más complejo. A pesar de su inteligencia promedio, estas habilidades lingüísticas rezagadas afectarían a su capacidad para comunicarse efectivamente con sus compañeros y docentes.

Los trastornos del espectro autista (TEA)

El TEA no es un trastorno del lenguaje en sí, sino del desarrollo. Muchas de las personas que lo padecen se enfrentan a distintos desafíos en el lenguaje. La psicología del lenguaje, que se centra en cómo funciona la mente, explora cómo estas diferencias en el desarrollo cognitivo afectan a la forma de la que las personas usan el lenguaje.

En el caso del TEA, las formas de comunicarse pueden ser diferentes de lo que consideramos normal. Algunas personas repiten palabras o frases (ecolalia) o prefieren comunicarse sin usar palabras. Estas formas únicas de comunicación a menudo muestran cómo funciona el pensamiento en personas dentro del espectro autista.

Las personas en el espectro autista pueden usar el lenguaje de maneras muy distintas; por ejemplo, repitiendo muchas veces las mismas palabras. Comprender estas diferencias puede ayudarnos a adaptar la manera de enseñar y apoyar a este niño concreto en la escuela de una manera más efectiva; por ejemplo, usando apoyos visuales, utilizando **técni**cas de comunicación alternativa o adaptando el enfoque pedagógico para mejorar la comunicación y participación de todos los niños en actividades académicas y sociales.

EL BILINGÜISMO

El bilingüismo, desde la perspectiva de la psicología del lenguaje, es un fenómeno fascinante que implica el uso y la competencia en dos o más idiomas. Este proceso no solo implica la adquisición de las estructuras lingüísticas de diferentes idiomas, sino que también influye en la cognición y el funcionamiento cerebral de manera notable.

Cuando una persona es bilingüe, su cerebro gestiona constantemente dos sistemas lingüísticos. Esto provoca adaptaciones cognitivas únicas. Por ejemplo, se ha observado que los bilingües desarrollan **habilidades metalingüísticas superiores,** lo que significa que son más conscientes de las estructuras y reglas gramaticales de los idiomas.

Además, el bilingüismo también muestra cómo el cerebro organiza y almacena las palabras en diferentes idiomas. En lugar de traducir palabras de un idioma a otro, los bilingües pueden acceder directamente a la lengua que corresponde al contexto, lo que demuestra una flexibilidad mental impresionante.

Para entender todo esto, piensa en alguien que haya crecido hablando tanto inglés como español; llamémosla María. Cada día, ella usa ambos idiomas en distintos contextos. Cuando conversa con sus amigos en inglés, su cerebro activa el sistema lingüístico correspondiente: recupera el vocabulario específico y ajusta las reglas gramaticales automáticamente. Pero el cambio es dinámico; cuando visita a su familia y cambia al español, su mente se adapta sin esfuerzo y la lleva de una estructura lingüística a otra con una fluidez sorprendente.

Esta habilidad no solo se refleja en su capacidad para cambiar entre idiomas sin esfuerzo aparente, sino también en su aguda conciencia de las complejidades lingüísticas. María no solo sabe hablar en dos idiomas: también es consciente de las diferencias gramaticales entre ellos. Puede notar las sutilezas de la estructura verbal en inglés y ajustarse a las reglas gramaticales del español, todo en el transcurso de una conversación.

Asimismo, la influencia del bilingüismo se extiende más allá del ámbito lingüístico. Se ha demostrado que los bilingües poseen una **mayor capacidad para resolver problemas,** tomar decisiones y procesar información de manera eficiente. Esta ventaja cognitiva se asocia con la necesidad constante de gestionar y alternar entre dos sistemas lingüísticos.

Por ejemplo, en su vida universitaria, María se enfrenta a desafíos académicos que demandan un pensamiento profundo y habilidades analíticas. Cuando tiene que abordar un problema complejo en sus estudios, su mente bilingüe entra en acción. La constante alternancia entre español e inglés ha moldeado su capacidad cognitiva de manera única, y eso le permite observar el problema desde distintos ángulos aprovechando las estructuras lingüísticas y los enfoques de pensamiento de ambos idiomas.

Esta alternancia entre lenguas le facilita a María la comprensión del problema y también le brinda una ventaja al buscar soluciones. Su cerebro, acostumbrado a gestionar dos sistemas lingüísticos simultáneamente, sobresale en la resolución de problemas complejos y en la toma de decisiones informadas. Esto demuestra que el bilingüismo va más allá de la competencia lingüística: es un activo valioso que enriquece sus habilidades mentales y cognitivas en diversos aspectos de su vida.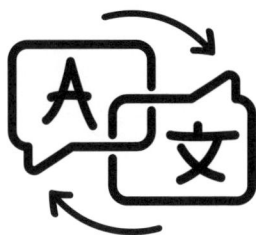

Además, el bilingüismo no consiste solo en hablar dos idiomas; también se relaciona con la identidad cultural y las experiencias sociales. Dicho de otro modo, el bilingüismo afecta a la autoimagen y a las interacciones sociales, ya que las personas que hablan varios idiomas a menudo experimentan el mundo de maneras únicas.

LAS FAMILIAS BILINGÜES

En la actualidad, la globalización y el aumento de la movilidad internacional han dado lugar a importantes transformaciones sociales. Este fenómeno se refleja en el creciente número de parejas formadas por individuos que provienen de culturas e idiomas diferentes. Este cambio, impulsado en parte por el uso generalizado de internet como medio de comunicación, destaca la diversidad cultural y lingüística que caracteriza a las relaciones interculturales en el mundo contemporáneo.

Debido al creciente fenómeno de formación de familias con una diversidad cultural y lingüística notable, cada vez es más común encontrar **modelos familiares** que presentan diversas configuraciones:

- En algunos casos, cada progenitor habla un idioma diferente y ambos residen en el país de origen de uno de ellos. Por ejemplo, el padre habla en inglés, la madre en español y ambos viven en España.

- También se observan casos en los que ambos padres comparten un idioma distinto al del lugar donde residen. Por ejemplo, podríamos tener una familia en la que los padres hablan italiano y viven en Estados Unidos.

- En otros modelos, cada padre habla un idioma distinto y ambos viven en un país diferente al de su origen. En ese caso, podríamos hablar de una familia en la que uno de los padres habla francés y el otro, japonés, pero residen juntos en Australia, donde el inglés es el idioma principal.

Estas familias se denominan comúnmente «familias bilingües», y presentan un entorno propicio para el desarrollo de los niños. En este contexto, los pequeños tienen la oportunidad de adquirir habilidades lingüísticas y cognitivas excepcionales, como la capacidad de pensar y comunicarse con fluidez en múltiples idiomas, entre otros beneficios.

QUÉ BENEFICIOS APORTA AL NIÑO SER BILINGÜE
Cuando los niños se crían desde muy pronto en un entorno donde la educación es bilingüe, obtienen múltiples ventajas en su desarrollo evolutivo; numerosos estudios respaldan esos efectos.

La **flexibilidad cognitiva** es uno de los aspectos más destacados. Desde la infancia, los niños comienzan a diferenciar los idiomas por su ritmo, cadencia y tono de voz. A medida que crecen expuestos a diferentes lenguas, desarrollan fluidez y la habilidad de alternar entre idiomas según el contexto. Esta capacidad de analizar la situación y controlar el uso de los idiomas les otorga una mayor flexibilidad cerebral.

Además, la **capacidad de atención** también se beneficia de esta flexibilidad cognitiva. Los niños bilingües son capaces de concentrarse más fácilmente en las tareas, bloquear distracciones y adaptarse rápidamente a los cambios del entorno.

En cuanto a la **comunicación,** los niños bilingües ejercitan su memoria desde temprana edad, lo que mejora su capacidad para relacionarse con otras personas a largo plazo. Al estar acostumbrados a prestar atención no solo a las palabras, sino también al entorno, tono de voz y lenguaje corporal de sus interlocutores, su comunicación se vuelve más fluida y eficaz.

Además, se ha observado que el aprendizaje de otros idiomas en la infancia puede ayudar a **prevenir** el desarrollo de **enfermedades degenerativas** en el cerebro. El ejercicio cerebral que supone aprender múltiples idiomas aumenta la densidad de materia gris en ciertas áreas del cerebro, lo que facilita la regeneración de las conexiones neuronales.

Finalmente, el **pensamiento crítico** también se potencia en los niños bilingües. Al tener la capacidad de pensar y actuar desde diferentes perspectivas lingüísticas, desarrollan una mayor habilidad para discernir entre varias opciones y puntos de vista, lo que les permite abordar los problemas desde diferentes ángulos con mayor facilidad.

CÓMO INTRODUCIR AL NIÑO EN EL BILINGÜISMO
Introducir a un niño en el bilingüismo representa un desafío considerable. Por ello, es crucial contar con un plan claro si deseamos que el pequeño adquiera habilidades lingüísticas en dos idiomas. Los niños no aprenden dos idiomas por arte de magia; es necesario

crear un entorno propicio para que puedan crecer y desarrollarse en ambas lenguas. En este sentido, la ayuda del entorno es fundamental. Estas son algunas pautas que se deben considerar.

En primer lugar, es crucial que el aprendizaje no se perciba como algo forzado, sino como una experiencia placentera y motivadora para el niño. El aprendizaje de los idiomas debe ser natural y divertido.

En caso de que cada progenitor utilice un idioma diferente, es importante que cada uno hable al niño en su idioma materno. Si además residen en un país donde se habla uno de esos idiomas, este último será el predominante.

La **regularidad** en el uso de los idiomas es esencial. Si un progenitor mezcla los idiomas, existe un riesgo mayor de que el niño prefiera utilizar el idioma mayoritario por considerarlo más útil. Ya sea que ambos padres hablen el mismo idioma en un país extranjero o que hablen idiomas distintos, la clave está en la constancia y la paciencia al enseñar el idioma menos hablado.

Es necesario utilizar una **variedad de recursos** para crear un ambiente en el que el niño perciba la importancia de ambos idiomas. Esto puede incluir, por ejemplo, conversaciones *online* con familiares, visitas al país donde se hable el idioma minoritario, grupos de juego donde se utilice ese idioma o material multimedia.

Es importante no hacer caso de los **malos consejos.** Educar a los hijos en el bilingüismo puede ser desafiante, y es común que los niños mezclen idiomas o estructuras gramaticales, especialmente hasta los cuatro años. Sin embargo, es esencial confiar en el proceso y no prestar atención a las críticas no fundamentadas del entorno.

Es muy importante tener **cuidado con las correcciones.** Es normal que el desarrollo del lenguaje en niños bilingües sea más lento en comparación con aquellos que aprenden un solo idioma, ya que suelen invertir el orden de las palabras y mezclar estructuras. En estos casos, es importante corregir de manera sutil y no ser demasiado bruscos para evitar que el niño se sienta inhibido al hablar.

Los vínculos entre memoria y lenguaje

Los vínculos entre la memoria y el lenguaje son esenciales en nuestra experiencia cognitiva, ya que ambos procesos están fuertemente entrelazados. La memoria, que abarca desde la retención de información hasta su recuperación, juega un papel esencial en la adquisición, el almacenamiento y la recuperación del lenguaje.

Además de la memoria semántica y la memoria episódica (muy relacionadas con el lenguaje), esta compleja red la componen también la memoria de trabajo lingüística, la recuperación del vocabulario, el recuerdo de estructuras gramaticales, y la retención de información escrita.

La memoria de trabajo lingüística

La memoria de trabajo lingüística es una habilidad cognitiva que nos permite almacenar y manipular información relacionada con el lenguaje de manera temporal. Funciona como el escenario mental donde retenemos datos lingüísticos mientras realizamos tareas mentales más complejas. Este proceso involucra la conservación a corto plazo de palabras, frases, reglas gramaticales y demás elementos lingüísticos necesarios para llevar a cabo una tarea específica.

Si, por ejemplo, estas aprendiendo a cocinar un nuevo plato, este tipo de memoria entra en juego cuando lees las instrucciones y retienes mentalmente los pasos y los ingredientes. Mientras cortas, mezclas y cocinas, tu memoria trabaja activamente para recordarte los detalles cruciales de la receta y facilitarte la aplicación práctica del conocimiento adquirido.

En términos más generales, este proceso es esencial no solo para cocinar, sino también para comprender, analizar y participar en cualquier actividad que implique el uso del lenguaje. Al seguir una receta, aprender otro idioma o participar en una conversación, la memoria de trabajo lingüística es la herramienta que nos permite procesar y utilizar información lingüística en tiempo real.

Recuperación de vocabulario

La recuperación del vocabulario es una faceta esencial de la interacción entre la memoria y el lenguaje. Este proceso implica la habilidad de recordar y utilizar palabras específicas de manera efectiva.

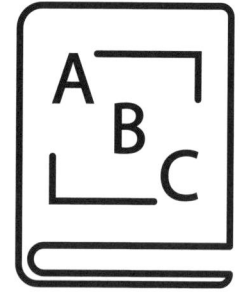

Imagina el proceso de recuperación del vocabulario como buscar un libro en una biblioteca. Este proceso implica recordar la palabra en sí, y también su pronunciación, su significado y cómo se utiliza en diferentes contextos. Estaríamos usando este proceso, por ejemplo, cuando intentamos recordar el nombre de una persona a la que conocemos. En este caso, nuestra memoria alberga el nombre y la recuperación implica acceder a esa información específica para poder dirigirnos correctamente a la persona. Este proceso puede ser instantáneo o demorarse un poco dependiendo de diversos factores, como la familiaridad con el nombre y la frecuencia con la que hemos interactuado con esa persona.

En este proceso, que se caracteriza por su dinamismo y rapidez, se subraya cómo la memoria y el lenguaje colaboran en la construcción y expresión del significado a través de las palabras.

Recuerdo de estructuras gramaticales

Este proceso implica la habilidad para recordar y utilizar las reglas gramaticales que rigen la creación de oraciones y la estructuración del lenguaje. Al investigar cómo la memoria y las estructuras gramaticales se relacionan entre sí, nos adentramos en el interesante mundo de cómo almacenamos y recuperamos las reglas que moldean nuestra forma de hablar y dan forma a nuestro discurso.

Piensa en las estructuras gramaticales como si fueran el andamiaje que sostiene las oraciones que decimos o escribimos. Estas reglas proporcionan el marco necesario para construir mensajes coherentes y comprensibles. Recordar estas estructuras implica acceder a las reglas gramaticales almacenadas en la memoria y aplicarlas eficientemente mientras hablamos o escribimos.

Por ejemplo, cuando preguntamos «¿Cómo estás?», recordamos la estructura gramatical adecuada para expresar esa pregunta en lugar de declarar «Estás bien». Este proceso no solo implica recordar las palabras específicas, sino también la forma correcta de organizarlas según las reglas gramaticales para un fin concreto.

La colaboración entre la memoria y el conocimiento gramatical permite que nuestras expresiones sean coherentes y culturalmente relevantes, y proporciona un fundamento sólido para la construcción del significado lingüístico.

La retención de información escrita

Esta función nos permite almacenar y recuperar detalles específicos, y construir así una base sólida para el desarrollo de nuestras habilidades lingüísticas.

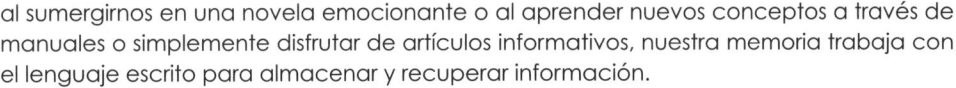

Cuando exploramos cómo la retención de información escrita se integra con la memoria y el lenguaje, descubrimos que esta capacidad se activa en diversas situaciones de lectura. Ya sea al sumergirnos en una novela emocionante o al aprender nuevos conceptos a través de manuales o simplemente disfrutar de artículos informativos, nuestra memoria trabaja con el lenguaje escrito para almacenar y recuperar información.

Por ejemplo, usaríamos esta capacidad para **recordar detalles** clave de un libro que hemos leído recientemente. La capacidad de retención de información escrita entra en acción al recordar no solo los eventos principales de **la trama,** sino también los matices y detalles que contribuyen a la comprensión completa de la obra. Esto conecta la memoria y el lenguaje, ya que las palabras de la página se transforman en representaciones mentales que podemos recuperar y sobre las que podremos reflexionar en el futuro.

Además, la retención de información escrita nos permite no solo absorber conocimientos, sino también mantener viva la riqueza de las palabras a medida que construimos nuestras experiencias lingüísticas.

APRENDER NUEVOS IDIOMAS

El aprendizaje de nuevos idiomas se presenta como un apasionante viaje en el que la memoria desempeña un rol central en nuestra relación con el lenguaje. Este proceso abarca desde la adquisición del vocabulario hasta la comprensión de las estructuras gramaticales, y la capacidad de aplicar estas habilidades para comunicarnos de manera efectiva en un idioma diferente.

Supón que estás aprendiendo inglés y te enfrentas a la tarea de **aprender palabras** que describen colores o expresan emociones. Aquí, la memoria trabaja incansablemente para retener estos términos y establecer conexiones con sus equivalentes en tu lengua materna. Por ejemplo, cuando aprendes la palabra «rojo» en inglés (red), tu memoria almacena esa información y la asocia con la idea del color rojo en tu lengua materna.

Recordar estructuras gramaticales también es esencial para aprender un nuevo idioma. Entender cómo organizar las palabras en oraciones coherentes y seguir las reglas gramaticales del idioma objetivo requiere una memoria efectiva que recuerde esas estructuras. Si estás aprendiendo a formar preguntas en un nuevo idioma, tu memoria te ayudará a retener la estructura gramatical adecuada para lograrlo.

Supongamos que eres un hablante nativo de español que está aprendiendo inglés y quieres aprender a formar preguntas. En este caso, la memoria te ayudará a retener la estructura gramatical correcta, incluidos el orden de las palabras y el uso de auxiliares. Después, intentas formar tu primera pregunta en inglés. Quieres preguntar «¿Cómo estás?» (How are you?), pero aún no tienes automatizada la estructura gramatical. Aquí es donde la memoria entra en juego, ya que te recuerda que en inglés la estructura para preguntar por el estado de alguien es diferente a cómo lo harías en español.

De este modo, el recuerdo del vocabulario y las estructuras gramaticales se combinan para construir mensajes comprensibles y culturalmente apropiados. La memoria actúa como el archivo donde almacenamos las reglas y palabras, y nos permite acceder a ellas conforme avanzamos en nuestro aprendizaje. Por tanto, la memoria y el lenguaje trabajan en conjunto para enriquecer nuestra capacidad de comunicarnos en un mundo global.

LA NARRACIÓN Y LA COMPRENSIÓN DE HISTORIAS
Mientras lees tu libro favorito, tu memoria trabaja para retener los detalles clave: los personajes, la trama y los eventos importantes. La **memoria episódica** te permite recordar no solo lo que está sucediendo en la historia en ese momento, sino también los eventos pasados fundamentales para comprender la trama.

Por su parte, las palabras son como pinceles: pintan imágenes mentales y permiten que la trama se desarrolle en nuestra mente. La capacidad del lenguaje para transmitir emociones, describir entornos y desarrollar personajes contribuye en gran medida a la riqueza de nuestra experiencia durante la lectura.

Ahora, piensa en situaciones en las que tú cuentas una historia. Tu memoria trabaja para organizar los eventos de manera secuencial y asegurarse de que la narrativa tenga coherencia. Si estás contando una anécdota, la memoria episódica entra en acción para recordar los detalles específicos y transmitir la experiencia de manera vívida. Por otro lado, también se activaría el lenguaje, que es la vía para compartir nuestras experiencias de manera efectiva. Utilizamos palabras para estructurar la narrativa, seleccionar descripciones precisas y guiar a nuestros oyentes a través de los acontecimientos. El lenguaje, en este contexto, actúa como el puente entre nuestra memoria episódica y la comprensión compartida de la historia.

En conclusión, el lenguaje facilita la conexión entre la memoria episódica y la narración de historias, y nos permite expresar y comprender experiencias a través de la comunicación verbal. Esta interacción entre memoria y lenguaje crea un vínculo en el que nuestras narrativas se convierten en piezas fundamentales para la construcción y la transmisión del conocimiento y la cultura.

EL EFECTO DE PRIMACÍA Y RECENCIA

Este efecto refleja la tendencia a recordar mejor los elementos que se presentan al principio (primacía) y al final (recencia) de una secuencia de información, en comparación con los elementos intermedios.

El efecto de primacía se atribuye a la transferencia de información a la **memoria a largo plazo** durante el proceso de aprendizaje, mientras que el efecto de recencia está relacionado con la capacidad de la memoria a corto plazo para retener la información más reciente. La combinación de estos dos efectos destaca la importancia de entender cómo la memoria opera en diferentes momentos de la presentación de información.

Cuando aplicamos este efecto al lenguaje, podemos observar cómo influye en la retención y recuperación de palabras, frases o información en general. Al escuchar una lista de palabras o leer un pasaje, las palabras que se presentan primero (primacía) y las que aparecen al final (recencia) tienden a ser recordadas con mayor facilidad.

Por ejemplo, supongamos que estás aprendiendo una lista de palabras en inglés. Las primeras y las últimas que estudies tenderán a quedar más arraigadas en tu memoria. Esto se debe al efecto de primacía y recencia, que destaca la importancia de las posiciones inicial y final en la secuencia de aprendizaje.

Este fenómeno también se manifiesta en la comunicación verbal cotidiana. Cuando queremos recordar una serie de instrucciones, las primeras y las últimas indicaciones suelen retenerse con mayor claridad, mientras que las intermedias se pueden perder un poco más en la memoria. Esto suele pasar, por ejemplo, cuando alguien te da la lista de la compra, pero no lo apuntas. Es probable que recuerdes mejor los primeros y últimos artículos de la lista, como la leche al principio y el pan al final, mientras que los elementos centrales, te costará más recordarlos.

En definitiva, el efecto de primacía y recencia subraya cómo la estructura y el orden de la información afectan a la manera en que la memoria retiene elementos lingüísticos. Este principio tiene implicaciones importantes no solo para la enseñanza de idiomas, sino también para la comunicación efectiva en diversas situaciones.

La lectura y la escritura como herramientas de mejora

Desde pequeños, a medida que adquirimos habilidades lingüísticas orales, también nos sumergimos en experiencias que contribuyen al desarrollo de habilidades relacionadas con la lectura y la escritura.

Desde una perspectiva teórica, vamos a centrarnos en los modelos de doble ruta, los cuales sugieren el uso de dos enfoques: la **ruta fonológica,** que se centra en la decodificación de palabras y la relación entre letras y sonidos, y la **ruta léxica,** que se involucra en el reconocimiento de palabras familiares.

Por ejemplo, si a un niño que está dando sus primeros pasos en la lectoescritura le mostramos en un libro la palabra «mamá», que es frecuente en su entorno, su mente activará la ruta léxica. El niño reconocerá rápidamente la palabra sin necesidad de analizarla letra por letra. Pero si le presentamos una palabra menos común, como «quimera», podría resultarle un desafío. Dado que esta palabra no es tan familiar, su mente recurre a la ruta fonológica. El niño observa la palabra como un conjunto de letras y trata de aplicar las reglas de los sonidos para pronunciarla. Esto se debe a que, durante la etapa preescolar y los primeros años escolares, los niños experimentan una fase llamada **«conciencia fonológica»,** en la que se desarrolla la capacidad de manipular y entender los sonidos del habla. A medida que la conciencia fonológica aumenta, los niños están mejor preparados para abordar las habilidades de lectura, incluida la comprensión de que las palabras están compuestas por sonidos individuales.

Seguramente, cuando tenías cuatro años, tu profesora os hacía en clase juegos y rimas para explorar los sonidos de las palabras. Os animaba a ti y a tus compañeros a identificar palabras que compartieran el sonido inicial; por ejemplo, señalar palabras como «manzana» y «mariposa», que comienzan con el sonido «m». Estas experiencias tempranas con la conciencia fonológica, guiadas por tu maestra, sentaron las bases para tu comprensión y la de tus compañeros de que las palabras están formadas por sonidos individuales.

Además, la exposición a libros, cuentos y actividades de **lectura en voz alta** juega un papel crucial. Cuando tenías cinco años y tus padres te leían cuentos, estaban sentando las bases para tu relación con la lectura y la escritura. En ese hogar cálido y lleno de historias, observabas cómo señalaban las palabras mientras las leían en voz alta. Al conectar los sonidos con las letras de las páginas y explorar las imágenes coloridas, comenzaste a desarrollar una comprensión temprana de la relación entre el lenguaje hablado y escrito.

En definitiva, debemos imaginar este proceso como un baile en el que el desarrollo del lenguaje oral y las habilidades de lectoescritura avanzan juntas, influyéndose mutuamente. Por tanto, cuando somos pequeños y empezamos a aprender a leer y escribir en la escuela, ya tenemos una base sólida por nuestra experiencia con el lenguaje oral y las historias que hemos escuchado.

LOS BENEFICIOS DE LA LECTURA Y LA ESCRITURA

La lectura y la escritura no solo son habilidades esenciales para la comunicación, sino que también actúan como impulsores fundamentales para el desarrollo cognitivo y el enriquecimiento personal a lo largo de la vida. Estas habilidades desempeñan un papel crucial en el desarrollo del lenguaje y el aprendizaje, y proporcionan ventajas cognitivas y emocionales significativas.

Algunos de sus **beneficios** clave son el desarrollo de vocabulario, la mejora de la compresión, el fomento de la imaginación, el refinamiento de nuestra manera de expresarnos por escrito, el estímulo del pensamiento crítico, la facilitación del aprendizaje continuo, la reducción del estrés, la mejora de la ortografía y la gramática, y la potenciación de las habilidades de estudio.

El desarrollo del vocabulario

Cuando leemos, nos encontramos con diferentes palabras y situaciones, y esto enriquece nuestro vocabulario, que es como una caja de herramientas en la que cada palabra nueva que aprendes es una herramienta más que puedes usar para comunicarte.

Cuando nuestro vocabulario crece, la comunicación se vuelve más fácil y efectiva. Cuantas más palabras tengas a tu disposición, mejor y de manera más precisa podrás expresar tus ideas y entender lo que otros están diciendo. Es como si cada palabra nueva fuera una pieza del rompecabezas del lenguaje, y cuanto más grande sea el rompecabezas, más clara se verá la imagen general.

Supongamos que una persona encuentra, al leer un texto sobre economía, la expresión «derivado financiero» en varias ocasiones. Inicialmente, puede no comprender completamente su significado, pero si sigue encontrándola en contexto, comenzará a asociarla con instrumentos financieros específicos. Con el tiempo, esta palabra se incorporará a su vocabulario y le permitirá participar en discusiones más detalladas sobre aspectos económicos y comprender informes financieros con mayor profundidad.

En este caso, la lectura sobre economía no solo le proporciona conocimientos sobre el tema, sino que también expande su vocabulario en el ámbito financiero y le brinda las herramientas lingüísticas necesarias para participar de manera más efectiva en conversaciones especializadas en ese campo.

La mejora de la comprensión

La práctica regular de la lectura es como un gimnasio que fortalece las habilidades de comprensión de la mente. Cuando leemos, no solo decodificamos palabras, sino que también procesamos información, extraemos significados y conectamos ideas. Este ejer-

cicio constante mejora nuestra capacidad para entender conceptos complejos y nos hace más hábiles para inferir significados más allá de lo literal.

Imagina que lees una historia en la que el autor utiliza metáforas para describir situaciones. En lugar de presentar hechos de manera directa, utiliza comparaciones sugerentes. Por ejemplo, podría describir una ciudad bulliciosa como un «enjambre de abejas en busca de néctar». Aquí, como lector, tendrías que inferir que la ciudad está llena de actividad y movimiento constante, similar a la manera de las abejas de moverse de flor en flor. Esta habilidad para deducir significados más allá de las palabras exactas es una destreza que se fortalece con la práctica de la lectura regular.

En definitiva, la lectura habitual no solo nos expone a diversas ideas y conceptos, sino que también afina nuestra capacidad para comprender información, analizar situaciones y abordar la complejidad del lenguaje de manera más efectiva.

El fomento de la imaginación

Leer historias estimula nuestra imaginación y despierta la creatividad. Cuando nos sumergimos en un buen libro, las palabras «pintan» imágenes vívidas en nuestra mente, y es como si estuviéramos viendo una película única y personal. Este proceso de creación mental no solo es entretenido, sino que también tiene beneficios para nuestro desarrollo cognitivo.

Imagina que estás leyendo un cuento sobre un valiente explorador que se aventura en una jungla misteriosa. A medida que avanzas en la historia, tu mente crea imágenes detalladas de la jungla y los sonidos de los animales, e incluso puedes visualizar al explorador enfrentándose a todo tipo de desafíos. Este ejercicio imaginativo, además de brindarte una experiencia única, fortalece tu capacidad para visualizar y crear en tu mente.

Además, la lectura de historias también fomenta la empatía, ya que nos pone en el lugar de los personajes y nos hace comprender sus motivaciones, alegrías y luchas. De esa manera, desarrollamos una mayor comprensión emocional. Este proceso contribuye a la formación de conexiones sociales y al desarrollo de habilidades importantes para la vida.

El refinamiento de la expresión escrita

Si dedicamos tiempo y esfuerzo a la práctica regular de la escritura, fortalecemos nuestra capacidad para organizar pensamientos, estructurar argumentos y expresar ideas de manera clara y coherente.

Por ejemplo, cuando empezaste a escribir en tu diario personal, es posible que te costase encontrar las palabras adecuadas o estructurar tus pensamientos. Sin embargo, con el tiempo y la práctica constante, notarías cómo tu escritura se volvía más fluida y expresabas tus ideas con mayor claridad.

Escribir también te obliga a ser más consciente de las palabras que eliges y la estructura de las oraciones. Te ayuda a desarrollar un estilo único y a perfeccionar tu habilidad para transmitir información de manera efectiva. Es un proceso que no beneficia solo a la comunicación escrita, sino también a tu manera de expresarte verbalmente.

Al fin y al cabo, escribir de manera regular es un entrenamiento que mejora tu capacidad de expresión y te permite organizar ideas, elegir palabras con precisión y comunicarte de manera más comprensible y efectiva en todos los aspectos de la vida.

El estímulo del pensamiento crítico
Cuando leemos, nos enfrentamos a diversas perspectivas, información variada y argumentos divergentes que nos permiten analizar y discernir entre diferentes puntos de vista.

Un ejemplo de este proceso es analizar un artículo de opinión. Cuando nos sumergimos en la lectura, encontramos una variedad de argumentos y datos presentados por el autor. Aquí es donde entra en juego el pensamiento crítico. En lugar de aceptar pasivamente la información, nos cuestionamos la validez de los argumentos, analizamos la lógica de cada afirmación y consideramos la evidencia presentada. Por ejemplo, podríamos preguntarnos cómo se han obtenido los datos, si hay consenso en la comunidad científica o si hay sesgos en la presentación de la información. Al hacerlo, estaríamos aplicando el pensamiento crítico para formar una opinión fundamentada sobre el tema del que trata el artículo basándonos en una evaluación reflexiva de los argumentos presentados.

La escritura, por otro lado, proporciona una plataforma para expresar pensamientos de manera estructurada y lógica. Al organizar ideas en un formato coherente, no solo podemos transmitir nuestros pensamientos de manera clara, sino que también desarrollamos habilidades de pensamiento lógico, ya que tenemos que conectar argumentos de manera secuencial y establecer relaciones causales.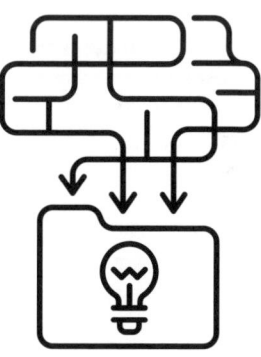

En este caso, imagina que estás escribiendo un ensayo sobre el impacto de la tecnología en la educación. Para estructurar tus ideas, comienzas con una introducción que presenta el tema. A esta le siguen párrafos que abordan, por ejemplo, los beneficios y los desafíos que plantea la tecnología. En cada párrafo, presentarías argumentos respaldados por ejemplos y evidencia. En la sección sobre los beneficios, podrías destacar cómo la tecnología facilita el acceso a la información y personaliza el aprendizaje. Luego, en la sección de desafíos, podrías abordar preocupaciones sobre las distracciones y la brecha digital. Al final del ensayo, en la conclusión, resumirías tus puntos clave y presentarías tu posición sobre el tema.

Este proceso de escritura no solo te permite expresar tus pensamientos de manera clara, sino que también implica pensar lógicamente para organizar tus ideas de manera coherente y secuencial. La escritura, en este contexto, se convierte en una herramienta para desarrollar y demostrar habilidades de pensamiento lógico en la articulación de argumentos y la presentación de ideas.

La facilitación del aprendizaje continuo

La lectura y la escritura nos permiten adquirir conocimientos en diversas áreas y expandir nuestra comprensión del mundo que nos rodea.

Si, por ejemplo, estás interesado en aprender sobre la historia de una civilización antigua y cuentas con habilidades sólidas de lectura, podrás sumergirte en libros especializados que exploren detalladamente este tema. La lectura te permite no solo entender los aspectos generales de esa civilización antigua, sino también profundizar en áreas específicas que te intriguen. A través de la lectura, te sumerges en estudios detallados sobre la vida cotidiana, las estructuras sociales, las innovaciones tecnológicas o los eventos clave de esa época. Con cada página, expandes tu comprensión y adquieres una visión más completa y matizada de la civilización antigua. La lectura se convierte así en una herramienta invaluable para explorar aspectos diversos y específicos de un tema histórico.

Ahora, considera detenidamente la importancia de la escritura. Después de leer y comprender la información, puedes expresar tus propias ideas y reflexiones sobre la civilización antigua a través de la escritura. La capacidad de comunicar tus pensamientos de manera efectiva en un papel refuerza tu comprensión y te permite compartir tus conocimientos con otros.

La reducción del estrés

La escritura es una herramienta de comunicación, pero también puede tener un gran impacto en nuestro bienestar emocional. La práctica de escribir, ya sea llevando un diario o expresando reflexiones personales, puede ser una forma terapéutica de gestionar las emociones y reducir el estrés.

Por ejemplo, imagina que hoy has tenido un día malo. Has experimentado una montaña rusa de emociones, desde la frustración hasta la tristeza. Al llegar a casa, te encuentras abrumado por todo lo que ha sucedido. Pero, en lugar de dejar que esas emociones se acumulen, decides sentarte y coger tu diario. Empiezas a describir en él cada pensamiento, sentimiento y experiencia que has tenido a lo largo del día. Al plasmar esas emociones en papel, sientes una liberación emocional. La escritura te brinda la oportunidad de procesar lo que has vivido, poner nombre a tus emociones y, de alguna manera, descargar el emocional que llevas. Cada palabra escrita es como un pequeño paso para comprender y gestionar tus sentimientos.

Además, este proceso no solo te ayuda a comprender y gestionar mejor tus emociones, sino que también te proporciona una sensación de alivio. La escritura se convierte en una herramienta terapéutica que te permite enfrentar y procesar tus sentimientos, y contribuye a reducir el estrés y promover un mayor equilibrio emocional. Es tu espacio seguro para expresar lo que sientes y encontrar la calma en medio del «ruido».

La mejora de la ortografía y la gramática

Cuando leemos con regularidad, estamos constantemente expuestos a palabras escritas de manera correcta. Este contacto prolongado con la ortografía correcta crea en nuestra mente un patrón que nos hace más fácil recordar cómo se escriben esas palabras. Es como aprender de manera visual cómo se estructuran las palabras correctamente.

Después, cuando queremos aplicar esta exposición a través de la escritura, practicamos activamente la ortografía y la gramática. Escribir nos obliga a pensar en la estructura de las oraciones, la manera correcta de conjugar los verbos y el adecuado de los signos de puntuación. Esta práctica constante contribuye a una comprensión más profunda de la gramática y a su aplicación precisa en la comunicación escrita.

Para entenderlo mejor, imagina que estás leyendo un libro en el que las palabras están cuidadosamente escritas y organizadas. Cuando encuentras palabras bien escritas en sus contextos, tu cerebro se familiariza con la ortografía adecuada. Así, cuando decides escribir tu propio texto, ya sea un correo electrónico, un ensayo o incluso un mensaje a un amigo, esa exposición previa te ayuda a recordar y aplicar correctamente la ortografía y la gramática. Es un proceso gradual en el que los patrones se absorben y luego se aplican activamente en la escritura.

La potenciación de las habilidades de estudio

Mejorar la ortografía y la gramática, aparte de tener beneficios directos sobre la calidad de la escritura, también potencia habilidades cruciales de estudio. La capacidad de leer y comprender textos complejos es esencial para el éxito académico. Además, la escritura efectiva facilita la toma de apuntes y la creación de trabajos académicos coherentes y bien estructurados.

Supongamos que estás en la universidad y te enfrentas a un texto académico complejo en una de tus asignaturas. Gracias a la mejora de tus habilidades en ortografía y gramática, puedes leer y comprender el material de manera más eficiente. Además cuando tomas apuntes durante la exposición del profesor, tu escritura clara y organizada te permite revisar fácilmente los conceptos clave. Así, cuando llega el momento de redactar un ensayo, tu habilidad para expresar ideas de manera correcta se refleja en un trabajo académico bien estructurado y coherente.

LOS PROBLEMAS DE LECTURA CUANDO SOMOS PEQUEÑOS. ¿CÓMO PODEMOS AYUDAR?

Como ya sabemos, la lectura es un hábito que reporta múltiples beneficios en el desarrollo cognitivo y emocional de los pequeños: los ayuda a conocerse a sí mismos y el mundo que le rodea, e impulsa el progreso de capacidades mentales como la abstracción, la memoria, la imaginación o el lenguaje.

Hay niños que tienen dificultades en el aprendizaje de la lectoescritura, pero muchos de ellos van desapareciendo con el paso del tiempo, ya que se deben a que cada niño tiene un ritmo de desarrollo distinto. Otros tipos de problemas de aprendizaje persisten y les pueden afectar; por ejemplo, los retrasos en el lenguaje o los trastornos específicos.

Todos los niños que presentan estas dificultades en lectoescritura tienen un rendimiento escolar bajo. Para poder ayudarles, es importante detectar y diagnosticar la razón de su dificultad. También es imprescindible hacerlo cuanto antes para saber si necesita ayuda profesional con sus problemas de aprendizaje.

Para poder ayudar al niño, es muy importante que haya colaboración entre la familia y los educadores. Así es menos probable que el problema evolucione y aparezcan dificultades más graves en el aprendizaje del pequeño. Por eso, es importante tomar las siguientes medidas:

- **Inculcar esfuerzo.** Aunque el niño crea que se le da mal, los padres deben inculcar el valor del esfuerzo para hacerle entender que si se afana, puede conseguir superar esta dificultad.

- **Promover el contacto entre la familia y el centro educativo.** Desde el colegio, los profesores irán informando sobre las diferentes actividades que se pueden trabajar y proporcionarán el material necesario para poder hacerlo desde casa y así, mejorar la lectoescritura del niño.

- **Leer con el niño.** Dedicar tiempo a esta actividad diariamente genera una rutina que facilita la lectura y acaba siendo una actividad agradable y compartida en familia.

- **Leer en voz alta.** Es una actividad que facilita la lectura, mejora las habilidades cognitivas y amplía el vocabulario.

A veces, las necesidades específicas del niño harán necesaria la intervención de profesionales como los siguientes:

- **Psicólogo.** Este profesional evaluará el área cognitiva, conductual y emocional del niño para definir si el problema es específico o del desarrollo. Además, tendrá potestad para averiguar si el problema proviene de un ambiente desfavorable o si está sujeto a algún trastorno.

- **Neurólogo.** Será el encargado de hacer las exploraciones y pruebas pertinentes para evaluar el sistema nervioso central a nivel estructural y funcional para saber si el problema del niño es biológico. Así, realizará la posterior evaluación y recomendará programas de rehabilitación con profesionales específicos según los resultados.

- **Logopeda.** Profesional específico que se encargará del problema de lectoescritura si este proviene de algún problema en la adquisición del leguaje.

- **Neuropsicólogo.** Si el origen del problema es biológico, será el encargado de llevar a cabo los programas de rehabilitación necesarios para dar soluciones.

CÓMO AFECTA LA TECNOLOGÍA AL APRENDIZAJE DE LA LECTOESCRITURA

El impacto de la tecnología en nuestra manera de aprender la lectoescritura es notable en muchos aspectos. Por un lado, tenemos acceso a una gran cantidad de recursos educativos gracias a los dispositivos electrónicos y las aplicaciones. Estas herramientas ofrecen actividades interactivas y adaptativas que pueden personalizar la experiencia de aprendizaje según las necesidades de cada uno. Por ejemplo, en la actualidad existen numerosas aplicaciones diseñadas específicamente para enseñar a los niños a reconocer letras y palabras de manera divertida y visual. Estas *apps* suelen ofrecer actividades interactivas, juegos y ejercicios variados que captan la atención de los más pequeños mientras aprenden, ya que incluyen elementos visuales atractivos, como colores brillantes, personajes animados y efectos de sonido.

Sin embargo, el uso excesivo de los dispositivos electrónicos, especialmente entre los más jóvenes, causa recelo y desasosiego por sus posibles efectos negativos. Si se pasa demasiado tiempo frente a pantallas, se invierte menos tiempo en practicar habilidades de lectoescritura tradicionales, como **escribir a mano** o **leer libros impresos.** Esto afecta a la fluidez y la comprensión lectora. Por ejemplo, si un adolescente dedica la mayor parte de su tiempo libre a navegar por redes sociales y se expone a **publicaciones cortas** en lugar de leer libros, podría tener dificultades en el desarrollo de las habilidades de lectoescritura necesarias para comprender textos más complejos.

Además, el lenguaje empleado en las redes sociales suele ser informal y abreviado, y suele incluir emoticonos o emojis, lo que hace que el estilo de escritura de los adolescentes sea menos elaborado y más casual. Por ejemplo, en las publicaciones en redes sociales se observa un uso común de **abreviaturas y acrónimos,** lo cual puede tener un impacto negativo en la ortografía y la gramática de los jóvenes si se acostumbran a estas prácticas en lugar de utilizar un lenguaje más formal y completo. Por ejemplo, si se acostumbran a escribir «xq» en lugar de «porque» en mensajes de texto, podrían cometer errores similares en sus trabajos escritos.

Por otro lado, la tecnología nos ha abierto **nuevas puertas** para enseñar y aprender habilidades de lectoescritura de manera más efectiva y adaptativa. Un ejemplo claro son las aplicaciones que utilizan el reconocimiento de voz para apoyar a los estudiantes que tienen dificultades con la escritura. Estas aplicaciones permiten a los usuarios dictar sus ideas en lugar de escribirlas manualmente, lo que puede ser especialmente beneficioso para aquellos con dislexia, disgrafía u otros trastornos relacionados con la escritura. Al convertir el habla en texto, estas herramientas les brindan una forma alternativa de expresarse y participar en actividades de escritura sin las limitaciones de la ortografía.

También hay **programas de aprendizaje adaptativo** que se ajustan a las necesidades individuales de cada persona. Por ejemplo, algunos de ellos monitorizan el progreso de los estudiantes y adaptan el nivel de dificultad de las actividades en función de su desempeño. Si una persona muestra un dominio firme en ciertas áreas, el programa ofrece desafíos más avanzados para estimular un mayor crecimiento. En cambio, si otro tiene dificultades con ciertos conceptos, el programa puede proporcionar actividades adicionales y recursos de apoyo para reforzar su comprensión.

Estas herramientas tecnológicas no solo hacen que el aprendizaje sea más interactivo y atractivo, sino que también permiten una **personalización del proceso educativo** en función de las necesidades individuales de cada uno. Al ofrecer un enfoque más flexible y adaptativo, la tecnología se convierte, en este caso, en una aliada poderosa en el desarrollo de habilidades de lectoescritura y nos ayuda a alcanzar nuestro máximo potencial en este importante aspecto del aprendizaje.

El lenguaje y la comunicación

El lenguaje, con su capacidad única para transmitir pensamientos y emociones, es fundamental en nuestra capacidad de comunicación. Otros elementos clave son la habilidad de expresarse claramente, la capacidad de escuchar activamente, el uso de gestos, el contexto y la cultura, que se manifiestan en un intercambio de ideas y emociones.

La **escucha activa** es mucho más que oír palabras; implica sumergirse completamente en la narrativa del otro prestando atención a cada matiz y respondiendo con empatía. Supón que estás conversando con un amigo que comparte sus preocupaciones contigo. Practicar la escucha activa significa no solo escuchar las palabras que dice tu amigo, sino también captar el tono de su voz, sus expresiones faciales y corporales, y las emociones ocultas en su mensaje.

Al aplicar este tipo de escucha, evitas interrupciones y distracciones, y permites que la otra persona se sienta verdaderamente comprendida y valorada. Si no siguieses este procedimiento, podrías estar tentado a interrumpir con consejos o soluciones rápidas, pero la escucha activa implica contener esa impulsividad y permitir que tu amigo comparta sus pensamientos y sentimientos de manera completa.

Esta habilidad es esencial para comprender a fondo lo que alguien intenta comunicar y además juega un papel crucial en la toma de decisiones. Al entender plenamente la perspectiva de la otra persona, puedes tomar decisiones más fundamentadas y consideradas en cualquier situación, y mejorar así la calidad de tus interacciones y relaciones.

Al mismo tiempo, la **comunicación eficaz** es vital para construir relaciones sólidas y exitosas. Esta habilidad implica expresar de manera clara y directa nuestros pensamientos y sentimientos evitando descalificaciones o juicios hacia la otra persona. Establecer límites saludables y respetar los límites de los demás también son elementos clave de esta competencia.

Para entenderlo mejor, imagina una conversación con tu compañero de trabajo sobre un proyecto en el que ambos estáis involucrados. La comunicación eficaz en este contexto significa expresar tus ideas y preocupaciones de manera clara y directa, sin utilizar un tono despectivo o crítico. En lugar de decir algo como «Siempre ignoras mis sugerencias», podrías expresar tus pensamientos de manera más constructiva, como: «Me gustaría que considerásemos más a menudo las sugerencias de cada miembro del equipo».

Establecer límites saludables implica comunicar claramente lo que estás dispuesto a aceptar o no en una relación. Por ejemplo, si estás hablando con un amigo sobre la importancia que le das a tu tiempo libre, podrías establecer un límite saludable diciendo algo como: «Me encanta pasar tiempo contigo, pero también necesito algunos momentos para mí mismo. ¿Podemos encontrar un equilibrio que funcione para ambos?».

Respetar los límites de los demás es igualmente crucial. Si un amigo establece un límite, como no querer hablar de ciertos temas, la comunicación eficaz implica respetar esa decisión y encontrar otros temas de conversación diferentes en los que ambos os sintáis cómodos.

Además, la **comunicación no verbal** agrega una dimensión rica y significativa a nuestras interacciones. Gestos, expresiones faciales y posturas son canales adicionales que complementan o contradicen el lenguaje verbal, y aportan matices esenciales a nuestra expresión y comprensión.

Imagina una entrevista de trabajo en la que estás hablando con el entrevistador sobre tu experiencia laboral. Mientras compartes tus logros, mantienes una postura erguida y haces gestos para resaltar puntos clave. Estos gestos y posturas no solo enfatizan tus palabras, sino que también transmiten confianza y profesionalidad, contribuyendo a la impresión general que el entrevistador se forma sobre ti.

Por otro lado, imagina que estás en una reunión y alguien presenta una idea nueva. Si usa palabras que expresan entusiasmo, pero las expresiones faciales de la persona indican duda o desinterés, la comunicación no verbal contradice el mensaje verbal y generará confusión en la interpretación del mensaje.

También podemos observar la importancia de la comunicación no verbal en situaciones más informales. Por ejemplo, cuando estás con amigos y alguien cuenta una anécdota divertida, las risas y sonrisas compartidas refuerzan la conexión emocional y la comprensión mutua, y añaden una capa adicional de significado que va más allá de las palabras expresadas durante la conversación. En definitiva, la comunicación no verbal es el lenguaje silencioso que enriquece nuestras interacciones.

El **contexto** y la **cultura** también desempeñan roles fundamentales en el proceso de comunicación, puesto que afectan a la forma en que interpretamos mensajes, elegimos palabras y expresamos nuestras ideas. Estos elementos están profundamente arraigados en nuestra forma de comunicarnos y son esenciales para lograr una comunicación efectiva y respetuosa.

Imagina que participas en una reunión de trabajo internacional. Tu colega de otra cultura presenta una idea y, en lugar de expresar su acuerdo directamente, asiente ligeramente y sonríe. En su cultura, este gesto puede significar comprensión y respeto, pero si no tienes en cuenta este contexto cultural, podrías malinterpretar su respuesta como indecisión.

Otro ejemplo puede ser el uso de términos coloquiales. Si estás hablando con alguien de una cultura diferente y utilizas expresiones locales que no tienen equivalente en su idioma, la comunicación puede volverse confusa. Por ejemplo, si le dices a alguien que algo es «pan comido», en algunas culturas esto no tendría un significado claro y podría llevar a malentendidos.

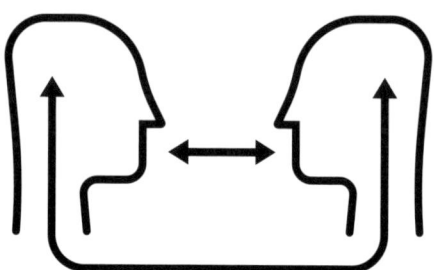

En contextos más formales, como en el entorno empresarial, la elección de palabras y el tono de voz también pueden variar significativamente. Por ejemplo, en algunas culturas, la comunicación directa puede ser valorada y bien vista, mientras que en otras, se prefiere un enfoque más indirecto y diplomático.

En conclusión, el lenguaje desempeña un papel integral y complejo en el proceso de comunicación. La interacción entre la escucha activa, la comunicación eficaz, la comunicación no verbal, el contexto y la cultura crea una sinergia que determina la calidad y la eficacia de nuestras interacciones verbales.

Si reconocemos y equilibramos estos componentes, podemos mejorar nuestra capacidad de comunicarnos de manera significativa y comprensiva. La comunicación no son solo palabras; es un proceso holístico que incorpora todas estas dimensiones para construir relaciones sólidas y alcanzar resultados positivos en la vida cotidiana y profesional.

PRÁCTICAS

EL DESARROLLO
DEL LENGUAJE

El desarrollo del lenguaje es un proceso fundamental que comienza en el nacimiento y continúa a lo largo de la vida. Estimular este desarrollo es crucial para que podamos adquirir habilidades lingüísticas sólidas que nos permitan comunicarnos eficazmente, expresar nuestras necesidades y comprender el mundo que nos rodea.

En este apartado, te presento ejercicios específicos que pueden ayudar a estimular el desarrollo del lenguaje.

ACTIVIDAD 1. EJERCICIOS PARA ESTIMULAR EL LENGUAJE

El lenguaje es una habilidad cognitiva esencial que nos permite expresar, comunicar y comprender ideas a través de sonidos, símbolos y gestos. Estos ejercicios te ayudarán a estimular esta destreza:

VERDADERO O FALSO

Este ejercicio consiste en determinar si una serie de frases son verdaderas o falsas en relación con una imagen. Esta actividad se centra en la comprensión del lenguaje.

Lee cada frase y escribe V si es verdadera o F si es falsa respecto a la imagen de la página siguiente.

- Es una ciudad.
- Está lloviendo.
- Es una granja.
- Hay una vaca.
- Hay dos caballos.
- Una gallina está comiendo.
- El cerdo está comiendo.
- La granja tiene tres puertas.
- Hay un árbol.
- Hay tres aves.
- Hay un rebaño de ovejas.
- La granja no tiene ventanas.

CONVIERTE LOS NÚMEROS EN LETRAS

La siguiente actividad consiste en escribir los nombres de los números. Este ejercicio trabaja la lectura, la memoria semántica y el razonamiento. Por ejemplo, **595** es quinientos noventa y cinco.

Ahora prueba tú con los siguientes:

93, 108, 699, 462, 398, 806, 734

PASO A PASO
Ordena los pasos necesarios para llevar a cabo una actividad específica. Esto te ayudará a trabajar el razonamiento, la planificación y la comprensión.

Enumera los pasos del primero al último.

COMPRAR EL PAN
¿De qué tipo?
¿Alguna cosa más?
Hola. ¿Podría darme una barra de pan?
Son 1,50 euros.
Integral.
Aquí tienes la palmera también. ¿Algo más?
Sí, deme una palmera de chocolate.
No, dígame lo que le debo.
Ahí tiene, adiós.

ENVIAR UN REGALO A ALGUIEN QUE VIVE LEJOS
Llevar el regalo a una empresa de paquetería.
Envolver el regalo adecuadamente.
Pagar los gastos de envío.
Saber los datos y dirección del destinatario.
Asegurarte de que le llega.
Dar mis datos y los del destinatario.
Elegir y comprar el regalo.

EFECTO DE PRIMACÍA Y RECENCIA

Como ya sabemos, ambos efectos demuestran cómo la posición de un elemento en una secuencia afecta a su probabilidad de ser recordado. El efecto de primacía sugiere que las primeras impresiones son importantes para la memoria, mientras que el efecto de recencia destaca la influencia de la información más reciente en la memoria a corto plazo. Estos fenómenos son importantes para comprender cómo procesamos y recordamos la información en situaciones cotidianas.

ACTIVIDAD 1. AUTOEVALÚA EL EFECTO DE PRIMACÍA Y RECENCIA

Lee atentamente la siguiente lista de palabras. Luego, escribe palabras como puedas recordar en el orden en que las recuerdes, sin volver a mirar la lista. Trata de recordar tantas palabras como puedas, tanto las primeras como las últimas de la lista.

PERRO
MESA
LÁPIZ
FLOR
SILLA
MANZANA
GATO
SOL
LIBRO
CASA

Cuando hayan pasado un par de minutos, escribe las palabras que recuerdes en el orden en que las recuerdes y súmate puntos de la siguiente manera:

• 1 punto por cada palabra que has recordado correctamente en la parte inicial de la lista (efecto primacía).

• 1 punto por cada palabra que has recordado correctamente en la parte final de la lista (efecto recencia).

Vamos a interpretarlo:

• Si has recordado más palabras del principio de la lista, es probable que hayas experimentado el efecto primacía.

• Si has recordado más palabras del final de la lista, es probable que hayas experimentado el efecto recencia.

• Si has recordado palabras de ambas partes de la lista, es posible que hayas experimentado ambos efectos.

LENGUAJE Y COMUNICACIÓN

El lenguaje es esencial para la comunicación, ya que nos permite expresar pensamientos y emociones. La habilidad de expresarnos claramente y escuchar de manera activa, junto con los gestos y el contexto cultural y verbal, enriquece la interacción. Reconocer estos elementos mejora la calidad de la comunicación.

ACTIVIDAD 1. VISUALIZA LA CONVERSACIÓN

Este ejercicio es una práctica individual que simula una situación de escucha activa. Encuentra un lugar tranquilo para concentrarte. Siéntate cómodamente y cierra los ojos.

1. Respira profundamente varias veces para relajarte y centrarte en el momento presente.

2. Imagina una conversación con alguien cercano a ti. Puede ser un amigo, un familiar o un compañero de trabajo.

3. Visualiza el entorno en el que estáis conversando. ¿Estáis en un café, en un parque o en casa?

4. En tu mente, comienza a hablar sobre un tema que te interese y que creas que sería relevante compartir con esa persona.

5. Mientras hablas, imagina cómo serían las reacciones de la otra persona. Esfuérzate en visualizar cómo te mira con atención, asiente con la cabeza y hace gestos de comprensión ante tus palabras.

6. Continúa expresando tus pensamientos y sentimientos de manera clara y coherente.

7. Ahora, cambia de rol y visualiza a la otra persona hablando. Practica la escucha activa prestando atención a lo que dice, manteniendo el contacto visual y mostrando un interés genuino en su punto de vista.

8. Al finalizar la visualización, reflexiona sobre cómo te has sentido durante la conversación. ¿Te has sentido escuchado y comprendido? ¿Has podido demostrar empatía hacia la otra persona?

ACTIVIDAD 2. LA ENTREVISTA SILENCIOSA

La entrevista silenciosa es una forma divertida y efectiva de practicar la comunicación no verbal y mejorar la capacidad de leer y comprender las señales no verbales de los demás.

1. Encuentra un compañero con quien realizar este ejercicio.

2. Elegid quién será el entrevistador y quién será el entrevistado.

3. El entrevistador hará una serie de preguntas al entrevistado sobre un tema específico. Por ejemplo, podéis hablar sobre un proyecto en el que estéis trabajando juntos o sobre un tema de interés común.

4. Durante la entrevista, el entrevistador debe permitir que el entrevistado responda a las preguntas formuladas, fomentando un diálogo fluido y abierto.

5. El entrevistado responderá a las preguntas únicamente a través de la comunicación no verbal, utilizando gestos, expresiones faciales, posturas corporales y contacto visual para transmitir sus respuestas.

6. El entrevistador debe observar atentamente las señales no verbales del entrevistado para comprender sus respuestas.

7. Cuando terminéis la entrevista, intercambiad roles para que ambos tengáis la oportunidad de ser tanto entrevistador como entrevistado.

8. Cuando ambos hayáis experimentado ambos roles, tomaos un momento para discutir cómo os habéis sentido durante el ejercicio. ¿Ha sido fácil transmitir mensajes sin palabras? ¿Qué gestos han sido los más efectivos para comunicaros?

ACTIVIDAD 3. DESCRIPCIÓN SUBJETIVA Y OBJETIVA

Busca un amigo y pídele que describa un objeto cualquiera. Puede ser algo simple como una taza, un bolígrafo o un libro.

1. Dadle al que describe un tiempo para observar el objeto detenidamente y explorar sus características físicas, forma, color, textura, tamaño, etc.

2. Cuando esté listo, pídele que describa el objeto.

3. A medida que describa el objeto, anota los adjetivos en un papel grande.

4. Cuando haya terminado de describir el objeto, revisa los adjetivos que ha utilizado y discute con él si la descripción que ha hecho es subjetiva u objetiva.

5. Esta es la diferencia entre descripción subjetiva y objetiva:

   • La descripción objetiva se centra en hechos y características concretas del objeto, como su forma, tamaño, color, material, etc.

   • La descripción subjetiva refleja las opiniones personales, las emociones o las impresiones del individuo que describe el objeto. Estos adjetivos pueden variar según las experiencias y percepciones de cada persona.

6. Anima a tu amigo a practicar la descripción objetiva del objeto; es decir, a centrarse en características concretas y evitar juicios personales u opiniones subjetivas.

7. Repite el ejercicio siendo tú el que describe.

ACTIVIDAD 4. ANÁLISIS CULTURAL

Este ejercicio te permite explorar cómo la comunicación y la cultura están interconecta-das mediante diferentes formas de expresión cultural. Esto te ayudará a desarrollar una comprensión más profunda de la diversidad cultural y su impacto en la comunicación.

1. Selecciona una película, una serie de televisión, un libro o una canción que refleje una cultura diferente a la tuya.

2. Observa y analiza cómo se representan las normas culturales, los valores, las creencias y las tradiciones en el medio cultural elegido.

3. Haz anotaciones sobre los siguientes aspectos:

   • Normas de comportamiento.
   • Roles de género.
   • Creencias religiosas o espirituales.
   • Celebraciones y festividades.
   • Formas de comunicación no verbal.
   • Otros aspectos culturales relevantes.

4. Después de analizar el medio cultural elegido, escribe una breve reflexión sobre cómo la representación cultural influye en la forma en que se comunica la historia y cómo se relaciona esta con su propia comprensión cultural.

5. Al finalizar, puedes compartir tus observaciones y reflexiones con un compañero o amigo para obtener diferentes perspectivas y enriquecer el análisis.

SOLUCIONES

EL DESARROLLO DEL LENGUAJE

VERDADERO O FALSO
- Es una ciudad: F.
- Está lloviendo: F.
- Es una granja: V.
- Hay una vaca: V.
- Hay dos caballos: F:
- Una gallina está comiendo: F.
- El cerdo está comiendo: F.
- La granja tiene tres puertas: F.
- Hay un árbol: V.
- Hay tres aves: V.
- Hay un rebaño de ovejas: F.
- La granja no tiene ventanas: F.

CONVIERTE LOS NÚMEROS EN LETRAS
93: noventa y tres.
108: ciento ocho.
699: seiscientos noventa y nueve.
462: cuatrocientos sesenta y dos.
398: trescientos noventa y ocho.
806: ochocientos seis.
734: setecientos treinta y cuatro.

PASO A PASO
La solución de este ejercicio es válida para la situación que hemos creado, puede variarse de muchas maneras y también hacerse más fácil o más difícil en función de la persona a la que vaya dirigido.

COMPRAR EL PAN
1. Hola. ¿Podría darme una barra de pan?
2. ¿De qué tipo?
3. Integral.
4. ¿Alguna cosa más?
5. Sí, deme una palmera de chocolate.
6. Aquí tienes la palmera también. ¿Algo más?
7. No, dígame lo que le debo.

8. Son 1,50 euros.
9. Ahí tiene, adiós.

ENVIAR UN REGALO A ALGUIEN QUE VIVE LEJOS
1. Elegir y comprar el regalo.
2. Envolver el regalo adecuadamente.
3. Llevar el regalo a una empresa de paquetería.
4. Saber los datos y dirección del destinatario.
5. Dar mis datos y los del destinatario.
6. Pagar los gastos de envío.
7. Asegurarte de que le llega.

PARTE 4

PSICOMOTRICIDAD

COMPRENDER LA PSICOMOTRICIDAD

*A través del movimiento
nos expresamos, aprendemos y
conectamos con el mundo.*
ANÓNIMO

La psicomotricidad es un campo multidisciplinario que explora la conexión entre la mente y el movimiento corporal, y se fundamenta en la premisa de que «a través del movimiento nos expresamos, aprendemos y conectamos con el mundo». Este enfoque integral reconoce que el cuerpo y la mente están intrínsecamente entrelazados, y que moverse es mucho más que una simple acción física; es una expresión completa de nuestra identidad, una herramienta esencial para el aprendizaje y un medio para conectarnos con nuestro entorno.

A través del movimiento, el cuerpo se convierte en un medio para el lenguaje no verbal, que va más allá de las palabras. Gestos, posturas y movimientos son **formas de comunicar** emociones, deseos y estados de ánimo. Por ejemplo, el simple acto de bailar puede transmitir alegría o tristeza de una manera que las palabras a veces no pueden expresar completamente. La psicomotricidad aborda este lenguaje corporal y nos proporciona herramientas para la **expresión emocional** y el entendimiento de la comunicación no verbal.

Además, el movimiento de nuestro cuerpo no solo implica una actividad física, sino que también desencadena procesos cognitivos y de **aprendizaje**. Las actividades que integran el movimiento, como los juegos motores o los ejercicios coordinados, además de fortalecer el cuerpo, estimulan el desarrollo cognitivo y mejoran la concentración y la comprensión de conceptos abstractos.

Un ejemplo concreto que ilustra este principio es el juego de Simón dice. En este juego, los participantes deben seguir instrucciones verbales que incluyen movimientos físicos específicos. Por ejemplo, si el líder dice: «Simón dice salta», todos los participantes deben realizar la acción de saltar. Este juego no solo implica la actividad física de realizar los movimientos indicados: también requiere atención, memoria y procesamiento cognitivo para seguir las instrucciones correctamente.

La **conexión con el mundo** a través del movimiento reconoce al cuerpo como el medio para explorar y entender nuestro entorno. Desarrollar habilidades motoras como la coordinación y la percepción del espacio facilita la interacción con objetos, personas y situaciones. Un ejemplo claro sería cómo aprender a lanzar y atrapar una pelota no solo mejora la destreza física, sino que también nos permite participar activamente en juegos y actividades sociales.

En síntesis, la psicomotricidad se presenta como un enfoque valioso para potenciar el desarrollo humano, ya que abraza la idea de que el movimiento es una herramienta integral para la expresión, el aprendizaje y la conexión con el mundo que nos rodea. Al reconocer la relación entre la mente y el cuerpo, la psicomotricidad se convierte en una perspectiva enriquecedora para comprender y potenciar el desarrollo humano en todas sus dimensiones.

¿Qué es la psicomotricidad?

La psicomotricidad engloba diversas concepciones y enfoques. A pesar de que existen distintas perspectivas, todas comparten un elemento fundamental: la integración de aspectos psíquicos y motrices; de ahí la denominación «psicomotriz». Este término refleja la conexión innegable entre la mente (psique) y el cuerpo (motricidad), y reconoce que ambos están intrínsecamente relacionados en el proceso de aprendizaje y desarrollo.

Esta relación íntima establece las bases para los **objetivos fundamentales** de la psicomotricidad, que se centran en la educación de diversas capacidades esenciales para las personas. La **capacidad sensitiva**, por ejemplo, implica el desarrollo de la sensibilidad corporal, la percepción de las sensaciones físicas y la conciencia del propio cuerpo. Esto abarca desde la identificación de diferentes texturas con los ojos cerrados hasta la toma de conciencia de las propias posturas y movimientos.

Asimismo, la **capacidad perceptiva**, cuya función es percibir y procesar información proveniente del entorno, se trabaja en la psicomotricidad para desarrollar habilidades que permiten al individuo interpretar estímulos externos como la distancia, la profundidad y la ubicación espacial. La ejercitamos, por ejemplo, cuando participamos en actividades que involucran lanzar y atrapar pelotas a diferentes distancias.

La **capacidad representativa**, relacionada con la habilidad de representar mentalmente situaciones, objetos o conceptos, también encuentra su espacio en la psicomotricidad. Esta disciplina promueve actividades que estimulan la imaginación y la creatividad a través del movimiento y la exploración corporal. Por ejemplo, en una clase de psicomotricidad, se podría proponer a los niños que imiten animales con distintos movimientos del cuerpo.

Finalmente, la **capacidad simbólica**, que involucra la destreza para comprender y utilizar símbolos y representaciones abstractas, es otro aspecto fundamental en la psicomotricidad. Aquí se busca el desarrollo de la capacidad de expresarse simbólicamente a través del cuerpo, como en el juego simbólico o la expresión corporal. Por ejemplo, podríamos participar en una actividad de expresión corporal donde representamos roles imaginarios, como ser piratas en un barco.

En conjunto, estos elementos resaltan la riqueza y complejidad de la psicomotricidad como enfoque integral que busca armonizar el desarrollo físico, emocional y cognitivo de los individuos. Según la manera de abordar esos objetivos distinguimos dos formas de hacer psicomotricidad: la **dirigida** y la **vivenciada**.

Ambos enfoques tienen sus méritos y pueden adaptarse a las necesidades y objetivos de cada situación, y ofrecer así un panorama amplio y enriquecedor en el campo de la psicomotricidad.

LA PSICOMOTRICIDAD DIRIGIDA

La psicomotricidad dirigida es una propuesta centrada en la perspectiva del adulto, quien asume un papel activo en la dirección de los movimientos del niño. En este enfoque, los adultos, como educadores o terapeutas, diseñan y guían actividades específicas con objetivos predefinidos para el desarrollo motor y cognitivo de los niños.

Imaginemos una clase de psicomotricidad dirigida en la que un profesor asume el rol de **guía** para mejorar la coordinación motora de los niños. En esta sesión, el profesor podría comenzar estableciendo objetivos específicos, como desarrollar la capacidad de caminar en línea recta con equilibrio y precisión. Los niños recibirían instrucciones claras sobre cómo realizar este ejercicio: prestando atención a la postura corporal, el control del equilibrio y la alineación de los movimientos, por ejemplo.

El profesor podría diseñar una serie de actividades progresivas, empezando por movimientos simples y avanzando hacia desafíos más complejos. Por ejemplo, podrían comenzar caminando en línea recta de un extremo a otro del espacio asignado, y luego añadir elementos como el cambio de dirección, la variación en la velocidad o la incorporación de obstáculos controlados. Las instrucciones precisas del profesor se centrarían en corregir y perfeccionar la ejecución de cada movimiento, y proporcionarían una retroalimentación constante para mejorar la coordinación y el control motor de los niños.

Este enfoque dirigido tiene como objetivo el **desarrollo de habilidades motoras específicas** y puede ser beneficioso cuando se busca trabajar aspectos concretos del desarrollo psicomotor. Sin embargo, es importante equilibrar este tipo de sesiones con enfoques más vivenciados para permitir que los niños exploren su propio movimiento de manera autónoma y creativa, y complementar así su desarrollo integral.

LA PSICOMOTRICIDAD VIVENCIADA

En contraste, la psicomotricidad vivenciada adopta una perspectiva que parte de la experiencia del niño y le permite ser el protagonista de sus propias acciones y decisiones. En este caso, se fomenta la autonomía y la expresión individual del niño, quien elige qué actividades realizar basándose en sus intereses y deseos.

Ahora, pensemos en un entorno de psicomotricidad vivenciada, donde se les proporciona a los niños una variedad de materiales y espacios diseñados para **estimular su curiosidad y creatividad.** Por ejemplo, se podría establecer un área de juego con colchonetas, almohadas, telas y otros objetos no estructurados. Los niños tendrían la libertad de explorar estos materiales a su propio ritmo, sin instrucciones específicas. Podrían construir fortalezas imaginarias, saltar entre colchonetas, arrastrarse bajo telas o simplemente experimentar con diferentes movimientos de su cuerpo de manera libre y espontánea.

En este entorno, los niños tienen la oportunidad de descubrir sus propias capacidades físicas y expresar sus emociones a través del movimiento. La falta de instrucciones predefinidas les permite desarrollar su creatividad al máximo al mismo tiempo que fomenta el autoconocimiento, ya que se enfrentan a retos y descubrimientos por sí mismos.

Este enfoque no solo nutre su desarrollo motor, sino que, al permitirles experimentar y aprender de manera más autónoma, también contribuye a su desarrollo emocional y cognitivo. En contraste con la psicomotricidad dirigida, la vivenciada busca cultivar el **desarrollo integral** reconociendo y respetando la singularidad de cada niño en su proceso de exploración y descubrimiento.

LOS ELEMENTOS CLAVE EN LA PSICOMOTRICIDAD

La psicomotricidad se enfoca en el desarrollo de diferentes elementos que nos permiten realizar actividades cotidianas de manera adecuada.

La respiración

Una de estas habilidades es la respiración, que puede ser de **dos tipos:** torácica o abdominal. La respiración abdominal, también conocida como respiración diafragmática, es fundamental para mejorar nuestro bienestar tanto físico como emocional.

Cuando respiramos de manera **abdominal,** utilizamos principalmente el diafragma, un músculo ubicado debajo de los pulmones. Este tipo de respiración nos permite inhalar profundamente y llenar los pulmones de aire de manera efectiva. Al exhalar, el diafragma se relaja y el aire es expulsado lentamente.

Este tipo de respiración abdominal tiene varios beneficios para el cuerpo y la mente. En primer lugar, aumenta el suministro de oxígeno a nuestro cuerpo, lo que mejora el funcionamiento general de nuestros órganos y sistemas. Además, ayuda a reducir el estrés y la ansiedad, ya que activa el sistema nervioso parasimpático, que produce una sensación de calma y relajación.

La respiración **torácica** se enfoca más en la parte superior del pecho y los pulmones. En este caso, el movimiento principal ocurre en la caja torácica, que se expande al inhalar y se contrae al exhalar.

A diferencia de la respiración abdominal, que implica principalmente al diafragma, la respiración torácica tiende a ser más superficial y menos eficiente en términos de aprovechamiento del oxígeno. Esto se debe a que la capacidad pulmonar no se aprovecha completamente, y eso puede provocar una menor entrada de oxígeno en el cuerpo.

En el contexto de la psicomotricidad, es importante aprender a ser conscientes de nuestra respiración y practicar la respiración abdominal en lugar de la torácica, ya que es más eficaz para promover la relajación, manejar nuestras emociones y regular nuestro estado de ánimo. Esto nos ayuda a mejorar el rendimiento en actividades físicas, cognitivas y emocionales.

El esquema corporal

Otro aspecto importante es el esquema corporal, la representación mental que tenemos de nuestro propio cuerpo y de sus partes, así como la conciencia que tenemos de su posición y movimiento en el espacio. En otras palabras, es como un **mapa interno** que nos permite ubicar y reconocer las diferentes partes de nuestro cuerpo.

Para desarrollar un adecuado esquema corporal, es necesario conocer y reconocer cada parte del cuerpo y comprender cómo se relacionan entre sí. Esto implica ser consciente de la ubicación y la función de cada extremidad, órgano y sistema corporal. Por ejemplo, saber dónde están las manos, los pies, la cabeza, el tronco, los brazos y las piernas, y comprender cómo se mueven y trabajan juntos para realizar diferentes acciones.

Tener un buen esquema corporal facilita la realización de actividades cotidianas como andar, correr, saltar, vestirse o alimentarse. Además, es fundamental para el desarrollo de habilidades motoras más complejas, como la **coordinación,** el **equilibrio** y la **lateralidad.** Cuando conocemos bien el esquema de nuestro propio cuerpo, tenemos una mejor coordinación motora y una mayor sensación de seguridad al realizar diferentes tareas.

En el contexto educativo, desarrollar el esquema corporal es importante para promover el aprendizaje y la participación en actividades físicas y recreativas. Los niños con un buen esquema corporal son capaces de seguir instrucciones más fácilmente durante una clase de educación física y son más conscientes de su postura y alineación corporal, lo que reduce su riesgo de lesiones y mejora su desempeño en este tipo de actividades.

La coordinación motriz
La coordinación motriz es vital para realizar movimientos de forma armoniosa. Implica controlar y coordinar nuestros músculos para realizar **acciones precisas y fluidas,** sincronizar adecuadamente diferentes partes del cuerpo, y conectar lo que vemos con lo que hacemos.

Por ejemplo, cuando aprendemos a escribir o dibujar, necesitamos una buena coordinación motriz para controlar el movimiento de nuestros dedos y manos, y trazar líneas con precisión. Esto requiere una coordinación fina entre la vista y el tacto, ya que debemos observar lo que estamos haciendo y ajustar nuestros movimientos en consecuencia para lograr el resultado deseado.

Además, la coordinación también es importante en actividades físicas como caminar, correr, saltar y lanzar y atrapar objetos. En cada una de estas acciones, nuestros músculos y articulaciones deben trabajar juntos de manera coordinada para realizar movimientos eficientes y controlados.

El control postural
El control postural es clave para mantener una **buena posición del cuerpo** mientras realizamos diferentes actividades, como correr, saltar o caminar. Implica la capacidad de mantener el **equilibrio** y la estabilidad mientras nos movemos, lo que nos permite realizar estas acciones de manera eficiente y sin riesgo de lesiones.

Para mejorarlo, es importante practicar actividades que nos ayuden a fortalecer los músculos y mejorar nuestra **flexibilidad y resistencia.** Por ejemplo, realizar ejercicios de fortalecimiento muscular como abdominales, flexiones y sentadillas puede ayudarnos a desarrollar la fuerza necesaria para mantener una postura adecuada.

Además, trabajar en nuestra flexibilidad mediante ejercicios de estiramiento puede ayudarnos a mejorar nuestra movilidad y amplitud de movimiento, lo que a su vez puede contribuir a una mejor postura. También es importante mantenernos activos y evitar pasar largos períodos de tiempo en una misma posición, ya que esto puede provocar rigidez muscular y afectar negativamente a nuestra postura.

Una buena postura no solo es importante para prevenir lesiones y molestias físicas, sino que también puede tener un impacto positivo en nuestra salud general y en nuestro bienestar. Mantener una postura adecuada nos ayuda a respirar mejor, reducir la tensión en nuestros músculos y articulaciones, y mejorar nuestra confianza y autoestima.

La función tónica

La función tónica es la capacidad que tienen nuestros músculos para mantener cierta **tensión** en diferentes situaciones. Esta tensión puede variar dependiendo de lo que estemos haciendo o de cómo nos sintamos emocionalmente. Por ejemplo, cuando estamos nerviosos o ansiosos, es posible que sintamos tensión en nuestros músculos; por ejemplo, en los hombros o el cuello. En cambio, cuando nos sentimos relajados y tranquilos, es probable que nuestros músculos estén más sueltos y relajados.

Esta capacidad de **ajustar la tensión muscular** es primordial para realizar una amplia variedad de actividades físicas. Por ejemplo, cuando estamos caminando, nuestros músculos se contraen y se relajan de manera coordinada para permitirnos mover las piernas y mantener el equilibrio. Del mismo modo, cuando estamos escribiendo o realizando cualquier actividad que requiera control fino del movimiento, nuestros músculos deben mantener una cierta tensión para realizar los movimientos de manera precisa.

La coordinación oculomanual

La coordinación oculomanual nos permite **coordinar** el movimiento de nuestros ojos con el de nuestras manos de manera precisa y efectiva. Este tipo de coordinación es de gran importancia en muchas actividades diarias, como escribir, dibujar, recortar con tijeras o atrapar un objeto.

Cuando escribimos, por ejemplo, nuestros ojos siguen el movimiento del lápiz mientras trazamos letras y palabras en el papel. Nuestro sistema visual capta la información y la envía al cerebro, que luego coordina los movimientos de nuestras manos para producir los trazos deseados. Esta coordinación precisa **entre la visión y la acción manual** nos permite escribir de manera legible y controlada.

Por otro lado, la coordinación **oculopodal** se refiere a la capacidad de coordinar los movimientos de nuestros ojos con los de nuestros pies. Esta habilidad es fundamental para actividades como caminar, correr, saltar o practicar deportes que requieren un buen sentido del equilibrio y la coordinación. Por ejemplo, cuando jugamos fútbol, nuestros ojos nos ayudan a rastrear el balón mientras corremos para interceptarlo o patearlo en la dirección deseada.

La lateralidad

La lateralidad es la preferencia que tenemos por un lado de nuestro cuerpo sobre el otro. La mayoría de las personas son diestras, lo que significa que usan principalmente la mano **derecha** para realizar tareas cotidianas como escribir, comer o cepillarse los dientes. Sin embargo, también hay personas zurdas, que prefieren usar la mano **izquierda** para estas actividades.

La lateralidad también puede manifestarse en otras áreas del cuerpo, como la pierna dominante al patear una pelota o el ojo preferido al apuntar si, por ejemplo, jugamos a los dardos. Además de los diestros y zurdos, también hay personas ambidiestras, que tienen la misma habilidad para la mano derecha y la izquierda.

También puede darse la **lateralidad cruzada,** que aparece cuando hay una discrepancia entre el lado dominante de las extremidades superiores e inferiores de una persona. Por ejemplo, una persona puede ser diestra en cuanto a sus manos, pero tener preferencia por la pierna izquierda al patear una pelota o al subir escaleras. Esta discrepancia puede influir en la coordinación motora y en la ejecución de ciertas actividades físicas.

La definición de la lateralidad no es relevante hasta los cuatro o cinco años. Durante este período, los niños se están desarrollando y comprendiendo su entorno de manera más intuitiva, por lo que no necesitan conceptos como izquierda y derecha para orientarse. La lateralidad comienza a definirse cuando empiezan la educación formal, especialmente al aprender a escribir y leer.

La coordinación dinámica general

Esta es la capacidad del cuerpo para coordinar una serie de **movimientos musculares en secuencia,** lo que permite ejecutar acciones de forma fluida y coordinada. Este tipo de coordinación implica la sincronización de diferentes grupos musculares y articulaciones para llevar a cabo una tarea específica.

Por ejemplo, al caminar, el cuerpo necesita coordinar una serie de movimientos de las piernas, las caderas, los brazos y el tronco para mantener el equilibrio y avanzar de manera eficiente. Los músculos de las piernas se contraen y se relajan alternativamente mientras estas suben y bajan, y los brazos se balancean de manera opuesta a las piernas para contrarrestar el movimiento y mantener el equilibrio. Todo este proceso requiere una coordinación precisa y fluida entre los diferentes grupos musculares y articulaciones del cuerpo.

La orientación temporoespacial

Es la capacidad de comprender y manejar conceptos relacionados con el tiempo y el espacio. Nos permite situarnos en el tiempo, entender la **duración** de los eventos y tener una percepción precisa de nuestro **entorno espacial.**

Con relación al tiempo, implica entender la secuencia de eventos, su duración y la relación entre el pasado, el presente y el futuro. Esto nos permite organizar nuestras actividades diarias, planificar eventos futuros y recordar eventos pasados; por ejemplo, saber la hora a la que debemos llegar a una cita o recordar fechas importantes como cumpleaños o aniversarios.

En cuanto al espacio, implica ser conscientes de nuestra ubicación en relación con los objetos y las personas que nos rodean. Esto incluye entender la dirección, la distancia y la posición relativa de los objetos, y la capacidad de navegar por el entorno de manera efectiva; por ejemplo, saber cómo llegar a un lugar utilizando un mapa o entender las instrucciones para montar un mueble.

¿QUÉ MATERIAL SE USA EN PSICOMOTRICIDAD? EL SIGNIFICADO DE LOS OBJETOS

Elegir adecuadamente los materiales con los que trabajamos la psicomotricidad es importante para promover el desarrollo integral cuando somos pequeños y abarcar sus dimensiones intelectual, motora, afectivo-emocional y social mediante la exploración del propio cuerpo a través del juego libre y el movimiento (psicomotricidad vivenciada).

Los objetos son una parte clave, y es especialmente importante que tengan un **carácter neutro.** Esto implica que, al explorarlos, investigarlos y probar a usarlos de distintas maneras, podamos descubrir las funciones de los objetos. En concreto, se usan los que vamos a ver a continuación.

Pelotas

En primer lugar, las pelotas fomentan el movimiento y son esenciales para estimular nuestro desarrollo motor desde que somos pequeños. Al interactuar con las pelotas, experimentamos una amplia gama de movimientos, como lanzar, atrapar, rodar o patear, lo que contribuye al desarrollo de nuestra coordinación, destreza y agilidad.

Además de tener impacto sobre el desarrollo motor, las pelotas también desempeñan un papel crucial para **facilitar la comunicación.** Al participar en juegos que involucran el lanzamiento y la recepción de pelotas, aprendemos a coordinar acciones y comunicarnos de manera no verbal. Este proceso no solo fortalece las habilidades sociales, sino que también fomenta la empatía y la comprensión interpersonal.

Uno de los aspectos más interesantes es la conexión que tienen las pelotas con la dinámica maternofilial. Desde una perspectiva simbólica, las pelotas pueden representar la relación entre el cuidador y el niño. El acto de lanzar y recibir la pelota puede asemejarse a la idea de dar y recibir afecto, y crear un vínculo emocional entre el niño y el adulto. Este simbolismo puede ayudar a los niños a comprender conceptos más abstractos relacionados con las interacciones afectivas y contribuir al desarrollo emocional.

Asimismo, el uso de pelotas para **liberar tensiones** acumuladas es un aspecto crucial. Durante el juego con pelotas, podemos canalizar de manera positiva la energía acumulada y las emociones intensas. Lanzar la pelota, por ejemplo, puede ser una forma terapéutica de liberar tensiones y expresar emociones reprimidas, y promover así un equilibrio emocional saludable.

Aros

En el contexto de la psicomotricidad, los aros son herramientas versátiles y valiosas que contribuyen
a nuestro desarrollo integral desde
que somos niños. Estas formas circulares no solo delimitan y rodean,
sino que también fomentan la exploración, el juego simbólico y el
desarrollo de habilidades motoras
específicas.

Cuando se usan para **establecer límites físicos,** los aros nos ofrecen un sentido tangible de espacio. Al colocar aros en el suelo, creamos un área definida que invita a la
exploración dentro de esos límites y contribuye al desarrollo de la conciencia espacial y la
comprensión de los límites físicos.

Por otro lado, la disposición creativa de los aros nos permite experimentar con la **organización del espacio** y la **creación de patrones.** Esto estimula la coordinación motora
y la percepción del espacio, y promueve una comprensión más profunda de nuestro
entorno.

La simplicidad de la forma de los aros los convierte en elementos perfectos para el
juego simbólico con los más pequeños y los que no lo son tanto. Pueden transformarse
en portales mágicos, anillos de poder o las ruedas de carros imaginarios. Esta capacidad
para convertir objetos cotidianos en otros elementos fomenta la creatividad y el juego
simbólico, aspectos cruciales para el desarrollo cognitivo y emocional.

La apertura central de los aros permite realizar actividades como meter y sacar objetos de ellos. Colocar juguetes dentro del aro proporciona una oportunidad para que
los niños desarrollen **habilidades motoras** finas manipulando y coordinando movimientos
para alcanzar o sacar objetos. Esta práctica no solo fortalece sus habilidades físicas, sino
que también involucra la concentración y la resolución de problemas.

Picas

Las picas desempeñan un papel crucial, ya que ayudan a descargar tensiones acumuladas, especialmente cuando hacen ruido, y fomentan el juego simbólico. Estas características no solo impactan físicamente en el bienestar de las personas, sino que también
ofrecen oportunidades para el **desarrollo emocional** y la expresión simbólica.

La versatilidad de las picas permite a personas de todas las edades **liberar tensiones
acumuladas** de manera efectiva. Participar en actividades que impliquen mover las picas, golpeándolas o agitándolas, por ejemplo, no solo mejora la coordinación motora,
sino que también proporciona una salida física para el estrés o las tensiones emocionales,
y contribuye así al bienestar general.

Además, las picas, al tratarse de objetos simples y versátiles, son propicias para cualquier **juego simbólico**. Pueden representar herramientas mágicas, extensiones de la imaginación o cualquier elemento que la creatividad sugiera. Este tipo de juego estimula mucho la imaginación y promueve el desarrollo cognitivo y emocional en personas de todas las edades.

La capacidad de algunas picas para generar ruido durante el juego añade una dimensión sensorial adicional. Este elemento no solo hace que la experiencia sea más estimulante, sino que también puede ser particularmente atractivo para algunas personas. El sonido agrega una capa de diversión y emoción al juego, y crea una experiencia **multisensorial** que estimula tanto física como emocionalmente.

Módulos y colchonetas

Los módulos y las colchonetas invitan al movimiento sensoriomotor y facilitan la exploración de equilibrios y desequilibrios internos. Estos elementos, además de ser herramientas físicas, también promueven el **desarrollo integral** de las personas, independientemente de su edad.

Al proporcionar superficies que invitan al movimiento libre y variado, los módulos y las colchonetas nos ofrecen la oportunidad de explorar una amplia gama de movimientos, desde saltar y correr hasta rodar y girar. Este tipo de actividades no solo mejora la coordinación motora, sino que también estimula el sistema sensorial y nos permite desarrollar una conciencia más profunda de nuestro cuerpo y nuestros movimientos.

Saltar sobre obstáculos, mantener el equilibrio en superficies inestables o experimentar con cambios de dirección contribuye al desarrollo de las **habilidades motoras** y a la comprensión de la propia capacidad física. Esta exploración nos fortalece físicamente y al mismo tiempo, mejora la percepción del propio cuerpo en el espacio.

Además de ser superficies para el movimiento, los módulos y colchonetas también pueden usarse como herramientas para **construir y delimitar espacios**. Apilar, unir o disponer estos elementos de diversas maneras permite crear estructuras que sirven como obstáculos o áreas designadas para ciertas actividades. Esta capacidad de construcción no solo fomenta la creatividad, sino que también nos permite experimentar con la organización del espacio y contribuye así al desarrollo cognitivo.

Telas

Su flexibilidad y ligereza permite usarlas de muchas maneras, lo cual contribuye al desarrollo. Al taparse, ocultarse o disfrazarse con telas, no solo estimulamos nuestra **creatividad,** sino que también exploramos diferentes roles y expresiones. Jugar con las telas proporciona oportunidades para la imaginación y el juego simbólico.

Además, colgando o extendiendo telas se pueden delimitar espacios de manera efectiva y crear áreas definidas para actividades específicas. Esta práctica enseña sobre la organización del espacio y ofrece oportunidades para experimentar con límites y fronteras, lo cual contribuye al desarrollo cognitivo y espacial.

Manipular telas implica una exploración táctil y visual que nos permite **tomar conciencia** de nuestro propio contorno corporal. Esta actividad estimula la percepción del cuerpo y mejora la conciencia corporal, contribuyendo así al desarrollo sensorial y la coordinación motora.

Además, las telas actúan como **poderosos elementos de comunicación.** Los gestos y movimientos con telas transmiten mensajes y emociones sin necesidad de palabras. Esta forma de comunicación no verbal fomenta la expresión emocional y la conexión con los demás.

Cuerdas

Las cuerdas destacan como elementos versátiles y significativos, y cumplen funciones que van más allá de su naturaleza física. No son simples hilos, sino herramientas que contribuyen al desarrollo, ya que facilitan diversas experiencias y habilidades.

Si las usamos para **delimitar espacios** nos ofrecen la oportunidad de experimentar con límites físicos y comprender la noción de espacio. Colocar cuerdas en el suelo o entre estructuras puede definir áreas específicas para actividades y brindar una guía visual y táctil sobre los límites físicos. Además, al utilizar cuerdas para rodear o contornear el cuerpo, se promueve la conciencia corporal y la percepción del espacio personal.

Las cuerdas también actúan como **elementos de comunicación** en las interacciones sociales. En actividades grupales, las cuerdas pueden ser herramientas poderosas para establecer conexiones simbólicas o para representar relaciones entre las personas. Tirar de una cuerda juntos puede simbolizar la colaboración y el trabajo en equipo, mientras que soltarla puede representar independencia o liberación. Estas acciones pueden ser parte de ejercicios que fomenten la comunicación no verbal y la comprensión mutua.

La manipulación de este tipo de objeto involucra una serie de **habilidades motoras,** desde la coordinación y la fuerza hasta la destreza y la planificación motora. Al trenzar, enrollar o manipular cuerdas de diversas maneras, ejercitamos y mejoramos nuestras habilidades motoras finas y gruesas. Esto no solo es beneficioso desde el punto de vista físico, sino que también contribuye al desarrollo cognitivo y a la sensación de logro personal.

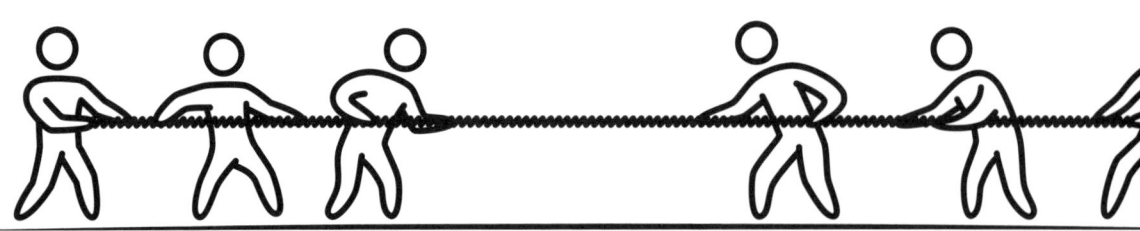

Construcciones

Las construcciones, preferiblemente hechas de madera y sin colores intensos, son elementos clave en el ámbito de la psicomotricidad. No son simples piezas, sino herramientas que se enfocan en aspectos específicos como la **motricidad fina** y las representaciones mentales.

La elección de materiales como la madera no es casual: este tipo de bloques ofrece una textura y un peso particulares que involucran el sentido del tacto y contribuyen a la estimulación sensorial. Además, al no tener, preferiblemente, colores intensos, se minimizan las distracciones visuales y podemos concentrarnos más en la tarea de construcción y exploración.

La manipulación de bloques de construcción implica una serie de movimientos precisos que mejoran la motricidad fina. Colocar, apilar, encajar y manipular estas piezas requiere destreza manual y coordinación, por lo que fortalecen las **habilidades motoras** finas esenciales para tareas cotidianas como escribir, abrochar botones o sostener utensilios.

Además de tener beneficios físicos, las construcciones están vinculadas con las **representaciones mentales.** Al construir, nos involucramos en procesos cognitivos complejos como la planificación, la organización espacial y la resolución de problemas. La capacidad de visualizar mentalmente cómo encajarán las piezas y cómo formarán una estructura completa fomenta el desarrollo de habilidades cognitivas fundamentales.

La elección de bloques de construcción de madera y sin colores intensos también nos permite ejercer nuestra creatividad de manera más libre. Al no estar limitados por formas o colores predefinidos, podemos crear estructuras más imaginativas y dar rienda suelta a nuestra expresión creativa.

Instrumentos musicales

Los instrumentos musicales proporcionan una gama de beneficios que van más allá del mero disfrute auditivo. Trabajan el ritmo y los sonidos, y pueden convertirse en herramientas multifacéticas que influyen positivamente en el aspecto **físico, cognitivo y emocional** de las personas.

La participación en la música, ya sea golpeando tambores, sacudiendo maracas o tocando cualquier instrumento, involucra la coordinación de **movimientos corporales** con la **percepción auditiva.** Este trabajo conjunto mejora la sincronización y la habilidad para seguir ritmos, y contribuye al desarrollo de la coordinación motora.

Además, los instrumentos musicales actúan como **elementos de comunicación,** especialmente en contextos grupales. Participar en una orquesta o un grupo musical, o simplemente compartir instrumentos en un entorno social, fomenta la comunicación no verbal. Los ritmos y las tonalidades pueden expresar emociones y estados de ánimo de manera poderosa, y permitir a las personas conectarse y comunicarse de manera única y expresiva.

La música tiene la capacidad única de ser una salida emocional. Tocar un instrumento es una forma constructiva de **liberar tensiones internas.** La expresión musical permite **canalizar emociones,** ya sea a través de un ritmo enérgico que libera la excitación o de melodías suaves que inducen a la relajación. Esta liberación emocional contribuye al bienestar general y a la gestión de las emociones.

Participar en la música implica **procesos cognitivos complejos,** como la lectura de partituras, la interpretación de ritmos y la coordinación de movimientos. Estos desafíos cognitivos estimulan el cerebro y mejoran habilidades como la memoria, la atención y la resolución de problemas. Además, también fomenta la **creatividad.** Los niños, en particular, pueden experimentar con sonidos, tonalidades y ritmos, y explorar nuevas formas de expresión artística. Este estímulo creativo no solo es divertido, sino que también contribuye al desarrollo de la imaginación y la originalidad.

Pinturas y papel

Las pinturas y el papel estimulan tanto la expresión creativa como el crecimiento cognitivo y artístico desde que somos niños. Este dúo no solo ofrece un lienzo para la creatividad visual, sino que también desencadena una serie de procesos mentales que contribuyen al desarrollo integral.

Estos objetos nos proporcionan un medio libre y sin restricciones para **expresar nuestros pensamientos, emociones e ideas.** Al tener la libertad de aplicar colores y formas según nos dicte la imaginación, experimentamos con la creación artística de una manera que va más allá de las limitaciones estructuradas. Este proceso de expresión nos permite comunicarnos visualmente y desarrollar nuestro propio lenguaje artístico.

Pintar no es solo un acto creativo, sino también cognitivamente estimulante. Implica que tomemos decisiones al seleccionar colores, planificar los trazos y dar forma a nuestras ideas en el papel. Este proceso implica la activación de funciones cognitivas superiores como la planificación, la atención y la toma de decisiones, y contribuye al desarrollo general de **habilidades cognitivas esenciales.**

Sostener un pincel o aplicar pintura con las manos ayuda a desarrollar la **coordinación motora fina.** Esta destreza es fundamental para realizar actividades cotidianas como escribir, abrochar botones o manipular objetos pequeños. La práctica constante de la coordinación motora fina a través de la pintura fortalece las conexiones cerebrales y mejora estas habilidades fundamentales.

Además, pintar no es solo una experiencia visual. Experimentamos con la textura de la pintura, la sensación del papel y los diferentes tipos de pinceles. Esta exploración contribuye al **desarrollo sensorial** y nos permite conocer el entorno y desarrollar una conexión más profunda con el mundo que nos rodea.

Por último, la pintura y el papel actúan como **catalizadores para la imaginación.** Al enfrentarnos a una hoja en blanco, somos libres de dar rienda suelta a nuestros pensamientos y crear mundos imaginarios. Esta práctica nutre la creatividad y fomenta la capacidad de pensar fuera de los límites predefinidos.

Las dimensiones de la psicomotricidad

La psicomotricidad engloba dos dimensiones fundamentales: la gruesa y la fina. Ambas son cruciales en nuestro desarrollo integral y juegan un papel fundamental en la adquisición de habilidades motoras, cognitivas y socioemocionales.

La **psicomotricidad gruesa** es la que se relaciona con el **control dinámico.** Se ocupa de la coordinación de los movimientos grandes del cuerpo, como caminar, correr, saltar, trepar y lanzar. Estas habilidades son esenciales para explorar nuestro entorno, interactuar con otros y participar en actividades físicas. El desarrollo adecuado de la psicomotricidad gruesa, desde que somos pequeños, proporciona una base sólida para el desarrollo de habilidades más complejas en el futuro.

La importancia de esta dimensión se puede observar en el proceso de aprender a **montar en bicicleta.** Cuando un niño aprende esta habilidad, está desarrollando y mejorando su psicomotricidad gruesa de varias maneras.

En primer lugar, al montar en bicicleta, el niño necesita **mantener el equilibrio** sobre dos ruedas en movimiento mientras pedalea. Esto requiere una coordinación precisa de los movimientos del cuerpo y las extremidades, lo que contribuye al desarrollo de la psicomotricidad gruesa.

En segundo lugar, pedalear en la bicicleta requiere el uso de músculos importantes de las piernas, los brazos y el tronco. A medida que el niño pedalea y aprende a dirigir la bicicleta, fortalece estos músculos y mejora su control y su **coordinación motora.**

Además, montar en bicicleta implica navegar por el entorno evitando obstáculos y manteniéndose en el camino correcto. Esto requiere una comprensión sólida de la **orientación espacial** y la percepción de la profundidad, habilidades que se desarrollan a través de la práctica continua.

Asimismo, a medida que el niño practica y mejora en esta habilidad, su confianza en sí mismo y en sus habilidades físicas aumenta. Esta **confianza** se extiende más allá de montar en bicicleta y puede influir positivamente en otras áreas de su vida.

El **dominio del control estático** también compete a la motricidad gruesa, y consiste en la capacidad de mantener una postura corporal estable y equilibrada mientras el cuerpo está en reposo o en una posición fija. Este control es fundamental para realizar actividades cotidianas como sentarse, estar de pie o mantener una postura erguida.

El desarrollo del control estático comienza en la infancia temprana y progresa a medida que vamos adquiriendo fuerza muscular, coordinación y equilibrio.

Por otro lado, la **psicomotricidad fina** implica el **control** y la coordinación de los movimientos pequeños y precisos de las **manos** y los dedos. Esto incluye actividades como escribir, dibujar, recortar, abotonarse la ropa y manipular objetos pequeños. El desarrollo de la psicomotricidad fina es fundamental para realizar tareas cotidianas, expresar creatividad y desarrollar habilidades cognitivas como la resolución de problemas y la atención.

Al **escribir,** empleamos la psicomotricidad fina para controlar y coordinar los movimientos precisos de los dedos y las manos. Cada trazo con el bolígrafo o el lápiz requiere una serie de movimientos delicados y específicos que controlan desde la presión aplicada al papel hasta la dirección y la forma de las letras.

Además, la psicomotricidad fina desempeña un papel crucial en el desarrollo de la **fonética,** ya que implica la coordinación precisa de músculos pequeños y delicados del cuerpo; en este caso, los de la lengua y los labios. Mover la lengua y los labios con precisión es fundamental para articular claramente los sonidos del habla. Los niños necesitan desarrollar la habilidad de colocar la lengua en diferentes posiciones dentro de la boca para producir sonidos específicos, así como mover los labios para formar sonidos como /p/, /b/ y /m/. Por ejemplo, para pronunciar el sonido /p/, los labios se juntan y luego se separan bruscamente para liberar el aire. Para el sonido /b/, los labios se juntan y se mantienen cerrados mientras se libera el aire. Para el sonido /m/, los labios deben estar cerrados firmemente y crear una obstrucción en la boca.

La psicomotricidad fina también incluye el control de la **respiración,** que es importante para regular el flujo de aire necesario para la producción de sonidos vocales. Cuando somos pequeños, necesitamos aprender a controlar la respiración de manera precisa para sostener sonidos durante períodos prolongados y para modular la intensidad de nuestra voz según sea necesario en diferentes situaciones comunicativas. Si, por ejemplo, un niño está aprendiendo a pronunciar la palabra «pelota», para hacerlo, primero necesita coordinar la posición de su lengua y sus labios para formar el sonido /p/. Luego, debe controlar su respiración para expulsar el aire de manera adecuada mientras articula el sonido /e/. Finalmente, necesita usar su psicomotricidad fina para mover los músculos de su lengua y labios para formar el sonido /l/, seguido de /o/ y /t/. Todo este proceso requiere una coordinación precisa de los músculos finos y un control adecuado de la respiración para lograr una pronunciación clara y comprensible de la palabra «pelota».

Ambas dimensiones de la psicomotricidad, tanto la gruesa como la fina, están intrínsecamente entrelazadas y **se complementan.** Cada una desempeña un papel crucial en el desarrollo motor integral. Para ilustrar esta interconexión, consideremos el proceso de aprendizaje para tocar el violín. En este caso, la psicomotricidad gruesa proporciona la base física necesaria para tocar el violín de manera efectiva. Antes de comenzar a tocar el instrumento, el niño necesita desarrollar fuerza y coordinación en todo el cuerpo para mantener una postura adecuada y estable mientras sostiene el violín y el arco. Esto implica el fortalecimiento de los músculos principales, como los de los brazos, hombros y espalda, así como el desarrollo de la habilidad de mantener una posición erguida y equilibrada durante la ejecución.

Una vez que el niño ha dominado las habilidades gruesas necesarias para sostener el violín y el arco correctamente, entra en juego la psicomotricidad fina para mejorar aún más su capacidad para producir música de calidad. Por ejemplo, para mover el arco sobre las cuerdas del violín y producir diferentes notas y expresiones musicales, el niño necesita utilizar movimientos precisos y coordinados de los dedos y las manos. Además, al pulsar las cuerdas del violín con los dedos, el niño utiliza la destreza fina de las manos para controlar la afinación y el timbre de cada nota.

En este sentido, el desarrollo de habilidades finas a través de actividades como la escritura a mano o el dibujo puede contribuir al desarrollo general de la coordinación y el control del cuerpo, y mejorar así la capacidad del niño para tocar el violín con éxito. A su vez, el dominio del violín puede fortalecer y perfeccionar aún más las habilidades gruesas y finas, y crear un ciclo de desarrollo motor integral.

EL DESARROLLO DE LA PSICOMOTRICIDAD GRUESA EN LOS PRIMEROS AÑOS DE VIDA

El ritmo de evolución varía de unos niños a otros, siempre dentro de parámetros como su carga genética, la madurez de su sistema nervioso, su temperamento o la estimulación del ambiente. Este desarrollo se producirá en sentido cefalocaudal. Es decir, durante el proceso de crecimiento y desarrollo prenatal y posnatal, las habilidades y las estructuras corporales se desarrollan de arriba abajo, es decir, desde la cabeza hasta la parte inferior del cuerpo. Por ejemplo, en los bebés, las habilidades motoras gruesas, como levantar la cabeza, sostenerla y rodar, se desarrollan antes que las habilidades motoras finas, como agarrar objetos pequeños con los dedos. Asimismo, el desarrollo del control del tronco y los músculos del cuello precede al desarrollo del control de los músculos de las extremidades inferiores.

De esta manera, si el desarrollo de los **parámetros es normal,** el desarrollo seguirá este modelo:

- **A los 0 meses** el bebé mantiene la postura fetal y permanece acostado boca arriba o boca abajo.

- **A los 3 meses** el bebé empieza a ser capaz de mantener la cabeza erguida.

- **A los 6 meses** el bebé comienza a permanecer en postura de sentado.

- **A los 9 meses** el bebé empieza a desplazarse voluntariamente y comienza a gatear sobre las manos y las rodillas.

- **A los 12 meses** el bebé comienza a sostenerse de pie. Primero lo hace agarrándose a algún objeto y después consigue mantenerse de pie solo. Al final del primer año, es capaz de caminar cogido de la mano y, más tarde, solo.

Nos alarmaremos cuando observemos alguno de estos casos:

- A los **4 meses** no controla la cabeza.

- A los **9 meses** no es capaz de permanecer sentado.

- A los **18 meses** no camina.

La vida es movimiento

Desde los primeros meses de vida, iniciamos nuestro viaje hacia la independencia a través del movimiento. Los **movimientos reflejos,** como el agarre instintivo o la succión, son respuestas automáticas y básicas que se observan en los recién nacidos. Sin embargo, a medida que el tiempo avanza, estos movimientos evolucionan hacia gestos más coordinados y exploratorios.

El primer hito en esta evolución es **rodar.** Los bebés aprenden a voltearse, lo que les otorga una nueva perspectiva de su entorno. Este logro sienta las bases para futuros movimientos coordinados. Luego, el proceso de **gatear** permite una mayor movilidad y deja a los bebés desplazarse y explorar su entorno de manera más activa. Este proceso no solo mejora la coordinación motora, sino que también estimula la curiosidad y la capacidad de descubrimiento del niño. Al gatear, los pequeños comienzan a comprender la relación entre sus movimientos y la exploración del espacio que les rodea.

Ponerse de pie y dar los **primeros pasos** son acontecimientos cruciales que marcan la transición hacia la independencia motora. A medida que los pequeños comienzan a desplazarse, interactúan con su entorno, tocan objetos, experimentan con la gravedad y desarrollan una comprensión más profunda de las relaciones espaciotemporales. Este proceso de exploración es un componente clave del aprendizaje temprano, ya que los niños asocian sus acciones con las consecuencias y amplían su comprensión del mundo que les rodea.

Por tanto, estos logros no solo representan avances en el desarrollo motor, sino que también desencadenan una serie de eventos cognitivos y emocionales. La capacidad de ponerse de pie, por ejemplo, implica coordinación y equilibrio, pero también exige una comprensión más profunda de la relación entre el cuerpo y el espacio que nos rodea.

Conseguir estos hitos físicos tiene un gran impacto en el **desarrollo cognitivo.** A medida que los bebés exploran nuevas formas de movimiento, se ven desafiados a comprender las consecuencias de sus acciones y adaptarse a su entorno cambiante. Este proceso implica tanto la mejora de las habilidades motoras como la capacidad de tomar decisiones simples y la autoconfianza que surge al experimentar con la propia autonomía, además del desarrollo de la percepción espacial, la conciencia corporal y la capacidad de planificación motora.

Además, estos logros no pasan desapercibidos en el ámbito emocional. La interacción con otros niños en juegos físicos, la expresión corporal y la coordinación de actividades grupales contribuyen a la formación de habilidades sociales y emocionales. Aprender a compartir, respetar turnos y comunicarse a través del movimiento son habilidades esenciales que se desarrollan en este contexto.

LA RELACIÓN ENTRE LA PSICOMOTRICIDAD Y LA COGNICIÓN

La relación entre la psicomotricidad y la cognición es estrecha y compleja, ya que ambas están interconectadas en el desarrollo integral de las personas. La psicomotricidad tiene un impacto significativo en la cognición, que engloba procesos mentales como la **percepción**, la **memoria**, la **atención** y la **resolución de problemas**.

El desarrollo cognitivo a través del movimiento implica una conexión intrínseca entre las habilidades motoras y el funcionamiento cognitivo. Cuando participamos en actividades psicomotoras que demandan coordinación precisa de movimientos, se desencadenan procesos en el cerebro que van más allá de la mera ejecución física.

Por ejemplo, en juegos que exigen coordinación motora fina, como manipular pequeños objetos o realizar movimientos precisos, se activan áreas cerebrales relacionadas con la atención y la destreza. Al sostener y manipular objetos pequeños, como piezas de rompecabezas, bloques o lápices, el cerebro se enfrenta al desafío de coordinar movimientos precisos y enfocar la atención en tareas específicas.

Esta coordinación fina no solo estimula áreas motoras del cerebro, sino que también involucra procesos cognitivos fundamentales. La atención se centra en detalles específicos, la memoria se activa para recordar secuencias y patrones, y la destreza se desarrolla a medida que los niños perfeccionan sus habilidades motoras finas.

Este estímulo cognitivo a través del movimiento es esencial para el desarrollo de habilidades motoras, pero también contribuye a la mejora de habilidades cognitivas clave. A medida que los niños perfeccionan su coordinación motora fina, fortalecen conexiones neuronales que benefician la atención, la memoria y la capacidad de resolver problemas, aspectos fundamentales para un desarrollo cognitivo saludable.

La psicomotricidad y la percepción

Cuando participamos en actividades de psicomotricidad que implican desplazarse u orientarse en el espacio, como saltar, correr o trepar, se activan áreas cerebrales relacionadas con la percepción espacial y temporal. Por ejemplo, al saltar, debemos evaluar la distancia y la altura del salto, lo que implica una percepción precisa del espacio que nos rodea. De manera similar, cuando corremos o trepamos, nos enfrentamos al desafío de coordinar movimientos en relación con los objetos y la distribución espacial a nuestro alrededor.

Estas experiencias motrices contribuyen al desarrollo de una comprensión más rica de la **relación entre los objetos en el espacio y el tiempo.** Desde que somos pequeños, aprendemos a calcular distancias, a evaluar la posición de objetos en relación con nosotros mismos y a anticipar el tiempo necesario para realizar ciertas acciones. Por ejemplo, en juegos que involucran carreras o circuitos, desarrollamos la capacidad de planificar y ejecutar movimientos secuenciales en función del tiempo disponible.

La percepción espacial y temporal no solo tiene que ver con la ubicación física de objetos, sino también a la capacidad de organizar eventos en una secuencia temporal. Las actividades psicomotoras que implican seguir ritmos, coordinar movimientos en conjunto con otras personas o participar en juegos con reglas de tiempo contribuyen a desarrollar esta comprensión temporal.

En definitiva, la psicomotricidad se convierte en una herramienta valiosa para enriquecer nuestra percepción espacial y temporal desde que somos niños. A través de la exploración y el movimiento, no solo adquirimos habilidades motrices, sino que también desarrollamos una conciencia más profunda de cómo interactuamos con el espacio y el tiempo que nos rodea, habilidades fundamentales para el desarrollo cognitivo y práctico.

La psicomotricidad y la memoria

Cuando participamos en actividades motrices, necesitamos recordar instrucciones detalladas, es decir, las secuencias de movimientos específicos o la posición precisa de objetos en el espacio.

Imaginemos que unos niños participan en una especie de «caza del tesoro». El monitor les da instrucciones detalladas sobre dónde encontrar objetos específicos escondidos en el espacio de juego, y los niños deben recordar y seguir estas indicaciones mientras se desplazan y exploran. Durante esta actividad, los niños no solo están involucrados en la ejecución física de buscar los objetos, sino que también están ejercitando su memoria al recordar las instrucciones precisas sobre la ubicación y descripción de cada objeto. Por ejemplo, podrían recibir la indicación de encontrar un juguete rojo detrás de una almohada o un objeto suave debajo de una silla.

Este juego activa múltiples aspectos de la memoria. En primer lugar, los niños deben retener las instrucciones iniciales proporcionadas por el monitor. Luego, deben recordar la información específica sobre la ubicación y las características de cada objeto mientras exploran el espacio. Este proceso de recordar y aplicar información en tiempo real refuerza la **memoria de trabajo** y la capacidad de **atención.**

Además, al asociar la información sobre la ubicación de los objetos con acciones físicas, como levantar una almohada o mover una silla, los niños construyen conexiones más fuertes entre la información y sus experiencias motoras, lo cual contribuye a que retengan la información de manera más efectiva y duradera.

La psicomotricidad y la atención

El tipo de actividades que se llevan a cabo en las sesiones de psicomotricidad exige un compromiso activo del cerebro y nos desafía a mantener la atención en tareas específicas y a coordinar nuestros movimientos de manera precisa.

En juegos que, por ejemplo, requieren **seguir instrucciones,** los niños deben prestar atención a las indicaciones d el monitor. Este proceso no solo implica la escucha activa, sino también la capacidad de procesar y entender las instrucciones para luego ejecutar los movimientos correspondientes. De este modo, en una actividad que consiste en realizar secuencias de movimientos, como saltar, girar y luego aplaudir, los niños deben mantener su atención enfocada en la secuencia específica.

Coordinar acciones propias con las de otros niños en actividades psicomotoras también potencia la atención y la concentración; por ejemplo, en un juego en el que los participantes formen parte de un tren humano. Cada uno sería un vagón, y todos deben seguir las instrucciones del monitor para moverse de manera organizada. Durante el juego, los niños deben prestar atención a las acciones de sus compañeros, responder rápidamente a cambios en las indicaciones y adaptarse a las variaciones en los movimientos del grupo. Esta **interacción activa y cooperativa** no solo refuerza la coordinación motora, sino que también potencia la atención y la concentración, ya que exige a los niños procesar información en tiempo real para mantener la sincronización del tren humano.

En definitiva, participar en actividades psicomotoras constituye un entrenamiento integral para la atención y la concentración de los niños, ya que estos juegos no solo promueven el desarrollo motor, sino que también fortalecen las habilidades cognitivas necesarias para enfocarse en tareas específicas, procesar información de manera eficiente y colaborar de manera efectiva con otros.

La psicomotricidad y la resolución de problemas

Realizar actividades psicomotoras no solo impulsa el desarrollo de la atención y la destreza, sino que también nutre la capacidad de resolver problemas de manera efectiva. Al participar en actividades que demandan coordinación motora fina, como manipular pequeños objetos o realizar movimientos precisos, desde que somos niños nos enfrentamos a desafíos que requieren **soluciones creativas y pensamiento estratégico.**

Por ejemplo, pensemos en un grupo de niños que están haciendo una torre con piezas de Lego. Cada pieza tiene una forma específica, y los niños deben coordinar sus movimientos para ensamblarlas correctamente. En este escenario, los niños están estimulando áreas del cerebro asociadas con la atención y la destreza y también desarrollan habilidades para resolver problemas.

Durante el juego, los pequeños pueden encontrarse con obstáculos como piezas que no encajan fácilmente o con que necesitan encontrar la secuencia correcta para ensamblar algunas partes. Resolver estos desafíos requiere que utilicen su pensamiento lógico, prueben diferentes enfoques y ajusten su estrategia según sea necesario.

LA ESTIMULACIÓN DE LA IMAGINACIÓN Y LA CREATIVIDAD

La psicomotricidad, al combinar la actividad física con el pensamiento creativo y estratégico, se convierte en un terreno fértil para el desarrollo de habilidades cognitivas muy avanzadas. En particular, la psicomotricidad vivenciada emerge como un destacado estimulante para la imaginación y la creatividad.

Cuando niños o adultos participamos en actividades de **psicomotricidad vivenciada** se nos brinda la libertad de explorar y expresarnos de manera espontánea. Por ejemplo, en un entorno que fomente la exploración libre, los niños pueden utilizar su cuerpo como medio de expresión y crear movimientos, gestos y acciones de manera intuitiva.

Por ejemplo, durante una sesión, algunos niños podrían decidir convertirse en árboles bailarines levantando sus brazos y balanceándolos de un lado a otro. Otros podrían optar por ser exploradores y ponerse a gatear para descubrir el espacio como si estuvieran en una expedición. Estos movimientos y gestos surgen de manera intuitiva, sin restricciones, y permiten a los niños expresarse libremente.

Además, utilizar **el cuerpo como instrumento creativo** se convierte en un proceso dinámico de exploración. Al dejar que sus cuerpos respondan a sus propios impulsos y emociones, los niños generan nuevas ideas y asociaciones mentales de manera organizada. Un niño que experimenta la sensación de equilibrio al levantar sus brazos podría comenzar a asociar esta experiencia con conceptos como la estabilidad y el movimiento. Otro niño que gatea y descubre rincones podría desarrollar asociaciones mentales con la exploración y el descubrimiento.

Este enfoque de **exploración libre** que ofrece la psicomotricidad vivenciada no solo nutre la creatividad en el momento presente, sino que también proporciona a los niños un repertorio de experiencias sensoriales y motoras que pueden aplicar en situaciones futuras. A medida que utilizan su cuerpo como medio de expresión en este entorno sin restricciones, construyen una base sólida para enfrentar situaciones de la manera más original posible en el futuro.

LA INTEGRACIÓN SENSORIAL Y EL APRENDIZAJE

La integración sensorial es un componente esencial de nuestro desarrollo cognitivo y motor, y la psicomotricidad juega un papel fundamental en este aspecto, ya que favorece una integración sensorial más efectiva. Este proceso es esencial para alcanzar un rendimiento académico óptimo, ya que mejora la capacidad del cerebro para recibir, organizar y procesar información proveniente de los diferentes sentidos, como la vista, el oído, el tacto y el equilibrio, de manera eficaz.

Pongamos como ejemplo una actividad que requiere equilibrio y coordinación motora. Los niños participan en un juego en el que deben caminar sobre una superficie inestable, como una cuerda tensa a pocos centímetros del suelo. Mientras realizan esta actividad, el sistema vestibular, responsable del equilibrio, y el sistema táctil están activos. La experiencia de equilibrio, en combinación con la percepción táctil, desafía y estimula la integración sensorial.

Este tipo de actividad no solo promueve el **desarrollo motor,** sino que también fortalece la capacidad del cerebro para coordinar información sensorial proveniente de diferentes sistemas. Este proceso de **integración sensorial i**nfluye directamente en el rendimiento del aprendizaje, ya que los niños que experimentan una mejor integración sensorial están más preparados para abordar tareas académicas que requieren coordinación y atención.

Por ejemplo, en el aula, un niño con una sólida integración sensorial puede leer un libro y seguir las palabras en la página con mayor facilidad, ya que su sistema visual y su sistema táctil trabajan de manera eficiente y coordinada. Además, ese niño también podrá escribir con mayor destreza y precisión.

En conclusión, al proporcionar experiencias variadas que fortalecen la conexión entre los sentidos y el cerebro, la psicomotricidad se erige como un elemento fundamental para el aprendizaje y el desarrollo integral de los niños.

LA RELACIÓN ENTRE LA PSICOMOTRICIDAD Y LA EMOCIÓN

La psicomotricidad, especialmente en su enfoque vivenciado, se convierte en un puente entre el cuerpo y las emociones, y ofrece un espacio donde la expresión corporal se entrelaza con el mundo emocional.

En el marco de la psicomotricidad, las emociones se manifiestan a través del movimiento libre y la exploración corporal. Cuando tenemos la **libertad** de utilizar nuestro cuerpo como medio de expresión, podemos manifestar nuestras emociones de manera natural y sin restricciones. Por eso, se considera la mejor opción para desarrollar nuestra inteligencia emocional. Por ejemplo, durante una sesión de psicomotricidad vivenciada, se proporciona un entorno con diversos materiales y elementos, como telas coloridas, cojines, cuerdas y módulos. En este espacio se tiene libertad de movimiento y se pueden usar estos elementos de la manera que se desee, sin limitaciones.

Durante la sesión, podríamos observar a alguien que decide envolverse en una tela y explorar cómo se siente al caminar con ella. Su movimiento podría ser lento y pausado, y su expresión facial reflejar una sensación de calma y concentración. A medida que caminase, experimentaría la textura de la tela sobre su piel y una conexión sensorial.

En otro rincón, dos personas podrían colaborar para construir una estructura con cojines y cuerdas. A medida que trabajasen juntas, sus movimientos se coordinarían y serían comunicativos. Se reirían y compartirían ideas mientras dan forma a su creación, por lo que no solo demostrarían sus habilidades motoras, sino también una **conexión emocional.**

En otro lugar, otra persona podría empezar a saltar sobre obstáculos suaves con movimientos enérgicos y expresivos. Su rostro podría reflejar emoción y vitalidad mientras disfruta de la sensación de desplazarse en el aire. Al saltar, no solo fortalecería su coordinación motora, sino que también liberaría energía emocional de manera positiva.

Al final de la sesión, podríamos introducir música suave e invitar a los participantes a moverse libremente según lo que sientan. En ese momento, observaríamos una variedad de expresiones emocionales a medida que cada persona elige su estilo de movimiento; unos optarían por movimientos suaves y fluidos, mientras que otros preferirían movimientos más enérgicos y expansivos.

Este ejemplo ilustra cómo cada elección de movimiento, ya sea envolverse en una tela, construir estructuras colaborativas o saltar con energía, se convierte en una forma de comunicar y experimentar emociones de manera única y personal. La libertad de expresarse a través del cuerpo en un entorno estructurado de psicomotricidad contribuye al desarrollo integral y fomenta la autoconciencia emocional y la capacidad de regular las emociones de manera saludable.

EL PAPEL DE LA PSICOMOTRICIDAD EN EL DESARROLLO DE LA INTELIGENCIA EMOCIONAL DESDE LA INFANCIA
En los primeros años de vida, los niños absorben conocimiento principalmente a través de experiencias motrices en su entorno: exploran, juegan y experimentan. Este proceso no solo  contribuye al desarrollo motor, sino que, como ya sabemos, es crucial para el crecimiento cognitivo y, especialmente, para la comprensión y la gestión de las emociones.

Conocer el propio cuerpo y las emociones a través del movimiento
Entender nuestro propio cuerpo y manejar nuestras emociones es crucial para el desarrollo personal. El cuerpo es tu vehículo, y el movimiento, tu forma de desplazarte y explorar el mundo que te rodea. Desde que eras un niño, cada vez que te ríes, lloras o juegas, estás aprendiendo lecciones valiosas.

El movimiento nos da la oportunidad de explorar y entender nuestro esquema corporal; es decir, cómo las partes de nuestro cuerpo se relacionan entre sí y con el entorno. Cuando los niños se mueven, saltan, corren o simplemente mueven sus brazos y piernas, están descubriendo las diferentes partes de su cuerpo y cómo estas se mueven y trabajan juntas.

Ahora, piensa en las emociones como las señales que tu cuerpo te envía. Según si te sientes feliz, triste, enfadado o asustado, tu cuerpo reacciona de una manera diferente. Puedes notar cómo tu corazón late más rápido cuando estás emocionado o cómo tus músculos se tensan cuando estás enojado. El movimiento es el lenguaje de tu cuerpo para expresar esas emociones.

Cuando juegas y te mueves, estás practicando y experimentando con diferentes emociones. Por ejemplo, recuerda cuando eras pequeño y jugabas a atrapar una pelota. Si lo lograbas, te sentías feliz y emocionado. Pero si la pelota se te escapaba, podías sentirte un poco decepcionado. Estas pequeñas experiencias durante el juego te ayudan a reconocer y comprender tus propias emociones.

El movimiento también es una manera de liberar tensiones y estrés. Cuando estás agobiado, moverte y jugar puede ser una válvula de escape para esas emociones acumuladas. Por ejemplo, bailar al ritmo de tu canción favorita o saltar enérgicamente puede ayudarte a sentirte más relajado y contento.

En conclusión, el movimiento es algo así como un profesor que te enseña sobre tu propio cuerpo y tus propias emociones. Cada risa, cada juego y cada lágrima es una lección importante que forma la base de toda tu inteligencia emocional. Así que, un consejo: ¡moverse y jugar es mucho más que solo diversión: es aprender sobre ti mismo y crecer emocionalmente!

La etapa infantil es el momento clave

La infancia es un momento crucial para construir las bases de la inteligencia emocional, y la etapa de Educación Infantil se entiende como el momento perfecto para ello. En este período, las sesiones específicas de psicomotricidad son grandes herramientas para ayudar a los niños a conocerse a sí mismos y a ser más independientes. Es la fase en la que comenzamos a aprender quiénes somos y cómo interactuamos con el mundo. Estas sesiones se centran en el autoconocimiento y la autonomía personal, y en ellas se utilizan juegos psicomotores para que los niños descubran constantemente su yo interior. Por ejemplo, jugar a imitar animales o realizar actividades que requieren equilibrio y coordinación les ayuda a comprender sus habilidades físicas y emocionales.

En este período se debe resaltar la importancia de enseñar a los niños a ser independientes y seguros desde una edad temprana. Esto significa permitirles hacer cosas por sí mismos y no depender demasiado de la aprobación constante de los adultos. Por ejemplo, en lugar de siempre atarles los zapatos, se les puede enseñar a hacerlo solos para fomentar su sensación de logro y que tengan confianza en sus propias habilidades.

La observación, el descubrimiento y la apropiación de experiencias sensoriales son fundamentales en este proceso. Cuando los niños exploran el mundo a través de sus sentidos, como tocando diferentes texturas o jugando con colores, están construyendo conexiones importantes entre lo que experimentan y cómo se sienten emocionalmente. Esto les ayuda a comprender y expresar sus emociones de manera más efectiva.

En definitiva, la etapa infantil es como un lienzo en blanco donde se comienza a pintar la inteligencia emocional. Las sesiones de psicomotricidad durante la Educación Infantil son los pinceles que ayudan a los niños a descubrirse a sí mismos, a ser más independientes y a construir una base sólida para entender y gestionar sus emociones a lo largo de su desarrollo. Es un proceso de crecimiento que comienza desde los primeros años y se prolonga durante toda la vida.

La psicomotricidad y la construcción de relaciones asertivas
Piensa en un niño que juega con unos bloques de madera o explora diferentes texturas. Estas experiencias no solo le enseñan sobre la forma y el tacto, sino que también construyen en él conexiones emocionales y sociales importantes.

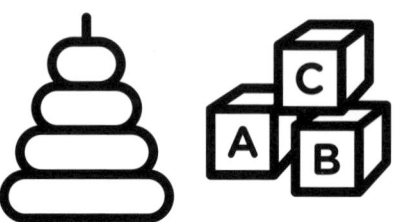

Ahora, imagina a un niño jugando a pasar por un túnel o balanceándose en un columpio. Estas actividades, además de ser divertidas, le enseñan sobre el equilibrio, la coordinación y la confianza en sí mismo. A medida que explora el movimiento, también está construyendo habilidades emocionales como la autoconfianza y la gestión de sus emociones.

Analiza cómo estos juegos y actividades pueden aplicarse a la construcción de relaciones asertivas. Cuando un niño comparte juguetes con un amigo o trabaja en equipo para construir algo, está aprendiendo a comunicarse de manera efectiva y a entender las necesidades de los demás. Este proceso de compartir y colaborar fomenta habilidades sociales esenciales como la empatía y la asertividad.

La exploración sensorial y las experiencias motoras son pequeñas aventuras que preparan a los niños para enfrentarse al mundo de manera más completa. Les ayudan a construir aprendizajes significativos, ya que no solo están adquiriendo conocimientos físicos, sino también habilidades emocionales y sociales que les serán útiles a lo largo de sus vidas.

La psicomotricidad y los trastornos
La psicomotricidad será clave en el tratamiento de diversos trastornos que afectan a la memoria, el lenguaje y el aprendizaje. Desde la infancia hasta que somos adultos, estas condiciones plantean grandes desafíos que influyen no solo en el desarrollo cognitivo, sino también en nuestra capacidad para interactuar de manera efectiva con el entorno que nos rodea.

Por ejemplo, en el caso de la **memoria,** la psicomotricidad puede ser fundamental para mejorar la coordinación y el equilibrio, aspectos esenciales para gozar de movilidad y seguridad al realizar actividades cotidianas. De este modo, la memoria no solo almacena los patrones de movimiento aprendidos, sino que también recuerda experiencias motoras pasadas que pueden influir en la mejora de la coordinación y el equilibrio. A su vez, la psicomotricidad, que implica la integración de procesos cognitivos y motores, juega un papel crucial en la coordinación de movimientos y en la capacidad de mantener el equilibrio.

En cuanto al **lenguaje,** las actividades psicomotoras pueden contribuir a mejorar la expresión y la comunicación, especialmente en personas con dificultades para articular palabras o seguir instrucciones. En el ámbito del **aprendizaje,** la psicomotricidad puede ayudar a desarrollar habilidades como la atención, la concentración y la percepción, lo que facilita el proceso de adquisición de conocimientos y habilidades.

Por otro lado, es importante destacar que la psicomotricidad no solo desempeña un papel crucial en el manejo de los trastornos mencionados, sino que también se ve directamente afectada por ellos. Por ejemplo, los trastornos de la memoria, como el Alzheimer y la amnesia, pueden influir en la capacidad de planificación, coordinación y ejecución de movimientos, lo que se traduce en dificultades para llevar a cabo actividades diarias y mantener la independencia funcional. En el caso de los trastornos del lenguaje, como la afasia, su impacto en la comunicación y la expresión emocional puede limitar la participación de quien las padece en actividades psicomotoras que requieren una interacción verbal y no verbal adecuada. Asimismo, los trastornos del aprendizaje, como la disgrafía o la discalculia, pueden conllevar dificultades en la coordinación, la atención y la percepción espacial, lo que afecta a la capacidad de involucrarse en actividades psicomotoras que demandan concentración y habilidades motoras específicas.

En consecuencia, la relación entre la psicomotricidad y estos trastornos es bidireccional, lo que subraya la importancia de abordar las dificultades tanto físicas como cognitivas para mejorar la calidad de vida de las personas afectadas.

LA PSICOMOTRICIDAD Y LOS TRASTORNOS EN LA MEMORIA

El **Alzheimer** y la **amnesia** pueden influir en la psicomotricidad de varias formas. Por un lado, el deterioro cognitivo asociado con estos trastornos puede afectar a la capacidad de planificación, coordinación y ejecución de movimientos. Por ejemplo, una persona con Alzheimer avanzado puede experimentar dificultades para recordar cómo vestirse o realizar actividades cotidianas simples debido a la pérdida de memoria y la confusión mental. Además, la alteración de la memoria procedimental puede provocar problemas para recordar cómo realizar movimientos específicos, como atarse los zapatos o utilizar utensilios de cocina, lo que afecta a su psicomotricidad.

A medida que el Alzheimer avanza, también pueden ocurrir cambios en la coordinación motora y el equilibrio debido a la degeneración cerebral. Por ejemplo, una persona con Alzheimer avanzado puede tener dificultades para mantener el equilibrio al caminar o para manipular objetos pequeños debido a la pérdida de destreza motora.

Además del impacto físico, el Alzheimer y la amnesia también pueden tener repercusiones emocionales. La ansiedad, la depresión y la confusión asociadas con estos trastornos pueden afectar la motivación y la disposición para participar en actividades psicomotoras. En este caso, una persona con Alzheimer puede sentirse frustrada o desmotivada para participar en terapias de rehabilitación psicomotora por sentirse confusa y desinteresada.

En términos de calidad de vida, el deterioro cognitivo y las dificultades en la psicomotricidad pueden afectar a la independencia y la autonomía de la persona.

La psicomotricidad al rescate

La psicomotricidad nos puede ayudar a abordar los trastornos de memoria como el Alzheimer y la amnesia proporcionando intervenciones físicas y cognitivas que ayuden a mantener la función motora y cognitiva en la medida de lo posible y a mejorar la calidad de vida de las personas afectadas.

En el caso del **Alzheimer,** el trabajo de psicomotricidad puede centrarse en actividades que estimulen la memoria a través del movimiento. Por ejemplo, se pueden realizar ejercicios de reminiscencia motora en los que se utilicen movimientos y actividades asociadas con experiencias pasadas para evocar recuerdos y emociones. Esto podría incluir actividades como bailar música familiar, participar en juegos tradicionales o recrear rutinas diarias anteriores. Estas actividades no solo promueven la movilidad y la coordinación, sino que también ayudan a mantener las conexiones neuronales asociadas con la memoria y la identidad personal.

En el caso de la **amnesia,** la psicomotricidad puede ser útil para rehabilitar la función motora y cognitiva perdida debido a lesiones cerebrales u otras causas. Se pueden utilizar ejercicios que trabajen la recuperación de la memoria procedimental, que es la que se encarga de las acciones y habilidades aprendidas previamente. Por ejemplo, actividades como caminar, nadar o practicar deportes pueden ayudar a reactivar patrones motores básicos y promover la recuperación de habilidades perdidas. Además, se pueden emplear técnicas de entrenamiento de memoria que combinen el movimiento con la repetición de información clave, como caminar mientras se repite en voz alta una lista de palabras o números.

LA PSICOMOTRICIDAD Y LOS TRASTORNOS DEL APRENDIZAJE

A su vez, los trastornos del aprendizaje pueden afectar a la psicomotricidad de diversas maneras, y la disgrafía no es una excepción. Este es un trastorno de comunicación y aprendizaje que afecta a la habilidad de una persona para escribir de manera legible y fluida. En este sentido, las dificultades en la coordinación motora fina pueden ser especialmente relevantes.

Para quienes padecen **disgrafía,** ejecutar los movimientos precisos y coordinados necesarios para escribir es un desafío. El resultado es una escritura ilegible, con letras que se superponen, trazos desiguales o una falta de consistencia en el tamaño y la forma de las letras. Estas dificultades pueden provocar baja autoestima y frustración en el individuo, especialmente cuando sus habilidades de escritura no coinciden con las de sus conocidos más cercanos. Además, puede afectar su rendimiento académico, ya que la escritura es una habilidad fundamental en la mayoría de las áreas del currículo escolar.

La **discalculia,** por su parte, es un trastorno que afecta a las habilidades matemáticas, pero puede influir en la psicomotricidad cuando se realizan actividades que requieren manipular objetos o comprender conceptos espaciales.

En el primer caso, la manipulación de objetos, las personas afectadas pueden presentar dificultades para construir modelos tridimensionales como el de una molécula de agua (H_2O) con materiales como bolas de colores y palitos de madera.

En el caso de la comprensión de conceptos espaciales, seguir las indicaciones de un mapa para llegar a un destino específico puede ser un desafío considerable para las personas que padecen discalculia. La interpretación precisa de las direcciones y las distancias se vuelve complicada, lo que aumenta el riesgo de perderse o desviarse del camino previsto.

La psicomotricidad ayuda

Debemos tener en cuenta que la psicomotricidad no solo se ve afectada por los trastornos del aprendizaje, sino que **también puede ayudar a tratarlos** e influir en la manera de abordarlos. Con intervenciones psicomotoras que involucran actividades físicas, podemos ayudar a mejorar la coordinación, la percepción espacial y la integración sensorial en personas con este tipo de trastornos, lo que a su vez puede tener un impacto positivo en su capacidad para aprender.

En el caso de la **disgrafía,** lo haremos centrándonos en actividades físicas, como ejercicios de motricidad fina que impliquen manipular pequeños objetos o trazar formas en el aire con los dedos. Así podemos mejorar la coordinación oculomanual y fortalecer los músculos necesarios para la escritura. Estas actividades ayudan a desarrollar el control motor y a confiar más en nuestras habilidades de escritura, lo que a su vez mejora nuestra capacidad para expresarnos de manera escrita y nos ayuda a participar de manera más efectiva en el aprendizaje.

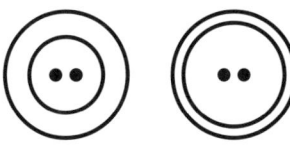
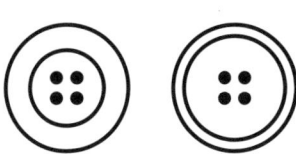

Pero ¿cómo funciona? En este contexto, por ejemplo, el terapeuta comienza con ejercicios que implican manipular pequeños objetos, como abalorios o botones, para ayudarnos a desarrollar la destreza necesaria en nuestras manos y dedos, fortalecer los músculos y mejorar la coordinación oculomanual. Luego, el terapeuta nos guía en ejercicios de trazado de formas simples en el aire con los dedos, como círculos, líneas rectas y curvas suaves. Con este segundo ejercicio, podremos perfeccionar el control motor y la precisión en los movimientos de la mano.

A medida que ganamos confianza en nuestras habilidades motoras finas, se introduce gradualmente la práctica de trazar letras y palabras en un papel. El terapeuta proporciona pautas para asegurarse de que comprendamos la forma correcta de dibujar cada letra y nos da retroalimentación positiva a medida que avanzamos. Con el tiempo, experimentamos una mejora significativa en la escritura: conseguimos escribir letras más legibles y de manera más fluida.

Ahora piensa en una persona con **discalculia**. En esta situación, se puede ayudar mediante la psicomotricidad a través de juegos que requieran situar objetos en el espacio o seguir secuencias de movimiento. Así, podemos mejorar nuestra capacidad para visualizar y comprender conceptos matemáticos. Este tipo de ejercicios contribuye a fortalecer la conexión entre el movimiento y el pensamiento matemático, lo que facilita nuestro aprendizaje y la aplicación de habilidades numéricas en la vida cotidiana.

Funciona de la siguiente manera: en este caso, el terapeuta empezará con juegos que requieren situar objetos en el espacio, como apilar bloques siguiendo un patrón o colocar fichas en un tablero siguiendo instrucciones concretas. Estas actividades ayudan a la persona a desarrollar una mejor comprensión de los conceptos espaciales y las relaciones numéricas, y fortalece la capacidad de visualizar y manipular objetos en el espacio.

Luego, el terapeuta guía a la persona en ejercicios que implican seguir secuencias de movimientos, como juegos de baile con pasos predefinidos o actividades que requieren seguir instrucciones secuenciales para completar una tarea. Estos ejercicios estimulan la conexión entre el movimiento y el pensamiento matemático, y ayudan a la persona a internalizar y aplicar conceptos numéricos de manera más efectiva.

A medida que la persona practica estos ejercicios psicomotores, comienza a experimentar una mejora en su capacidad para comprender y abordar problemas matemáticos. Se siente más segura al enfrentarse a situaciones que involucran números y desarrolla estrategias más efectivas para resolver problemas matemáticos en su vida diaria.

LA PSICOMOTRICIDAD Y LOS TRASTORNOS DEL LENGUAJE

Los trastornos del desarrollo como la dislexia, la afasia y el TEL pueden afectar a la psicomotricidad, aunque de maneras diferentes. Por ejemplo, un niño con **dislexia** podría tener dificultades para coordinar los movimientos finos de la mano necesarios para escribir con precisión, lo que puede afectar a su participación en actividades que requieren habilidades motoras finas, como dibujar o ensartar cuentas en un hilo.

En el caso de la **afasia**, las personas que experimentan este trastorno debido a una lesión cerebral pueden tener más dificultades para articular palabras o seguir instrucciones verbales durante actividades físicas. Esto podría afectar a su capacidad para participar plenamente en ejercicios grupales o deportes que requieran una comunicación verbal rápida.

Por otro lado, un niño con **trastorno específico del lenguaje** podría por ejemplo tener dificultades para entender las instrucciones verbales del profesor durante una clase de Educación Física, lo que afectaría a su capacidad para seguir las reglas de un determinado juego o participar en actividades de equipo. Esto podría provocar frustración en el alumno o que lo excluyesen durante el tiempo de recreo o las clases de Educación Física.

La psicomotricidad nos vuelve a ayudar

La psicomotricidad puede desempeñar un papel crucial para abordar la dislexia, la afasia y el TEL, ya que se puede emplear de maneras que ayudan a mejorar las habilidades motoras y cognitivas necesarias para superar estos trastornos.

Por ejemplo, en el caso de la **dislexia,** se pueden hacer ejercicios que mejoren la percepción visual y la discriminación de letras y palabras. Por poner un caso, el terapeuta puede diseñar actividades que impliquen seguir rutas visuales o laberintos que requieran identificar y seguir secuencias de letras o palabras en un orden específico. Estas actividades no solo fortalecen la coordinación oculomanual, sino que también ayudan a desarrollar habilidades de reconocimiento visual y procesamiento de información, que son aspectos clave para superar las dificultades asociadas con la dislexia. Además, se pueden incluir juegos de mesa que involucren la identificación rápida de letras o la formación de palabras; esa sería una forma divertida y práctica de mejorar las habilidades de lectura y escritura. Practicando regularmente estos ejercicios psicomotores, las personas que padecen este trastorno pueden percibir mejoras en su capacidad para procesar y comprender el lenguaje escrito.

Para abordar la **afasia,** se pueden utilizar ejercicios que promuevan la expresión y comprensión del lenguaje a través del movimiento. Por ejemplo, el terapeuta puede emplear actividades de expresión corporal y gestualidad que ayuden al individuo a comunicarse de manera no verbal. Estas actividades podrían incluir juegos de roles donde se representen situaciones cotidianas o emociones utilizando gestos y expresiones faciales. Además, se pueden realizar ejercicios de respiración y vocalización que tienen la virtud de fortalecer los músculos del habla y mejorar al mismo tiempo la fluidez verbal. Practicando regularmente estas actividades, las personas con afasia mejoran considerablemente sus destrezas de comunicación y expresión, incluso si tienen dificultades con el lenguaje verbal.

En el caso del **trastorno específico del lenguaje,** la psicomotricidad puede ser útil para mejorar la comprensión del lenguaje y las habilidades lingüísticas. Se pueden diseñar juegos que impliquen asociar palabras con acciones físicas. Por ejemplo, si se muestra la palabra «saltar», la persona tendría que hacerlo. Esta actividad ayuda a reforzar la comprensión de vocabulario y la conexión entre las palabras y sus significados mediante la experiencia física directa. Además, se pueden emplear ejercicios de dramatización donde los participantes representen escenas o cuentos utilizando el lenguaje verbal y no verbal para comunicar ideas y emociones. Estas actividades fomentan la expresión creativa y la práctica del lenguaje en un contexto lúdico y participativo.

La tecnología y la psicomotricidad

El impacto de la tecnología en la psicomotricidad es un tema de creciente relevancia en la era digital. La omnipresencia de los dispositivos electrónicos y el cambio en nuestros patrones de movimiento han introducido tanto desafíos como oportunidades para el desarrollo de nuestras habilidades motoras.

Uno de los principales desafíos es la **disminución de la actividad física.** Es cada vez más común observar a personas de todas las edades dedicando su tiempo libre a actividades sedentarias como navegar por internet, ver la televisión o jugar a videojuegos. Un ejemplo concreto de esto es el tiempo prolongado que pasamos sentados frente a una pantalla de ordenador o con nuestro teléfono móvil. Este hábito sedentario provoca debilidad muscular, especialmente en los músculos del core y las piernas, que son fundamentales para mantener una postura adecuada y un equilibrio estable.

Piensa en las largas horas que pasas sentado frente a tu escritorio, trabajando en tu ordenador; o en el tiempo que pasas viendo vídeos en tu teléfono. Durante ese tiempo, los músculos se vuelven inactivos y tienden a debilitarse, lo que puede provocar que la espalda se encorve o que aparezcan dolores en el cuello y la espalda. Esta falta de actividad física también afecta a la coordinación y el equilibrio, ya que los músculos no se utilizan en su capacidad total y se pierde la práctica de mantener una posición erguida y estable.

De igual forma, la transición hacia métodos de comunicación digital con el **uso frecuente de dispositivos electrónicos** también tiene un impacto en nuestra coordinación oculomanual y en nuestra destreza motora fina. Este cambio puede afectar negativamente a habilidades tradicionales como la caligrafía. Por ejemplo, cuando escribimos a mano, nuestro cerebro y nuestras manos colaboran para coordinar movimientos precisos y controlar la velocidad y la presión del lápiz sobre el papel. Sin embargo, al utilizar dispositivos electrónicos, como *tablets* o teléfonos inteligentes, esta coordinación se ve comprometida, ya que los movimientos son más sencillos. Nos limitamos a tocar una pantalla con los dedos.

Sin embargo, a pesar de los desafíos que plantea el uso de la tecnología para nuestra psicomotricidad, también ofrece **oportunidades para mejorarla.** Existen diferentes aplicaciones y juegos diseñados específicamente para este propósito con ejercicios que pueden beneficiar la coordinación oculomanual, el control motor y la destreza manual.

Estas herramientas tecnológicas incluyen una amplia gama de actividades que se adaptan a diferentes niveles de habilidad y edad. Por ejemplo, hay aplicaciones que ofrecen ejercicios de seguimiento visual en los que los usuarios deben seguir patrones de movimiento en la pantalla con sus ojos. Esto ayuda a mejorar la coordinación entre la vista y el movimiento de las manos.

Además, los juegos de puzles digitales son excelentes para desarrollar habilidades de resolución de problemas y coordinación oculomanual. Estos juegos requieren que el usuario manipule objetos virtuales en la pantalla con movimientos precisos, lo que ayuda a fortalecer los músculos de las manos y los dedos, y mejora la precisión de los movimientos.

Asimismo, existen aplicaciones que ofrecen ejercicios que requieren realizar movimientos precisos con los dedos, como dibujar líneas o trazar formas en la pantalla táctil de un dispositivo. Estos ejercicios ayudan a mejorar la destreza manual y la coordinación oculomanual de manera divertida y entretenida.

En última instancia, encontrar un **equilibrio** entre el uso de la tecnología y la participación en actividades físicas puede ser clave para mantener y mejorar nuestra psicomotricidad en la era digital.

El movimiento evoluciona y nos acompaña en nuestro desarrollo integral

El juego y el movimiento son componentes esenciales en nuestro desarrollo cognitivo, desde la infancia hasta la edad adulta. Estas actividades no solo proporcionan entretenimiento y diversión, sino que también desempeñan un papel fundamental en la formación de habilidades cognitivas, emocionales y sociales.

En la **primera infancia** el movimiento es la principal forma que tenemos de explorar nuestro entorno. Experimentamos con diferentes objetos y desarrollamos nuestras habilidades motoras. Durante los cinco primeros años de vida, disfrutamos de juegos tradicionales que nos permiten desarrollar habilidades básicas y explorar el entorno de manera libre y creativa, lejos de una estructura más formal como es el deporte. Este **juego activo,** que incluye correr, saltar, trepar y jugar con juguetes, nos ayuda a coordinar movimientos, resolver problemas y desarrollar nuestra imaginación.

De los seis a los 12 años experimentamos una importante transición en nuestro desarrollo cognitivo. En este período, el juego y las actividades físicas estructuradas comienzan a desempeñar un papel más definido en la adquisición de habilidades y la comprensión de conceptos. A medida que crecemos, nos enfrentamos a desafíos más complejos y necesitamos aprender a seguir reglas específicas y estructuras más formales en las actividades. Por ejemplo, cuando practicamos juegos deportivos como el balonmano o el baloncesto, comenzamos a entender y aplicar reglas más detalladas, como las distintas infracciones o las tácticas de juego. Este proceso nos ayuda a desarrollar habilidades como el trabajo en equipo, la toma de decisiones y la capacidad para adaptarnos a diferentes situaciones. Aunque aún conservamos cierta flexibilidad en la interpretación de las reglas, esta etapa representa un paso importante hacia una comprensión más profunda y sofisticada de cómo funcionan las actividades estructuradas.

A partir de los **12 años** entramos en una etapa crucial en nuestro desarrollo físico y cognitivo. Las reglas específicas del deporte comienzan a desempeñar un papel más prominente en nuestra actividad física. Según la teoría del desarrollo cognitivo de Piaget, esta es la etapa de las operaciones formales, en la que los adolescentes adquieren la capacidad de pensar de manera abstracta y lógica, lo que les permite comprender y aplicar reglas más complejas en el contexto deportivo.

Durante esta fase, solemos participar en actividades deportivas más estructuradas y competitivas, como equipos escolares o clubes deportivos. Aquí, se espera que hayamos desarrollado un mayor nivel de habilidad física y comprensión táctica, lo que nos permite participar de manera más efectiva en juegos y competiciones.

Por ejemplo, en el balonmano, podemos entender y aplicar estrategias de juego más elaboradas, como la formación de jugadas, la defensa cerrada y las tácticas de contraataque. Además, esta etapa nos brinda la oportunidad de desarrollar habilidades de liderazgo, trabajo en equipo y resiliencia a través de la competición y la colaboración con nuestros compañeros de equipo. En resumen, esta fase representa una transición crucial hacia una participación más madura y sofisticada en actividades deportivas estructuradas.

En la **edad adulta** mantener la práctica de actividad física continúa siendo esencial para preservar la salud tanto física como mental. Según la teoría del envejecimiento activo, propuesta por la Organización Mundial de la Salud (OMS), el movimiento regular contribuye significativamente a la salud cognitiva y al bienestar general en la edad adulta.

Diversos estudios científicos respaldan esta afirmación y demuestran que participar en actividades físicas como el ejercicio regular o los deportes recreativos puede tener efectos positivos en la función cognitiva, la memoria y la atención en adultos. Por ejemplo, practicar ejercicios aeróbicos, como correr, nadar o montar en bicicleta, se asocian con mejoras en la función ejecutiva del cerebro, que incluye habilidades como la planificación, la toma de decisiones y la resolución de problemas.

Además, la actividad física regular estimula la producción de sustancias químicas que promueven el crecimiento y la supervivencia de las células cerebrales, lo que puede conducir a una mejora en la plasticidad neuronal y la formación de nuevas conexiones sinápticas.

Por ejemplo, si haces natación tres veces por semana, podrías experimentar beneficios cognitivos, como una mejor capacidad para concentrarte en el trabajo, una memoria más nítida y una mayor agilidad mental, todo gracias al efecto positivo del ejercicio en tu cerebro.

PRÁCTICAS

PSICOMOTRICIDAD

La psicomotricidad es muy importante en nuestro desarrollo a nivel **motor,** ya que nos permite dominar los movimientos corporales y tener mayor soltura. A nivel **cognitivo,** nos ayuda a explorar y superar situaciones que impliquen conflicto. Además, mejora nuestra concentración, creatividad y atención

Por último, a nivel **socioafectivo,** nos ayudará a perder nuestros miedos y aumentará nuestra experiencia en expresar sentimientos con soltura.

En estos ejercicios tendremos en cuenta ambas dimensiones de la psicomotricidad: la **gruesa** y la **fina.**

ACTIVIDAD 1. TRABAJA TU PSICOMOTRICIDAD GRUESA

La motricidad gruesa es aquella que implica realizar movimientos de grandes grupos musculares y adquirir agilidad, fuerza y velocidad en ellos, al mismo tiempo que mantenemos el equilibrio. Por lo tanto, la motricidad gruesa incluye movimientos musculares tanto de piernas y brazos como de cabeza, abdomen y espalda. Es también la responsable de nuestra integración en el entorno por medio de la exploración de nuestro propio cuerpo y el movimiento.

Teniendo en cuenta que nuestro ritmo de desarrollo es individual, todos podemos hacer estos ejercicios, tanto niños como adultos, aunque a los niños habrá que guiarlos durante el proceso.

LAS HUELLAS

La idea es que pongamos unas huellas grandes de cartulina en el suelo. El objetivo es mejorar el equilibrio y la coordinación.

Distribuye las huellas por todo el suelo. Puedes empezar haciendo un circuito sencillo e ir aumentando la dificultad. Se pueden crear tantas combinaciones como queramos.

LA TELA DE ARAÑA

Para hacer esta actividad, se necesita cinta adhesiva o lana y un pasillo. Dispondremos la cinta o la lana en distintos puntos del pasillo, de un lado al otro. Tanto niños como adultos deberán atravesar el pasillo «esquivando» la telaraña valiéndose de su sentido del equilibrio.

JUGAR A LOS BOLOS
Al lanzar la bola, trabajamos los brazos y las piernas. Además, también practicamos la coordinación de los movimientos para tirar la mayoría de los bolos.

LANZAMIENTO DE PELOTAS
Niños y adultos se sitúan unos frente a otros, cada uno con una caja. La idea es mantener el equilibrio y lograr que las pelotas entren dentro de la caja del otro.

EL COMECOCOS
Con cinta adhesiva, creamos distintos caminos en el suelo. Después, nos valdremos de nuestro equilibrio para caminar sobre las líneas. El objetivo es hacerlo de forma precisa, sin salirnos de la cinta.

QUE EL GLOBO NO CAIGA
El juego es sencillo. El objetivo es golpear el globo varias veces seguidas sin que caiga al suelo.

ACTIVIDAD 2. TRABAJA TU PSICOMOTRICIDAD FINA

La motricidad fina implica pequeños grupos musculares de la cara, las manos y los pies; concretamente, las palmas de las manos, los ojos, los dedos y los músculos que rodean la boca. Este grupo de músculos es el que hace posible mover la lengua, sonreír, soplar, coordinar ojo y mano, coger objetos, y mover los ojos.

Aquí tienes algunos ejercicios para practicar este tipo de motricidad, tanto en adultos como en niños.

USAR PINZAS
Con esta actividad puedes trabajar la concentración, ejercitar las manos y desarrollar la coordinación oculomanual. Para practicarla se necesita lo siguiente:

- Unas pinzas que no pesen mucho.

- Pompones de colores.

- Un recipiente para poner los pompones.

- Tres o cuatro vasos de plástico.

El ejercicio consiste en trasvasar los pompones del recipiente a los vasos para ordenarlos por colores utilizando las pinzas.

COLECCIONAR GOMAS ELÁSTICAS
Esta actividad es muy simple. Se necesita lo siguiente:

- Dos tubos de cartón de papel higiénico.

- Gomas elásticas de colores.

Coloca tanas bandas elásticas como puedas alrededor de los tubos de cartón.

Las gomas hacen resistencia al extenderlas, así que te obligan a hacer fuerza con los músculos de tus manos para colocarlas en los tubos.

USAR PEGATINAS
Este es otro ejercicio simple y muy bueno para trabajar tus habilidades de psicomotricidad fina. Necesitarás los siguientes materiales:

- Hojas de papel blanco o de colores.

- Pegatinas circulares de diferentes tamaños.

Si este ejercicio lo hace un niño muy pequeño, con pegar las pegatinas en el folio será suficiente. A medida que vamos creciendo, podemos dibujar figuras y pegarlas dentro, hacer una colección de cromos, etc.

DIBUJO LIBRE
Sostener el pincel ayuda a practicar la prensión. Necesitarás los siguientes materiales:

- Pinceles.

- Pinturas.

- Papel o cartón donde puedas pintar.

- Recipientes donde colocar la pintura.

- Recipiente para poner agua y limpiar el pincel.

¡A dibujar!

USAR ARCILLA
También puedes usar plastilina, pero es mejor la arcilla, ya que se necesita más fuerza para moldearla y se fortalecen más los músculos de las manos. Usa los siguientes materiales:

- Arcilla o plastilina.

- Palillos de dientes.

- Cuchillos de plástico.

Podemos hacer formas con la arcilla, pellizcar trocitos con las manos o usar los cuchillos para cortarla. También puedes usar los palillos para pincharla y hacer obras de arte.

TRASVASAR

Esta actividad requiere concentración y los siguientes materiales:

- Distintos tipos de granos y legumbres (arroz, lentejas, etc.).

- Recipientes pequeños.

- Un recipiente grande.

El ejercicio consiste en mover los objetos de uno en uno haciendo pinza con los dedos, desde el recipiente donde se encuentran todos los granos a los más pequeños, donde los clasificaremos por tipos.

ACTIVIDAD 3. TRABAJA LA PSICOMOTRICIDAD GRUESA EN BEBÉS

Puedes practicar la psicomotricidad gruesa de los bebés de la siguiente manera:

- Estando el niño boca arriba, sujétale ambas piernas por debajo de la articulación de las rodillas y hazlas oscilar, sin forzar los movimientos. No debes notar resistencia. Alterna palmaditas y oscilaciones, y lleva una rodilla hacia el pecho y después la otra.

- Acaricia las piernas, los brazos, los pies y las manos del bebé para que sus miembros se activen.

- Permite que el niño se lleve la mano a la boca para chuparla.

- Haz ejercicios con él mientras le cambias el pañal. Así conseguirás relajarlo.

- Haz un rollo con una toalla. Coloca al niño boca abajo con el rollo a la altura del pecho y los brazos por delante. Agárralo de las caderas y balancéalo suavemente hacia delante y hacia detrás. No olvides sostenerle ligeramente la pelvis.

- Estando el niño boca abajo, mueve un sonajero un poco por encima de la cabeza del bebé, de tal manera que cuando él la levante encuentre el objeto que ha producido el sonido. Entrégale el sonajero para que lo sostenga. Es posible que reaccione.

• Coloca al niño boca abajo, apoyado en los antebrazos. Pon un objeto frente a sus ojos y, cuando lo mire, muévelo lentamente hacia arriba para que el niño levante la cabeza. Vuelve a bajarlo lentamente. Repite el ejercicio varias veces aumentando la amplitud del movimiento. Cuando el niño tenga la cabeza levantada, mueve lentamente el objeto de derecha a izquierda y viceversa, y aumenta poco a poco la amplitud del movimiento.

• Con el niño acostado de lado, agita un sonajero a su espalda o háblale para que se dé la vuelta en busca de lo que produce el sonido. Realiza esta actividad haciendo que el niño primero se voltee de los lados hasta la línea media, es decir, hasta una posición donde su espalda esté orientada hacia arriba, y después hasta el otro lado.

RESPIRACIÓN

La respiración abdominal, también denominada «respiración diafragmática», es una técnica que ayuda a desacelerar la respiración para recobrar el aliento y usar menos energía para respirar.

Cuando nos falta el aire, la respiración abdominal nos permite llevar más oxígeno a los pulmones y calmarnos para poder controlar mejor la respiración.

1. Siéntate en una silla cómoda con la espalda recta o acuéstate si te resulta más cómodo.

2. Cierra la boca y respira lenta y profundamente por la nariz.

3. Mientras inhalas, deja que tu abdomen se llene de aire y se hinche como un globo.

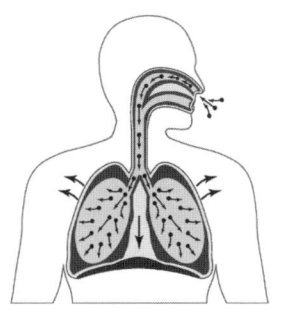

4. Exhala lentamente todo el aire por la boca manteniendo los labios fruncidos, como si estuvieras soplando burbujas.

5. Concéntrate en tu respiración. Inhala por la nariz y exhala por la boca.

6. Repite este proceso durante 5-10 minutos para relajarte.

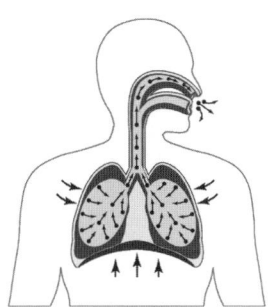

7. Mantén las manos sobre el abdomen para concentrarte mejor en la entrada y salida de aire.

8. Cuanto más practiques, más fácil te resultará calmarte y respirar libremente.

COORDINACIÓN MOTRIZ

La coordinación muscular permite que la musculatura se sincronice para realizar un movimiento.

Estos ejercicios te ayudarán a mejorar tu coordinación y tu rendimiento físico sin necesidad de utilizar ningún tipo de material; solo tu energía y voluntad.

GATEO DEL OSO
Apóyate sobre las manos y las puntas de los pies, y desplázate rápidamente de un punto a otro. Puedes variar la altura de la cadera, tocar un codo con la rodilla contraria o moverte de lado, por ejemplo.

BALANCEO DE PIERNA
Para trabajar los muslos, ponte de pie con ambas manos en el respaldo de una silla y levanta una pierna hacia el lado manteniendo el equilibrio. Repite 25 veces con cada pierna.

RECEPCIÓN DE PELOTA
Mientras mantienes el equilibrio sobre un solo pie, recibe una pelota lanzada por algún compañero.

PASO DEL CANGREJO
Siéntate en el suelo. Después, muévete hacia atrás apoyándote en manos y pies, como si fueras un cangrejo.

SENTADILLAS
De pie, con los pies separados a la anchura de las caderas, realiza sentadillas manteniendo los brazos extendidos hacia adelante, paralelos al suelo, en línea con los hombros. Mantén esta posición mientras bajas y subes durante las sentadillas. Luego, una vez que te encuentres en la posición más baja de la sentadilla, eleva los brazos hasta que estén alineados con tus ojos, manteniéndolos rectos y extendidos frente a ti. En esta posición, los brazos deberían estar frente a tu torso y paralelos entre sí. Mantén esta posición por unos segundos antes de volver lentamente a la posición inicial, bajando los brazos mientras te levantas de la sentadilla. Repite este movimiento de ocho a 10 veces para completar la serie.

SALTAR A LA COMBA
Este es un ejercicio básico que mejora la coordinación y el equilibrio mientras saltas a un ritmo constante.

ESQUEMA CORPORAL

El desarrollo en la comprensión del propio cuerpo es un proceso largo que depende tanto de la maduración del sistema nervioso como de las experiencias vividas desde que somos pequeños.

A través de actividades lúdicas y siguiendo una metodología recreativa, podemos ir trabajándola. A continuación menciono algunas actividades y juegos que pueden promover de manera divertida y recreativa el desarrollo del esquema corporal para todas las edades.

ACTIVIDAD 1. ACCIONES CORPORALES

Este ejercicio no solo fomenta la comprensión del esquema corporal, sino que también promueve la comunicación no verbal y la creatividad. Se debe hacer en pareja.

1. Tú y tu compañero os turnaréis para representar una acción corporal mientras el otro observa y adivina qué acción está representando.

2. Elegid una lista de acciones corporales: andar, correr, permanecer inmóvil, bailar, mantener el equilibrio, escribir, amasar, recortar, etc.

3. Uno de vosotros comenzará representando una de las acciones elegidas con gestos y movimientos, pero sin hablar ni emitir ningún sonido.

4. El otro observará atentamente la representación y tratará de adivinar la acción que se está mostrando.

5. Cuando el otro adivine la acción o haya pasado un tiempo predeterminado, cambiad de roles y repetid el proceso.

6. Continuad alternando roles hasta que hayáis representado varias acciones diferentes.

7. Al terminar, comentad sobre las representaciones y discutid cómo os habéis comunicado con éxito utilizando solo gestos y movimientos.

ACTIVIDAD 2. EL COPIÓN

Este ejercicio desarrolla las habilidades de observación, la memoria corporal, la coordinación y el trabajo en equipo. Busca un compañero y elegid quién será el líder y quién será el seguidor.

1. El líder comenzará realizando una serie de movimientos y desplazamientos dentro de un área designada. Podrá caminar, correr, saltar, girar, etc.

2. El seguidor observará atentamente los movimientos del líder durante un tiempo determinado.

3. Después, el seguidor intentará imitar los movimientos exactamente como los ha realizado el líder utilizando su memoria corporal.

4. Cambiad de rol después de un período de tiempo establecido o cuando el seguidor haya imitado correctamente los movimientos del líder.

5. Repetid el proceso varias veces.

6. ¿Ha sido fácil recordar los movimientos del líder? ¿Hay algún movimiento que os resultara más difícil de imitar que otros? ¿Cómo te has sentido en cada uno de los papeles?

CONTROL POSTURAL

El control postural implica regular la posición del cuerpo en el espacio para mantener la estabilidad y la orientación.

REACCIONES DE ENDEREZAMIENTO ANTEROPOSTERIORES
Siéntate en el borde de una silla. Asegúrate de apoyar solo una mínima parte de tus muslos en la silla y de que tus pies estén firmemente apoyados en el suelo debajo de tus rodillas, que deberán estar alineadas con el ancho de tus caderas. Deja que tus brazos cuelguen libremente a los lados de tu cuerpo. Desde esta posición, mueve tu tronco hacia adelante y hacia detrás. Cuando te inclines hacia detrás, tu pelvis se moverá hacia detrás y tu columna se flexionará. Al enderezarte, tu pelvis se moverá hacia adelante y tu columna lumbar se extenderá. Este ejercicio activa los músculos abdominales y los extensores del raquis.

ACTIVACIÓN DE LA MUSCULATURA ABDOMINAL
Para trabajar específicamente la musculatura abdominal, cruza los brazos sobre el abdomen o sobre el pecho, si es posible. Coloca tus nalgas un poco más adelante en el asiento. Desde esta posición, flexiona lentamente tu tronco hacia atrás hasta que la parte alta de tu espalda toque el asiento. Luego, dirige tu mirada hacia tu ombligo y separa tu tronco del asiento para enderezarte. Repite este movimiento para activar los músculos abdominales e inhibir los extensores de la espalda.

REACCIONES DE ENDEREZAMIENTO LATERALES
Siéntate en el borde de una silla con tus pies firmemente apoyados en el suelo y tu tronco erguido. Desde esta posición, mueve tu tronco desplazando tu peso corporal de derecha a izquierda y viceversa. Al desplazarte hacia un lado, alarga tu tronco y mueve la pelvis

hacia abajo. Al desplazarte hacia el otro lado, acorta tu tronco y eleva la pelvis. Este ejercicio estimula la actividad de los músculos abdominales, los extensores de la columna y el cuadrado lumbar.

INCLINACIONES LATERALES
Partiendo de una posición sentada, con los pies bien apoyados en el suelo y el tronco erguido, inclínate hacia un lado como si quisieras tocar el suelo con la mano. Luego, vuelve a la posición inicial y repite el movimiento hacia el otro lado. Este ejercicio activa la musculatura oblicua del abdomen y el cuadrado lumbar.

ROTACIONES DEL TRONCO
Desde una posición sentada con los brazos cruzados sobre el abdomen o colocando los pulgares sobre el esternón, realiza rotaciones de tronco manteniendo la parte inferior del cuerpo estable. Gira como si intentaras mirar hacia atrás para activar especialmente los oblicuos del abdomen.

DESPLAZAMIENTOS ANTEROPOSTERIORES SOBRE EL ASIENTO
Desplaza tu peso corporal lateralmente hacia una de tus caderas mientras estás sentado. Permite que la otra parte de tu cuerpo esté libre de peso y mueve la pelvis hacia delante o hacia detrás. Haz el movimiento alternando entre un lado y otro para simular los movimientos durante la marcha.

INCLINACIONES ANTERIORES DE TRONCO
Siéntate en la parte anterior del asiento con los pies bien apoyados en el suelo y los tobillos ligeramente detrás de las rodillas. Entrelaza tus manos y eleva tus brazos a la altura de tus hombros con la espalda erguida. Desplaza el tronco hacia delante y regresa a la posición inicial.

MOVIMIENTOS DE FLEXIÓN HACIA DELANTE
Desde una posición sentada con los pies apoyados en el suelo y los tobillos ligeramente detrás de las rodillas, entrelaza tus manos y agáchate hacia adelante como si quisieras tocar el suelo con las manos. Mantén la posición durante unos segundos y vuelve a la posición inicial. Este ejercicio estira suavemente los músculos extensores de la espalda y de la parte posterior de las piernas.

LATERALIDAD

Para conocer las características de tu lateralidad, realiza las siguientes acciones con cada una de las partes del cuerpo (ojos, oídos, manos y pies). Deberás elegir con qué lado del cuerpo realizarla (derecha o izquierda); será la que normalmente utilizas en este tipo de acciones. Toma nota del lado con el que realizas los diferentes ejercicios.

Cuando hayas recogido los datos, realiza un recuento del lado del cuerpo que más veces has utilizado en cada bloque de ejercicios.

Con los ojos

- Mira por un catalejo grande.
- Mira por un tubo pequeño.
- Apunta con el dedo.
- Mira de cerca por el orificio de un papel.
- Mira de lejos por el orificio de un papel.
- Tápate un ojo para mirar de cerca.
- Tápate un ojo para mirar de lejos.
- Acércate un papel a uno de los ojos.
- Imita el tiro con una escopeta.
- Mira por un tubo grade.

Con los oídos

- Escucha el sonido de un reloj pequeño.
- Escucha a través de la pared.
- Escucha ruidos en el suelo.
- Acerca el oído a la puerta para escuchar.
- Habla por teléfono.
- Vuélvete para contestar a alguien que habla detrás de ti.
- Escucha dos cajas con objetos y diferencia por el ruido cuál está más llena.
- Escucha un relato por un oído y tápate el otro.
- Mueve un objeto que contenga otra cosa e intentar adivinar qué es.
- Escucha por el cristal de la ventana el sonido del exterior.

Con las manos

- Escribe.
- Enciende un mechero.
- Reparte cartas.
- Límpiate los zapatos.
- Abre y cierra botes.
- Pasa objetos pequeños de un recipiente a otro.
- Borra algo escrito a lápiz.
- Puntea con un rotulador en el papel.
- Maneja una marioneta.
- Coge una cuchara.

Con los pies

- Golpea una pelota.
- Da una patada al aire.

- Pisa tus propias huellas.
- Cruza una pierna.
- Escribe tu nombre con el pie en el suelo.
- Anda a la pata coja.
- Corre a la pata coja.
- Mantén el equilibrio sobre un pie.
- Anda con un pie siguiendo un camino marcado.
- Intenta coger un objeto con un pie.
- Sube un peldaño de una escalera.
- Juega a la rayuela.

Escala de puntuación para cada categoría

- **Totalmente diestro (10 puntos para la derecha).** Tienes una clara preferencia por el uso de tu lado derecho en todas las pruebas que has pensado. Por lo tanto, realizas la mayoría de las acciones con facilidad y precisión utilizando la mano derecha, el oído derecho, el pie derecho, etc., siento más torpe con el izquierdo.

- **Predominantemente diestro (8-9 puntos para la derecha).** Aunque sueles utilizar principalmente el lado derecho en la mayoría de las pruebas, ocasionalmente también puedes usar el lado izquierdo y además hacerlo con cierta facilidad. Tu lateralidad está por tanto bastante definida hacia la derecha, pero aún tienes cierta flexibilidad para utilizar ambos lados del cuerpo.

- **Totalmente zurdo (10 puntos para la izquierda).** En este caso tienes una clara preferencia por el uso de tu lado izquierdo en todas las pruebas. Esto quiere decir que realizas la mayoría de las acciones con facilidad y precisión utilizando la mano izquierda, el oído izquierdo, el pie izquierdo, etc., mostrando torpeza con el derecho.

- **Predominantemente zurdo (8-9 puntos para la izquierda).** Utilizas principalmente el lado izquierdo en la mayoría de las pruebas, pero ocasionalmente también puedes usar el lado derecho con cierta facilidad, aunque no con la misma maestría. Tu lateralidad está bastante definida, pero aún tienes cierta flexibilidad para utilizar ambos lados del cuerpo.

- **Ambidiestro (5-7 puntos para uno de los lados).** Tienes una habilidad equilibrada para utilizar con la misma intensidad ambos lados del cuerpo en las pruebas. Es decir, puedes realizar muchas acciones con la misma facilidad tanto con la mano derecha como con la izquierda y no tienes una preferencia clara por un lado sobre el otro.

- **Lateralidad cruzada.** Tu puntuación es alta en la derecha para unos bloques y en la izquierda para otros. Por ejemplo, derecha en la mano e izquierda en los pies, o derecha en los ojos e izquierda en el oído.

PSICOMOTRICIDAD Y·COGNICIÓN

La psicomotricidad es un campo fascinante que explora la estrecha relación entre el movimiento del cuerpo y los procesos cognitivos. A través de actividades psicomotoras, podemos estimular el desarrollo integral de las personas promover no solo habilidades motoras, sino también cognitivas y emocionales.

EJERCICIO 1. SEGUIR EL RITMO

Este es uno de los ejercicios más simples pero efectivos para trabajar la psicomotricidad y la cognición. El objetivo será mejorar la coordinación motora y la concentración siguiendo un ritmo constante. Sigue estos pasos:

1. Forma un círculo con algunos amigos o conocidos. Mantened una distancia adecuada para evitar choques.

2. Pon música con un ritmo claro y constante, preferiblemente una canción con un tempo moderado.

3. Explícales a todos que el objetivo del ejercicio es seguir el ritmo de la música con movimientos corporales coordinados.

4. Comienza usando movimientos simples, como golpear suavemente las palmas al ritmo de la música.

5. A medida que los participantes se sientan cómodos con el ritmo, puedes agregar movimientos más complejos, como balancear los brazos o mover los pies al compás de la música.

6. La creatividad y la improvisación salen a escena. Los participantes pueden agregar sus propios movimientos al ritmo de la música.

7. A medida que avanza el ejercicio, todo el grupo debe intentar mantener la coordinación y un ritmo constante, incluso cuando la velocidad o el patrón de la música vaya cambiando.

8. Terminad el ejercicio reduciendo la velocidad de la música hasta que se detenga por completo.

EJERCICIO 2. LAS FIGURAS GEOMÉTRICAS

Este ejercicio promueve el desarrollo de habilidades cognitivas como la atención, la memoria y la planificación, y al mismo tiempo trabaja la psicomotricidad fina por medio de la ejecución precisa de movimientos coordinados. Además, fomenta la interacción social y el trabajo en equipo.

Necesitarás los siguientes materiales: cartulinas de colores con figuras geométricas recortadas (círculos, triángulos, cuadrados, etc.), cinta adhesiva y un espacio amplio para moverse.

1. Coloca las cartulinas con las figuras geométricas en el suelo. Distribúyelas de manera aleatoria por el espacio de juego.

2. Puedes jugar solo o con otras personas.

3. El objetivo del juego es seguir un recorrido, pasando por todas las figuras geométricas en el orden correcto.

4. Debes comenzar en la cartulina que has elegido y avanzar hacia la siguiente figura geométrica siguiendo una serie de las instrucciones.

5. Las instrucciones pueden ser simples al principio, como «avanzar hacia el círculo rojo», pero se pueden volver más complejas a medida que avanza el juego; por ejemplo, incorporando acciones adicionales como saltar sobre una figura, dar la vuelta alrededor de otra o caminar hacia atrás hasta llegar a la siguiente figura.

6. Los participantes y tú debéis prestar atención a las instrucciones y ejecutarlas correctamente para avanzar por el recorrido.

7. Puedes hacer que el juego sea competitivo estableciendo un límite de tiempo para completar el recorrido, o puedes centrarte en la cooperación entre los diferentes participantes.

EJERCICIO 3. IMPROVISACIÓN CORPORAL

Esta actividad te brinda la oportunidad de desarrollar tu coordinación motora fina y gruesa, así como de estimular tu imaginación y creatividad de manera individual. Además, te permite explorar y expresar libremente tus emociones a través del movimiento corporal, lo cual fomenta la autoconfianza y el autoconocimiento.

1. Encuentra un espacio amplio y despejado donde puedas moverte con libertad y sin obstáculos.

2. Tómate un momento para relajarte y concentrarte en tu respiración. Respira profundamente varias veces para calmar la mente y prepararte para la actividad.

3. Cuando estés listo, comienza a improvisar movimientos corporales para expresar diferentes emociones, situaciones o acciones. Por ejemplo, puedes caminar por el espacio como si estuvieras explorando un lugar desconocido, saltar como si estuvieras en un campo de flores o mover tus brazos y manos para representar el viento soplando suavemente.

4. Libérate de las inhibiciones y permítete expresarte libremente a través del movimiento. No te preocupes por la perfección o el juicio externo; simplemente disfruta del proceso de explorar tu cuerpo y tu imaginación.

5. Experimenta con diferentes ritmos, velocidades e intensidades de movimiento. Juega con la fluidez y la expresividad de tus movimientos, y permítete conectar con tus emociones y sensaciones internas.

6. Si lo deseas, puedes incorporar música o sonidos ambientales para inspirar tus improvisaciones y añadir una dimensión adicional a la experiencia.

7. Continúa improvisando durante unos minutos. Déjate llevar por tu creatividad y explora diferentes formas de movimiento y expresión corporal.

8. Después de la sesión de improvisación, tómate un momento para reflexionar sobre tus experiencias, sensaciones y emociones durante la actividad. Reconoce cualquier cambio en tu estado de ánimo o percepción corporal que hayas experimentado.

PSICOMOTRICIDAD Y EMOCIÓN

La conexión entre la psicomotricidad y la emoción es fundamental en el desarrollo humano. La psicomotricidad, que involucra la relación entre el movimiento corporal y los procesos mentales, se entrelaza estrechamente con nuestras emociones. Los movimientos corporales no son solo expresiones físicas, sino también manifestaciones de nuestras emociones internas. Por tanto, trabajar en la psicomotricidad puede ayudarnos a comprender y gestionar nuestras emociones de manera más efectiva.

EJERCICIO 1. EXPRESIÓN CORPORAL DE EMOCIONES
Este ejercicio te permite expresarte a través de movimientos corporales que reflejan diferentes emociones. Sigue estos pasos:

1. Preparación del espacio
Busca un espacio amplio y seguro donde puedas moverte libremente sin obstáculos. Asegúrate de que esté bien iluminado y tenga suficiente ventilación.

2. Introducción al ejercicio
Mantén la mente abierta. Debes estar dispuesto a explorar diferentes emociones a través del movimiento corporal.

3. Identificación de emociones
Empieza pensando en algunas emociones básicas, como alegría, tristeza, miedo e ira. Reflexiona sobre cómo te sientes cuando experimentas esa emoción en tu vida.

4. Demostración de movimientos

Para cada emoción, practica algunos movimientos corporales que la reflejen visualmente. Por ejemplo, para representar la alegría, muestra movimientos enérgicos y expansivos como saltar, bailar o dar palmadas. Para la tristeza, muestra movimientos lentos y caídos como encorvarse, arrastrar los pies o dejar caer los hombros.

5. Práctica guiada

Experimenta con diferentes gestos y posturas corporales para expresar cada emoción de manera auténtica. Asegúrate de sentirte cómodo explorando el movimiento.

6. Exploración libre

Explora libremente tu propio movimiento corporal. Sé creativo y conecta con tus emociones internas mientras te mueves.

EJERCICIO 2. BAILE TERAPÉUTICO

El baile terapéutico es una gran forma de conectar contigo mismo y explorar tus emociones de manera creativa y expresiva. Disfruta del proceso y permítete ser auténtico en tu expresión corporal mientras te mueves al ritmo de la música, no te dejes llevar por la vuergüenza y suéltate.

1. Preparación del espacio

Busca un lugar tranquilo y espacioso en tu hogar donde te sientas cómodo para moverte libremente. Asegúrate de quitar cualquier obstáculo que pueda interferir con tus movimientos.

2. Selección de la música

Elige una lista de reproducción que te inspire y te permita explorar una variedad de emociones y estados de ánimo. Puedes incluir diferentes géneros musicales, desde música relajante hasta melodías más enérgicas, según tus preferencias y necesidades emocionales del momento.

3. Establecimiento de intenciones

Antes de comenzar, tómate un momento para establecer tus intenciones para la sesión de baile terapéutico. Puedes enfocarte en liberar el estrés, en conectar con tus emociones o simplemente en disfrutar del movimiento y la música.

4. Calentamiento

Dedica unos minutos a realizar ejercicios suaves de calentamiento para preparar tu cuerpo y tu mente para la actividad. Puedes incluir estiramientos suaves, movimientos articulares y respiración consciente para centrarte en el momento presente.

5. Exploración del movimiento

Comienza a moverte al ritmo de la música de manera espontánea y libre. Permítete explorar diferentes formas, ritmos y cualidades de movimiento siguiendo tu intuición y expresando lo que sientes en cada momento.

6. Improvisación guiada

A medida que te sumerjas en el baile, experimenta con diferentes gestos, posturas y expresiones faciales para mostrar tus emociones internas. Siéntete libre de dejar que tu cuerpo responda naturalmente a la música y a tus pensamientos y sentimientos.

7. Reflexión y autoconciencia

Después de la sesión, tómate un tiempo para reflexionar sobre tu experiencia. Observa cómo te sientes física, emocional y mentalmente después de la práctica y reconoce cualquier cambio en tu estado de ánimo o bienestar general.

8. Cierre y relajación

Concluye la sesión con ejercicios de relajación y respiración para ayudarte a integrar tu experiencia y volver a un estado de calma y equilibrio. Date las gracias a ti mismo por dedicar tiempo a cuidar de tu bienestar emocional y físico a través de la danza terapéutica.

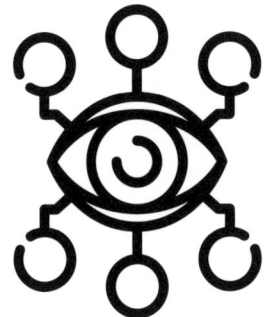

CONCLUSIÓN

*Nuestro entendimiento de la mente humana se enriquece
al reconocer la intrincada danza entre la memoria, el lenguaje, el aprendizaje y la psicomotricidad, y nos invita a contemplar un futuro donde la sabiduría
se entrelaza con la tecnología en armonía.*

ANÓNIMO

En este libro se ha ofrecido una visión integral del funcionamiento de la mente humana partiendo del principio aristotélico de que el todo es más que la suma de sus partes. En este contexto, se explora cómo la memoria, el lenguaje, el aprendizaje y la psicomotricidad interactúan dentro de un sistema más amplio y se potencian mutuamente para permitirnos comprender, comunicar, aprender y actuar en el mundo de manera efectiva. Este enfoque nos invita a reflexionar sobre el futuro del desarrollo cognitivo humano y nos proporciona una base sólida para comprender mejor cómo funciona nuestra mente y cómo podemos potenciarla aún más en el futuro.

Del porvenir, podemos esperar grandes avances en nuestra comprensión del funcionamiento de nuestra mente y nuestro cuerpo. A medida que la neurociencia, la psicología cognitiva y la educación sigan avanzando, es probable que descubramos nuevas formas de mejorar nuestra memoria, aprendizaje, lenguaje y habilidades físicas. Estos avances prometen brindarnos herramientas más efectivas para potenciar nuestro rendimiento y bienestar en diferentes aspectos de la vida.

Además, a medida que avanzamos hacia una sociedad cada vez más tecnológica, es crucial considerar cómo estas herramientas pueden influir en nuestro desarrollo cognitivo. Si bien la tecnología ofrece oportunidades emocionantes para mejorar nuestra capacidad de aprendizaje y comunicación, también plantea desafíos únicos, como la dependencia excesiva y la sobrecarga de información. Es fundamental encontrar un equilibrio saludable entre el uso de la tecnología y las prácticas tradicionales que fomentan un desarrollo cognitivo óptimo.

En última instancia, al reflexionar sobre cómo están interconectados la memoria, el aprendizaje, el lenguaje y la psicomotricidad, surge una pregunta esencial: ¿Cómo podemos nutrir una mente más fuerte y adaptable en un mundo que evoluciona constantemente? Esta reflexión nos insta a pensar no solo en las estrategias personales que podemos utilizar para mejorar nuestro rendimiento cognitivo, sino también en cómo podemos crear ambientes sociales y educativos que promuevan un desarrollo completo en cada etapa de nuestra vida.

En este sentido, es esencial adoptar un enfoque holístico que reconozca la importancia de cuidar tanto nuestra mente como nuestro cuerpo. La alimentación saludable, el ejercicio regular, el sueño adecuado y las prácticas de autocuidado son elementos fundamentales que contribuyen a un desarrollo cognitivo óptimo. Además, debemos fomentar un ambiente educativo que valore la diversidad de estilos y ritmos de aprendizaje, y brinde apoyo y recursos a aquellos que se enfrentan a desafíos en este ámbito.

BIBLIOGRAFÍA

• **Ardanaz, T. (2009).** La psicomotricidad en educación infantil. *Innovación y Experiencia Educativa, 16*, 1-10.

• **Baddeley, A. (2007).** *Working Memory, Thought, and Action.* Oxford University.

• **Bauer, P. J. (2004).** *Getting Explicit Memory off the Ground: Steps toward Construction of a Neuro-developmental Account of Changes in the First Two Years of Life.*

• **Canestrari, R., y Godino, A. (2002).** *Introduzione alla psicologia generale.* Milán: Mondadori.

• **Carboni, A., y Barg, G. (2016).** *Manual de introducción a la psicología cognitiva* (pp. 89-116). Montevideo: UdelaR.

• **Carreiras, y M. (1997).** *Descubriendo y procesando el lenguaje.* Madrid: Editorial Trotta.

• **Conrad, C. D. (2010).** A Critical Review of Chronic Stress Effects on Spatial Learning and Memory. *Progress in Neuro-Psychopharmacology & Biological Psychiatry, 34*(5), 742 - 755.

• **Dudai, Y. (2006).** Reconsolidation: The Advantage of Being Refocused. *Current Opinion in Neurobiology, 16*(2), 174-178.

• **García Sevilla, J. (1997).** *Psicología de la atención.* Madrid: Editorial Síntesis S.A.

- **Hacking, I. (1996).** Memory Science, Memory Politics. En P. Antze & M. Lambek (Eds.), *Tense Past: Cultural Essays in Trauma and Memory* (pp. 67–87). New York & London: Routledge.

- **Hardy, M., y Heyes, S. (1983).** *Introduzione alla psicologia.* Milán: Feltrinelli.

- **Kertész, R. (2020).** De «no me concentro» a «me concentro». *El placer de aprender.* Editorial Ippem.

- **Loftus, E. F., y Palmer, J. C. (1974).** Reconstruction of Automobile Destruction: An Example of the Interaction Between Language and Memory. *Journal of Verbal Learning & Verbal Behavior, 13*(5), 585-589.

- **Lucchiari, C. et al. (2018).** *Psicologia a scuola. Un percorso pratico-teorico.* Padua: Webster.

- **Maganto, C., y Cruz, S. (2004).** Desarrollo físico y psicomotor en la etapa infantil. *Manual de Psicología infantil: aspectos evolutivos e intervención psicopedagógica* (pp. 27-64).

- **Mas, M., Jiménez, L., y Rierar, C. (2019).** Sistematización de la actividad psicomotriz y del desarrollo cognitivo. *Revista de los psicólogos educativos, 24*(1), 38-41.

- **Mendieta, L., Mendieta, R., y Vargas, T. (2017).** *Psicomotricidad infantil.* Cide Editorial.

- **Meyer, D., y Kieras, D. (1997).** Teoría computacional de procesos cognitivos ejecutivos y desempeño de tareas múltiples: Parte 2. Cuentas de fenómenos psicológicos del período refractario. *Revisión psicológica, 104,* 749-791.

- **Moratal, C., Huertas, F., Boltá, R. S., Zahonero, J. y Lupiáñez, J. (2008).** *Las habilidades sociales en relación con el perfil atencional en fútbol base [Social Abilities Related to Attentional Profile in Football Players].* IV Congreso Internacional y XXV Nacional de Educación Física. Universidad de Córdoba.

- **Pikler, E. (1994).** *Moverse en libertad.* Narcea Ediciones.

- **Quicios, B. (2023).** *Técnicas para mejorar la concentración.* Madrid: Libsa.

- **Roediger, H. L., Dudai, Y., y Fitzpatrick S. M. (2007).** *Science of Memory: Concepts* (pp. 147-150). New York: Oxford University Press,.

- **Silva, O. (2005).** ¿Hacia dónde va la psicolingüística? *Forma y Función, 18,* 229-249.

- **Tulving, E., y Schacter, D. L. (1990).** Priming and Human Memory Systems. *Science, 247*(4940): pp. 301-306